普通高等教育精品教材

货币金融学

主　编　蒋玉洁
副主编　张慧毅　龚玉霞　罗继军
孙海鹄　朱丽呐

中国轻工业出版社

图书在版编目（CIP）数据

货币金融学/蒋玉洁主编．—北京：中国轻工业出版社，2023.8
普通高等教育“十三五”规划教材
ISBN 978-7-5184-1711-7

Ⅰ.①货… Ⅱ.①蒋… Ⅲ.①货币和银行经济学—高等学校—教材 Ⅳ.①F820

中国版本图书馆 CIP 数据核字（2017）第 318832 号

责任编辑：张文佳　责任终审：劳国强　封面设计：锋尚设计
版式设计：王超男　责任校对：晋　洁　责任监印：张　可

出版发行：中国轻工业出版社（北京东长安街 6 号，邮编：100740）
印　　刷：河北鑫兆源印刷有限公司
经　　销：各地新华书店
版　　次：2023 年 8 月第 1 版第 3 次印刷
开　　本：787×1092　1/16　印张：15.75
字　　数：360 千字
书　　号：ISBN 978-7-5184-1711-7　定价：39.80 元
邮购电话：010-65241695
发行电话：010-85119835　传真：85113293
网　　址：http://www.chlip.com.cn
Email：club@chlip.com.cn
如发现图书残缺请与我社邮购联系调换
231185J1C103ZBW

前言

PREFACE

“金融是国家重要的核心竞争力，金融安全是国家安全的重要组成部分，金融制度是经济社会发展中重要的基础性制度。”这是2017年7月召开的第五次全国金融工作会议上，习近平总书记在讲话中强调的。由此可以看出金融作为现代经济的核心，发挥着“牵一发而动全身”的重要功能和作用。

经历了经济高速增长阶段后，中国经济发展现已进入了“新常态”阶段。随着中国“一带一路”经济战略的实施，供给侧结构性改革的推进，我国金融业的发展既面临着巨大的机遇，也遇到了严峻的挑战。这一背景下，金融专业人才的培养就非常必要，金融人才首先要有扎实的理论基础，并在此基础上，灵活运用相关理论进行金融实践。《货币金融学》这本书在金融理论知识的学习上能够提供帮助。

货币金融学作为我国高等院校经济与管理各专业学生的核心课程之一，它既是金融专业的基础性课程，也是经济与管理各专业的主要课程。在学习这门课程之前，读者应该已经掌握了高等数学、微观经济学、宏观经济学和政治经济学等相关学科的知识，这样更有益于进行该课程的学习。通过货币金融学的学习，读者能够掌握市场经济条件下金融的基本理论、基本业务知识和技能，了解在市场经济条件下金融对经济的宏观调控机制和作用，了解发达的市场经济国家以国际通行做法为标准的金融活动内容，使学生在今后的经济工作实践中能适应我国建立完善的市场经济体制的需要，分析和解决一些基本的金融问题。

本书共有十三章，分为四篇，主要结构如下：

第一篇是基础篇，阐述了货币金融学的基础知识，包括第一章至第三章。第一章货币与货币制度，从四个方面对货币金融学基础内容进行阐述，也是全书研究的前提。第二章信用，提出了货币的运行方式。第三章利息和利息率，为货币运行过程中的定价确定提供理论依据。

第二篇是金融市场篇，包括第四章和第五章。第四章金融市场和金融工具，通过不同金融子市场的介绍，呈现出金融市场的整体构成。金融工具是金融市场运作的重要媒介。第五章金融监管，全球性的金融危机后金融监管成为各国金融业发展的重要内容。

第三篇是金融机构篇，包括第六章至第八章。第六章金融机构体系，从宏观上介绍了金融机构整体的发展状况和金融机构体系的构成。第七章商业银行，商业银行是金融机构的主体，通过四个方面让读者对商业银行有更深的了解。第八章中央银行，中央银行是一国金融机构的核心。

第四篇是货币调控篇，包括第九章至第十三章。第九章货币需求，第十章货币供给，分别以货币供求的理论为基础，通过货币供给过程和供给模型进行分析，并根据供求关系引出第十一章货币均衡，四个市场的联动机制形成了整个经济的均衡。当货币供求不均衡时，出现两种现象。第十二章通货膨胀和通货紧缩，根据理论基础介绍通胀和通缩及其治理措施，从而避免货币不均衡对经济带来的影响。第十三章货币政策，通过货币政策的宏观调控对经济起到更好的调节作用。

本书是校级“十三五”教育教学改革一般项目：基于MOOC的货币金融学教学模式构建研究（2018JGYB014）的阶段性成果，能够满足高等院校经济管理类专业学生、金融专业人士等学习金融理论基础知识的需要。

在本书的编写过程中，为了帮助读者更好地理解知识，我们在每一章节前设置了教学目标，每一章节后进行了本章小结、重点名词和思考题，并在每一章的个别知识点后增加了延伸阅读内容，有助于读者更好地理解理论知识。本书的编写分工如下：蒋玉洁（第一章，第三章）、朱丽呐（第二章）、龚玉霞（第四章、第五章）、孙海鹊（第六章）、罗继军（第七章、第八章）、张慧毅（第九章、第十章、地十一章、第十二章、第十三章）。本书编写的框架与提纲由蒋玉洁提出，并进行了全书最后的修改和统稿。

本书的编写过程中，参阅了大量相关的文献和书籍，在此向文献和书籍的作者、专家和学者们表示衷心的感谢。本书的编写也得到了中国轻工业联合会教育分会“十三五”规划教材暨数字化项目的支持，中国轻工业出版社给予了热情的关心和帮助，在此一并表示感谢。

由于作者能力所限，书中难免有纰漏和不尽如人意之处，敬请专家和读者提出宝贵的意见和建议。作者的邮箱是：jyj@ tust. edu. cn。

蒋玉洁

2017年10月

目 录
CONTENTS

基 础 篇

金融市场篇

金融机构篇

货币调控篇

基础篇

第一章 货币与货币制度

学习目标

- 认识货币的产生和发展过程，重点掌握马克思的货币起源学说。
- 理解货币的职能及其各职能之间的联系，明确贮藏手段职能发挥作用的前提条件。
- 掌握货币流通规律，并能够结合经济状况进行实际分析和应用。
- 掌握货币制度及其构成要素，并且结合中国进行货币制度分析。
- 掌握货币制度的演变过程，正确理解金银复本位制的含义。

货币在商品经济中发挥着难以替代的作用，是货币金融学中一个重要的概念。货币几乎是人人都熟悉的东西，但是货币究竟是什么？它在经济中的职能如何？怎样能够让货币的流通顺利、稳定、有秩序？本章将探究货币的起源和发展，货币的职能及表现形态，并在此基础上学习货币制度的演进和主要内容。

第一节 货币的起源和发展

人类历史已经有百万余年，货币的存在却是几千年以前开始出现的。在人类发展初期，自给自足的经济形态下不存在商品和货币的交换问题。随着社会生产力的发展，社会分工和私有制的出现导致了生产和消费之间的矛盾，这个内在矛盾的解决办法是进行剩余产品的交换，也就是商品交换。货币由此成为与商品相伴而生的经济范畴。

一、马克思的货币起源学说

马克思对于货币理论的系统研究开始于19世纪40年代。他通过对商品交换发展的整个历史过程的分析，充分地表明了货币是从商品世界中分离出来固定地充当一般等价物的特殊商品，货币体现着商品生产者之间交换产品的关系。这种关系是建立在劳动价值论的基础上的，它表明货币与商品的交换是等同的价值物的交换。用一种商品价值来表现另一种价值时就是价值表现形式。货币价值形式演变的过程经历了四个阶段（图1-1）。

（一）简单的（或偶然的）价值形式

在原始社会末期，虽然原始社会内部还没有出现交换行为，但在原始公社之间出现了偶然的交换。这是因为当时生产力水平低，可用来交换的剩余产品还不多，随着一些

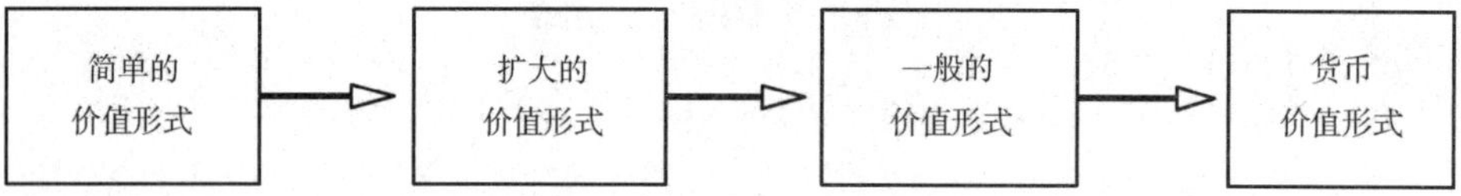

图 1－1　价值形式的发展阶段

偶然的交换行为的出现，价值也就被偶然地表现出来。一种商品的价值通过另一种商品表现出来。起主动作用的是价值被表现的商品处于相对价值形式地位；起被动作用的是表现价值的商品，处于等价形式地位。如：1 只绵羊 =10 斤茶叶，绵羊起主动作用，茶叶起被动作用。

相对价值形式和等价形式是同一价值表现的互为条件的两个要素。一个商品究竟是处于相对价值形式，还是处于与之对立的等价形式，完全取决于它当时在价值表现中所处的地位，即取决于它是价值被表现的商品，还是表现价值的商品。

（二）扩大的价值形式

随着生产力的进一步发展，出现了第一次社会大分工，即农业与畜牧业的分离，产品交换的出现成为一种经常现象。这时，一种商品已经不是偶然地和另一种商品相交换，而是经常地和许多商品相交换。于是一种商品的价值也就不是偶然地在另一种商品身上表现出来，而是经常地表现在许多商品上。这一价值形式与简单的价值形式一样，仍然是比较简单的物物之间的直接交换。

可见，扩大的价值形式只是由简单的相对价值表现的总和，因此这一价值形式仅仅是交换规模和数量上的进步，没有产生质的飞跃。就商品的全体来说，它们的价值仍无一个共同的、统一的表现，而是表现在许多等价物的身上。

简单的和扩大的价值形式所表现的这种物物的直接交换，如果要想圆满实现，必须具备两个基本条件：第一个条件，需求的双重巧合性。即如果要完成一项交换，首先必须是参加交换的两种产品正好是交换双方相互需要的产品，也就是“你需要的是我有的，我需要的是你有的”。第二个条件，时间的双重巧合性。即如果一个人想要卖出产品时，恰好有人在这一时刻需要这种产品，在时间上应当是统一的。而这两个基本条件要想完全同时实现的可能性并不是很大。

（三）一般价值形式

人们在长期的、频繁的交换过程中，自发地逐渐从无数的商品中，分离出一种大家都喜欢的、经常在交换中出现的商品。这一价值形式较前两种价值形式有了一次质的飞跃，所有商品的价值是由一种特殊的商品表现出来，即表现价值的商品固定在这种特殊商品上，这一种特殊商品就称为一般等价物。

一般价值形式由商品与商品之间的直接交换转变为通过一般等价物做媒介的商品的间接交换。这样，商品的内生矛盾——使用价值和价值之间的矛盾，私人劳动与社会劳动之间的矛盾都外化为普通商品同一般等价物之间的矛盾。

一般等价物使直接的物物交换变为通过媒介的间接交换，物品要进行交换时先要换成媒介品，即先要求媒介品表现自己的价值，一旦这个过程实现，就可以方便地用媒介品换取自己所需要的其他产品。所以，在一般价值形式阶段，只要交换成一般等价物，那么这种物品生产劳动的社会性就得到了证明，价值得到了体现。

（四）货币价值形式

在货币真正出现之前，一般等价物虽然已成了商品交换的媒介，但是它并没有完全固定。在不同的时期所选择的一般等价物有所不同，贝壳、兽皮、农具等都先后作为一般等价物被大家接受。一般价值形式的出现在某种程度上促进了当时的商品交换，但是因为其一般等价物的不固定性也阻碍了商品交换的进一步扩大和发展。因此人们很自然地要求把不同的一般等价物统一起来，并固定在某一特殊商品上。当这种特殊商品被大家所接受，并且作为交换的媒介品时，这种特殊商品就成为货币商品。

此时，由这种特殊商品——货币商品来表现商品价值的形式，就称为“货币价值形式”，货币也就随之出现了。因此，货币是商品经济发展的产物，是商品生产和商品交换的结果。

二、货币的定义

货币有种种定义，这是因为观察的角度不同或者侧重点不同。马克思在分析了货币的起源和本质之后，对货币下了一个理论上的定义，即货币是固定地充当一般等价物的特殊商品。货币是商品，包括两层含义：货币的前身是商品，它是在交换过程中逐渐演变成为货币商品的；商品成为货币后仍然具有商品的属性，货币具有价值，说明它与普通商品一样，是人类抽象劳动的凝结物。正是因为货币本身具有价值，它才能用来表现和衡量其他一切商品的价值，才能和其他一切商品相交换。正如马克思所说：“金银天然不是货币，但货币天然是金银”。货币商品具有使用价值，这是指作为货币商品也具有满足人们某种需要的属性。货币商品与普通商品有共性，也有特殊性。只有把这两方面统一起来，才能全面地、正确地掌握马克思主义货币理论。

三、货币形式的发展

货币作为一种人们能够共同接受的支付工具，在不同的时期有不同的表现形式。中外历史上都有多种商品曾经成为货币，如牲畜、兽皮、布帛、粮食、食盐、贝壳等。货币形式经过了几千年的演变，充当货币的材料种类繁多。但不论什么时期，都会首先考虑货币材料的选择问题。理想的货币材料一般具有这样的特征：第一，价值较高，可以保证在商品交易的过程中用较少量的货币完成大量的交易，给商品交易者带来方便。第二，便于携带，以保证商品交易范围能够扩大。第三，易于保存，以保证货币不会在保存过程中发生磨损或腐烂，同时不需要支付保存费用。第四，易于分割，保证货币能够满足不同价值量的商品交易，同时不因为分割而使货币材料发生质的变化。

根据货币材料的不同，货币形式经历了实物货币阶段，金属货币阶段，纸币阶段，信用货币阶段和电子货币阶段。

（一）实物货币阶段

实物货币阶段是货币形式发展的最早时期，实物货币是货币价值和普通商品价值完全相等的货币。在经济不够发达的以物易物商品时代，人们会在商品交易中寻找一种特殊商品，这种特殊商品具有普遍的接受性，同时其自身也有价值。最终这种特殊商品就会成为交易媒介，发挥货币的职能。在人类发展史上，曾有形形色色的实物充当货币。例如贝壳、布匹、盐等都曾作为中国古代的货币。

然而，实物货币的缺点随着商品交换的发展显现出来，并不能很好地满足交换对货币的要求。比如一些实物货币不易分割，一些实物货币不易携带，并且实物货币价值的不稳定性更是阻碍了商品经济的进一步发展。

（二）金属货币阶段

随着商品经济的发展及商品交易的频繁，对货币材料的要求越来越高，这就使得金属充当货币的优点显现出来，尤其是金属货币的易于分割、易于保存的特性。世界上许多开采技术发达的地区开始进入金属货币阶段。中国是最早使用金属货币的国家，从殷商时代开始，金属货币就成为中国货币的主要形式。《管子·国蓄》等篇中说先王“以珠玉为上币，以黄金为中币，以刀、布为下币”。中国古代春秋战国时期的黄金已经具有价值尺度、流通手段、支付手段等职能。

金属货币的易分割、易保存等条件使其充当货币的时间是比较长的。充当货币的金属主要是金、银、铜等贵金属，而像铁这样的贱金属作为货币的情况很少。金属充当币材采用过两种形式：一种是称量货币，一种是铸币。称量货币是指以金属条块的形式发挥货币作用的金属货币。金属货币出现后，最开始是以金属条块形式流通，这种金属条块在使用时每次都要称重量，鉴定成色，在某种程度上增加了交易的成本和时间。因此后来出现了铸币，铸币是铸成一定形状并由国家印记证明其重量和成色的金属货币。它的出现从某种程度上克服了称量货币使用时的种种不便，便利了商品交易。

（三）纸币阶段

纸币是国家强制发行流通的纸制货币符号。它本身并不具有价值，是一种纯粹的价值符号。中国在 10 世纪末的北宋年间，在四川已有大量的用纸印制的货币，称为“交子”，成为当时经济生活中重要的流通手段和支付手段。最初是由四川商人联合发行的，在四川境内流通，可以随时兑换。后来由于商人的破产，由民间改为官办，官府设置专门机构发行，“交子”改名为“钱引”。而实际上，不论“交子”也好，“钱引”也好，都未在全国通行。

纸币的发行不受任何限制，因此在纸币发行阶段由于纸币发行过多，贬值速度快，出现了铸币与纸币同时流通的时期。

（四）信用货币阶段

信用货币的出现是建立在信用活动基础上的，同时发挥着货币的职能。20 世纪 30 年代爆发的世界性经济危机，世界上主要国家的货币被迫脱离金属货币，国家发行的货币不能够再兑换成贵金属。

马克思主义经济学中的信用货币是以金属货币作基础的，主要包括银行券和纸币。银行券作为黄金凭证，持有者可以随时向发行者兑换黄金；纸币是强制发行的纸质货币符号，不允许兑换黄金。现在信用货币是不能与贵金属相兑换的信用凭证，现代信用货币主要包括现金和银行存款。

（五）电子货币阶段

随着电子计算机在金融业的广泛运用，及信用卡经济和电子转账系统的发展，人们开始普遍接受以非现金方式进行商品交易。电子货币即是一种无形货币，是通过电子终端、电信网络、磁介质以及其他电子设备来执行价值储藏和交易支付的一个机制。电子货币的出现节约了大量的流通费用，进一步便捷了商品交易。

电子货币阶段，人们使用最多的就是银行卡，包括借记卡、贷记卡等。中国的大多数商业银行都发行了属于本银行的银行卡，为电子货币的使用提供了很多方便。人们也越来越多地使用电子货币进行交易。

延伸阅读

电子货币与数字货币

随着电子计算机技术的迅速发展，以及互联网技术在全世界的普及，电子货币以其简便、安全、迅速及可靠的特征吸引越来越多的人使用它。经济生活中的许多领域，如生产、交换、分配和消费等领域，电子货币被广泛应用。电子货币能够发挥实物现金的诸多功能，如转账结算、储蓄、兑现和消费贷款等作用。电子货币的种类丰富，有储值卡（如公交IC卡，水卡、电卡等）；信用卡（如长城卡、龙卡、金穗卡等）；电子支票；电子钱包等。

电子货币的发行会对一国的货币政策产生影响，因此各国都根据本国国情确定电子货币的发行主体。美国央行允许非银行机构发行电子货币，美联储认为非银行会因为开发及行销电子货币的高成本而开发具有更安全性的产品。鉴于银行的良好信誉，消费者会更信赖银行发行的电子货币，因此非银行机构发行电子货币不会对银行造成威胁。而欧洲货币工作小组表示出不同的观点，他们认为只有主管机构监管的信贷机构才可以发行电子货币。德国规定所有的电子货币的发行只能由银行开办。

中国人民银行自2014年起就已经组建团队研究发行数字货币问题。我们不禁产生疑问，未来由中国人民银行发行的数字货币，与当下人们所使用的电子化货币有何不同？中国人民银行副行长范一飞指出，数字货币的具体形态可以是一个来源于实体账户的数字，也可以是记于名下的一串由特定密码学与共识算法验证的数字。如果只是普通数字配上数字钱包，还只是电子货币；如果是加密数字存储于数字钱包并运行在特定数字货币网络中，这才是纯数字货币。中国人民银行行长强调，未来的数字人民币作为法定货币必须由中央银行来发行。2016年1月20日，中国人民银行召开了数字货币研讨会，对外宣布正在研发并争取早日推出数字人民币。中国人民银行参事盛松成认为，未来的央行数字货币将可能是涉及区块链、移动支付、可信可控云计算、密码算法、安全芯片等技术的本位币，央行数字货币最终可形成一个大数据系统。

目前中国的数字货币在设计时的初步考虑是：由央行主导，在保持实物现金发行的同时发行以加密算法为基础的数字货币，M_0的一部分由数字货币构成，为了充分保障数字货币的安全性，发行者可以采用安全芯片为载体来保护密钥和算法运算过程的安全。

未来央行数字货币体系将包括几个主要构成要素：央行数字货币私有云、数字货币、数字货币发行库、数字货币商业银行库、数字货币数字钱包、认证中心、完成权属登记、大数据分析中心。央行的数字货币体系由央行的数字货币发行库、商业银行的数字货币银行库和用户端的数字钱包组成。

我国央行要正式发行数字货币，除了技术问题外，还面临着诸多法律问题要解决。

参考资料：新华网《中国或成首个发行法定数字货币国家》，2017－02－06。

第二节 货币的职能和流通

一、货币的职能

货币的职能是货币本质的具体体现。对于货币职能的研究，不同的经济学家有不同的分类。马克思对于货币职能的表述是这样的：价值尺度、流通手段、贮藏手段、支付手段和世界货币五大职能。

（一）价值尺度

价值尺度是货币的首要职能，它是商品内在的价值尺度即劳动时间的必然表现形式。

货币商品能表现和衡量商品价值量大小，是因为货币商品同样具有价值，都是凝结了一般人类劳动，作为价值是同质的，才有量的可比性。价值是物化在商品体内的抽象劳动，是商品价值内在自然尺度。但是，它不能够自己表现出来，必须借助货币外在地表现出来。价值尺度的实质是表示商品所花费的社会必要劳动时间。货币体现这一职能，是依靠社会必要劳动时间来表现和衡量商品价值的。

货币在执行价值尺度的职能时，无非是充当商品价值的外在尺度。通过一定数量的货币表现出来的商品价值就是商品的价格，但是价格并不总能一丝不苟地表现价值。货币执行这个职能时，必须是有十足价值的货币，但只需要是想象上的或观念上的货币，而不一定需要现实的货币。例如，超市商品的价格只需要贴上价格标签，并不需要用相同数量的真实货币来表示。用观念上的货币表示商品的价格，绝不是说人们可以随心所欲地规定商品的价格。因为货币商品与普通商品的交换，也是等价交换。

因为各种商品价值量的大小不同，就必须为货币确定一种计量单位，这种计量单位就是所谓的价格标准。例如，我国的人民币价格标准中，基本单位是“元”，1 元等于 10 角，1 角等于 10 分。这样我们就可以使用价格标准确定的统一计价方式为商品标价。

（二）流通手段

流通手段是货币的基本职能之一，即货币在商品流通中充当交换的媒介。

在货币出现之前，商品的交换是采用直接物物交换的形式，商品生产者进行商品交换时，既是卖者，又是买者。当货币出现之后，商品交换分成了两个相互独立的过程。买与卖成为两个独立的行为，每个商品生产者都要先把商品换成货币，即卖出商品换回货币，然后用货币去换取所需商品，即支付货币买进商品。此时货币在商品买与卖之间充当了交易的媒介。买与卖两个过程统一起来，一个商品所有者的买就是另一个商品所有者的卖，买卖构成连续不断的过程，形成了商品流通。

充当流通手段的货币必须是现实的货币，而不能是观念上的货币。因为商品流通过程是实现价值的过程，必须用现实的货币才能实现交换。但是充当流通手段的货币却不一定是具有十足价值的货币，因为此时货币不是交换的目的，而仅仅是交换的手段。在交换过程中，货币作为流通手段是转瞬即逝的媒介。这一特点也为纸币代替金属货币执行流通手段职能提供了可能性。

货币在执行流通手段职能时发挥了重要的作用，它解决了物物直接交换的局限性，克服了交换双方在时间上、空间上和需求上无法达到的巧合性问题，进一步促进了商品经济的发展。但是，由于货币流通手段职能使买与卖成为两个独立的行为，这就孕育了商品买卖可能脱节的矛盾。一旦商品流通出现脱节，商品流通也就无法继续下去。

（三）贮藏手段

如果商品的买卖两个独立的行为出现了中断，也就是商品卖出之后没有继续出现买进行为，货币就退出了流通领域而处于静止状态，被人们所保存，那么货币就发挥着贮藏手段职能。因此，马克思把这一职能排在紧随流通手段职能之后。

发挥贮藏手段职能的货币，必须是足值的货币，同时又必须是现实的货币，是具有完全价值的货币。马克思认为，只有金银等金属货币才能履行保存价值的贮藏手段职能，而纸币是不能执行这种职能的。纸币只是一种货币符号，只有作为流通手段才有价值，一旦退出流通就一钱不值了。但是金属货币和纸币都可以作为贮藏，作为一种购买力的贮藏。

马克思以金属货币流通为背景，论证了在金属货币流通的条件下，货币的贮藏手段职能具有自发调节货币流通的作用，能够发挥"蓄水池"的作用。"货币贮藏的蓄水池，对于流通中的货币来说，既是引水渠，又是排水渠；因此，货币永远不会溢出它的流通的渠道。"当流通中的金属货币量过多时，多余的金属货币便会退出流通领域而成为贮藏货币，变流通手段职能为贮藏手段职能，此时贮藏手段职能发挥了"引水渠"的作用；当流通中的货币量不足时，贮藏货币又会重新进入流通领域变为流通货币，化贮藏手段职能为流通手段职能，此时贮藏手段职能发挥了"排水渠"的作用。因此，在金属货币流通的条件下，通过货币的自动调节作用，商品流通过程中不会产生货币过多或货币过少的现象，也就不会出现通货膨胀或通货紧缩现象。但是需要说明的是，这样的自动调节机制是以足够大的贮藏为前提条件的，因为如果贮藏数量不足，经济生活需要增加流通手段时就得不到必要的补充。

而在纸币和信用货币作为流通手段的条件下，这种天然的蓄水池是不存在的。在现代经济中，货币供应量的调节不是由商品流通中货币职能的自发转换来实现的，而是由处于流通过程之外的货币管理当局来决定的。

（四）支付手段

商品流通决定货币流通，但货币运动不一定与商品运动同时进行，它可以先于或后于商品运动，当货币用于单方面的支付，而不是用于双方面的交换，当货币被用来清偿债务、赋税、付租金和工资等的时候，货币的支付手段职能就出现了。因此，货币作为支付手段的职能，最初是由商品的赊购赊销引起的。

货币支付手段职能是以价值尺度和流通手段的职能的存在为前提的。总之，在商品运动的时候而没有发生货币的运动的情况下，货币执行的都是支付手段的职能。货币的支付手段职能的出现，使交易不仅仅局限在“一手交钱，一手交货”这一独立方式上，从某种程度上促进了商品的生产和流通的发展，大大减少了流通中的现金需求量。

支付手段的出现与信用货币的产生是不能分割的，随着信用事业的扩大，货币作为支付手段的职能也在扩大。所以，支付手段的出现使货币对经济发展起到了非常重要的作用，但是也不可避免地出现了一些弊端。货币作为支付手段加强了买卖的进一步脱节，加深了商品经济的矛盾。随着作为支付手段的货币的广泛运用，商品的买者和卖者之间以及其他经济行为人之间，形成错综复杂的债权债务关系链条，只要一个债务人不能如期偿还债务，就会引起一系列连锁反应，使货币流通受到阻碍，使社会经济发生紊乱。在严重的情况下，还会成为形成货币危机的一个因素。

（五）世界货币

货币一越出国内流通领域，便失去了在这一领域内获得的价格标准、价值符号等地方形式。在世界贸易中，商品也普遍地展开自己的价值。当商品流通越出国界，扩大到世界范围，货币的职能作用也随之发展。货币超越国内流通领域，在国际市场上充当一般等价物，就执行着世界货币职能。而这个职能的发挥，离不开货币作为价值尺度、流通手段、贮藏手段和支付手段职能的发挥。因此，从本质上看，这一职能只是货币基本职能发挥范围的不同。

在货币的五大职能中，价值尺度和流通手段是货币最早的两个相互联系而不可分割的职能。只有一种商品成为货币后，它成为社会劳动的化身，成了一般社会财富代表，人们才会去贮藏货币。支付手段职能的出现和发展，是以前三种职能的发展为前提的。世界货币则是最晚发展起来的一个货币职能。因为货币若不是在国内已经发展了各种职能，就不可能成为国际上的一般支付手段、一般购买手段和一般财富的转移手段。

由此可见，马克思给货币各种职能所排列的顺序不是任意的，而是以商品经济的发展顺序为依据的。

二、货币流通及规律

（一）货币流通和商品流通

最初的货币流通是由商品流通引起的，并服务于商品流通。在货币流通与商品流通关系中，商品流通是货币流通的基础和前提。由于商品内在矛盾的突出，必然寻求以交换的方式得以解决，从而导致了商品的运动。自货币产生以后，商品的内在矛盾外化为商品与货币之间的对立，矛盾的解决由商品与货币的交换来完成。商品运动成为货币的相向运动，货币流通成为商品内在矛盾运动的外部表现形式。在这种运动过程中，每个商品卖出以后就退出流通领域而进入消费领域，货币则相反，在各个商品的交换过程中从出发点不停地运动于流通领域之中。所以我们说，商品运动决定货币流通，商品运动的规模、构成、范围和速度决定货币流通的规模、构成、范围和速度。

当然，货币流通对商品的运动也具有反作用。正常的货币流通会促进商品运动的顺利进行，也从很大程度上扩大商品流通的范围和规模；而货币流通领域如果出现问题，也会给商品流通和社会经济带来不利影响。比如债务链问题，就是人们并没有使得货币支付手段职能很好地发挥，造成了最后债权人和债务人之间的货币无法顺利流通。

（二）货币流通形式

现代货币流通有两种形式，现金流通和非现金流通。

现金流通是指以纸币和铸币作为流通手段和支付手段的货币支付。现金流通主要是与个人有关的货币收付和企事业单位之间的小额零星支付，人们可以自由支配，国家可以疏导和调节，但是不能直接干预。

非现金流通则指各企事业单位或个人，通过各种金融工具，利用金融机构之间搭建的互联网金融平台，在账户之间划转款项进行的货币收付行为。非现金流通主要是服务于企事业单位之间的大额货币支付。货币周转和银行信用业务交织在一起，款项通过结转，只是债权人发生了变化，款项还在金融系统中，金融机构可以进行监督和管理。随着经济的发展，各个国家都通过信用体系大力发展非现金流通，扩大其流通领域。

现金流通和非现金流通具有密切的联系。两者在一定条件下可以相互转化。这种转化一方面会引起两种形式货币量的此增彼减，另一方面会给银行的信用扩张和收缩带来影响。当现金转化为非现金时，银行的存款上升，银行以此发放贷款，就会造成信用的扩张；反之就会造成信用的紧缩。这种互相转化有利于商业信用和银行信用的联系。

（三）货币流通规律

在商品流通过程中，货币不断在卖主和买主之间转手。这种连续不断的货币转手，形成一个与商品流通相伴随的货币流通。商品流通是货币流通的基础，货币流通由商品流通引发并为商品流通服务。通过连续不断地转手，同一货币可以为多次商品交换服务。这样，就产生了一个问题。就一定时期而言，一个国家的商品流通需要多少货币？决定货币流通量的因素有两个：一是一定时期下的商品价格总额，即各种商品的价格与商品量的乘积的总和；一是货币流通速度，即同一时期内货币在卖主和买主之间转手的次数。显然，流通中所需要的货币量或货币需求，与商品价格总额成正比，与货币流通速度成反比。这是货币流通的一般规律。

如果用 M_d 代表货币需求量，P 代表商品价格，Q 代表流通的商品数量，V 代表货币流通速度，货币需求量的公式为：

$$\text{一定时期内流通中的货币需求量}=\frac{\text{待售商品的价格}\times\text{待售商品的数量}}{\text{单位货币的流通速度}}$$

$$=\frac{\text{待售商品价格总额}}{\text{单位货币的流通速度}}$$

也可以表示为：

$$M_d=\frac{\sum P_iQ_i}{V}\quad(i=1,2,3,\cdots,n)\tag{1-1}$$

商品流通所需要的货币量是否得到满足，取决于货币的供应量。在贵金属作为货币的情况下，只要社会有足够的贵金属贮藏，货币供应就是有保证的。在现代经济社会中，作为流通手段的不是贵金属，而是不能兑换金属的纸币和各种信用货币。因此当流通中的货币与需求的货币量不一致时，就会产生货币的不均衡，从而就会出现通货紧缩或者通货膨胀现象。

三、货币的计量

现实经济生活中存在着形形色色的货币，随着市场经济的不断发展，尤其是自20世纪五六十年代以来，新的金融工具不断出现，金融创新浪潮风起云涌，许多新的金融工具都不同程度地具有“货币性”，有的能够直接作为货币发挥作用，有的略加转化就能发挥流通手段和支付手段职能。这使货币流通的范围不断扩大，流通中货币形式多种多样，从而给货币计量带来了新的问题。为此，各国对不同口径的货币进行了层次划分。货币层次的划分有利于宏观经济运行的监测，畅通货币政策的制定与执行，并在客观上促进金融机构的金融创新。

（一）货币层次的划分

货币层次划分的依据是货币的流动性。所谓流动性是指金融资产在不受损失或者损失很小的情况下变为现款的能力，也就是变为现实流通手段和支付手段的能力。

一般情况下，可以将货币层次作如下划分。

1. M_0（流通中现金）

不包括商业银行的库存现金，而是指流通于银行体系以外的现钞，即居民手中的现钞和企业单位的备用金。由于这部分货币可随时作为流通手段和支付手段，因而具有最强的购买力。

2. M_1（狭义货币）

所谓狭义货币，是指那些流动性较强，其承担的职能主要是充当交换媒介即流通手段的那部分货币，包括流通中的现金和银行活期存款，即由 M_0 加上商业银行活期存款构成。由于活期存款随时可以签发支票而成为直接的支付手段，所以它是同现金一样最具有流动性的货币。M_1 作为现实的购买力，对社会经济生活有着最广泛而直接的影响，因此，许多国家都把控制货币供应量的主要措施放在这一层，使之成为货币政策调控的主要对象。各种统计口径中的“货币”，通常是指 M_1。

3. M_2（广义货币）

所谓广义货币，它既包括高流动性的现金、活期存款，又包括流动性稍差，但有收益的存款货币。

由 M_1 加准货币构成。所谓准货币，一般是指由银行的定期存款、储蓄存款、外币存款，以及各种短期信用工具，如银行承兑汇票、短期国库券等构成。准货币本身虽然并不是真正的货币，但由于他们在经过一定的手续后，就比较容易转化为现实的货币，加大流通中的货币供应量，所以又被称为亚货币。

由此可见，广义货币相对于狭义货币来说，范围扩大了，它包括了一切可能成为现实购买力的货币形式。M_2 层次的确立，对研究货币流通整体状况具有重要意义。特别是对金融制度发达国家货币供应的计量以及对货币流通未来趋势的预测均具有独特的作用。近年来，许多经济和金融发达国家，出现了把货币供应量监控的重点从 M_1 向 M_2 或更高层次范围转移的趋势。

（二）我国货币层次的划分

具体到各个国家，对货币层次的划分有差异。我国从20世纪80年代后期也开始引进一些货币的计量方法，统计口径如下：

M_0 = 流通中现金

M_1 = M_0 + 企业单位活期存款 + 机关团体部队存款 + 农村存款 + 信用卡类存款

M_2 = M_1 + 城乡居民储蓄存款 + 定期存款 + 外币存款 + 信托类存款

M_3 = M_2 + 金融债券 + 商业票据 + 大额可转让定期存单

我国目前只测算和公布M_0、M_1和M_2的货币供应量，M_3只测算不公布（图1-2）。

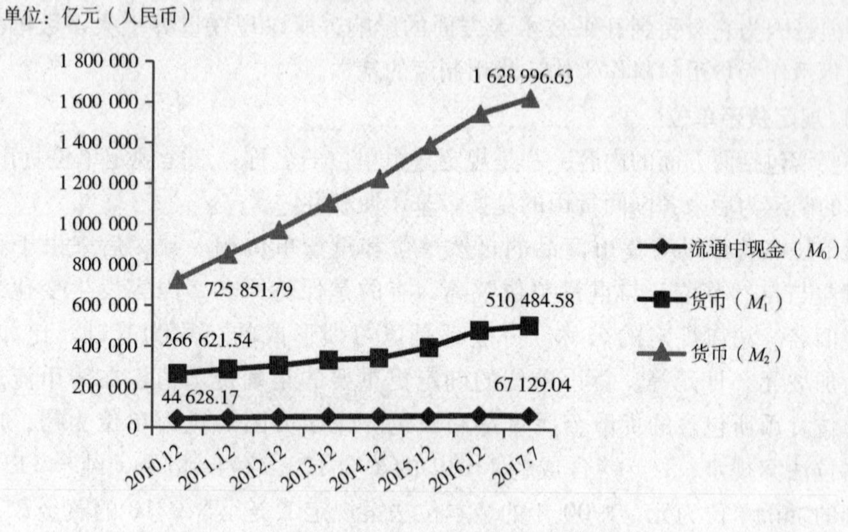

图1-2　2010.12-2017.7中国货币层次统计趋势图

资料来源：中国人民银行网站（http：//www.pbc.gov.cn/）

第三节　货币制度及构成要素

一、货币制度

货币制度是国家以法律形式确定的货币流通的结构和组织形式，是为了保证货币和货币流通的稳定，使之能正常发挥各种职能。

货币制度的形成是历史的产物，并且是逐渐形成和完善的。货币制度统一的标志就是把分散的货币铸造权集中起来，由国家政权垄断。

二、货币制度的构成要素

从资本主义国家建立起统一的货币制度以来的几百年间，尽管货币制度几经变迁，各国货币制度也各有特色，但其构成的基本内容和要求基本上是一致的。货币制度的构成要素主要有五个。

（一）规定货币材料

规定一国货币用什么材料制成，这是一国货币制度的基础，是建立货币制度的基本要素。国家规定哪种或哪几种商品为币材，实际上都是对已经形成的客观现实从法律上加以肯定。避免货币材料使用不统一会造成混乱。

一般来说，货币材料的选择是由国家规定的，但也要受到客观经济发展过程制约和决定。如果用白银作为本位货币材料，就是银本位制度；如果同时用黄金和白银作为本位货币材料，就是金银复本位制度；如果用黄金作为本位货币材料，就是金本位制度；如果使用不兑现无价值的纸作为货币材料，就是纸币本位制度。金属作为本位币材料有其优势，但是因为它会受到开采技术等方面的影响，所以现在世界上大多数国家用纸币代替金属货币作为货币材料作为构成货币制度的基本。

（二）规定货币单位

这一要素包括两方面的内容：一是规定货币单位的名称；二是规定单位货币的价值。货币单位的确定为后来各国间货币的兑换带来了便利性。

货币单位名称最早与货币商品的自然单位和重量单位相一致，后来由于种种不同原因，日益与自然单位、与重量单位脱离，有的是保持原名，内容发生变化，有的则完全摆脱旧名。法律规定的名称，一般都是以习惯形成的名称为基础。比如：英镑、美元、新加坡元、日元等。货币单位的确定更重要的是确定币值。在铸币流通时，就是确定单位货币所包含的货币金属重量和成色。比如英国的货币单位为镑，1816 年 5 月的金本位法案规定，1 英镑含成色 11/12 的黄金 123. 27447 格令，纯金 113. 0016 格令。美国的货币单位为元，1900 年的金本位法案规定 1 美元含 9/10 的黄金 25. 8 格令，纯金 23. 22 格令。中国 1914 年的《国币条例》里确定中国的货币单位定为元，一元含纯银 23. 977 克。

（三）规定本位币和辅币的铸造、发行和流通程序

本位币是一国货币流通中的主要货币，是该国的法定通货。具有以下特点：

第一，本位币具有无限法偿的能力。这是国家对本位币给予无限的法定支付能力。所谓无限法偿，即法律规定的无限制偿付能力，其含义是：法律保护取得这种能力的货币，不论每次交易支付的金额有多大，不论属于何种性质的支付，即不论是购买商品、支付服务、结清债务或缴纳税款等，任何人不得拒绝接受。在支付行为中，只要付出本位币，偿付行为即行终止，对方无权要求改用他种货币，否则，被视为违法。在金属货币流通的条件下，本位币具有无限法偿能力；在信用货币流通条件下，中央银行发行的银行券具有无限法偿能力，国家发行的纸币和中央银行发行的银行券是法定的支付手段，不能拒绝接受；非中央银行发行的银行券、商业票据、支票等，都不是法定的支付手段，可以拒绝接受。

第二，本位币可以自由铸造。这是针对金属货币流通而言的。这种自由铸造是在国家集中铸造的前提下自由铸造，公民有权把货币金属送到国家造币厂铸成本位币，不受数量限制。自由铸造制度的意义，在于可以使铸币价值与其所包含的金属价值保持一致。本位币的自由铸造使货币的贮藏手段职能发挥了很大的作用，并且使得本位币的实际价值和名义价值总是保持一致。如果流通中的铸币量过多，名义价值会小于实际价值，那么人们就可以把手中过多量的铸币送到国家造币厂铸成金属条块贮藏起来；如果流通中的铸币量过少，人们就可以把手中的金属条块送到国家造币厂铸成金币充当流通手段。这种情况下，货币流通量会因为铸币进入和退出流通界而得到自动的调节，使得货币流通量与客观需要量始终保持一致。

第三，本位币有法定的磨损公差。磨损公差就是每枚铸币的法定重量和磨损以后的实际重量的差别。在金属货币制度下，铸币具有法定重量、成色和公差。为了保证本位币的名义价值和实际价值一致，防止重量和成色不足的铸币与足值货币混合流通，并造成劣币驱赶良币的现象，各国政府都规定出主币的公差，即法定的铸造误差或法律允许的磨损程度。比如英国按照1870年的铸币条例，1镑金币的标准重量是123.27447格令，法定磨损后的铸币重量不得低于122.5格令。

辅币是本位币以下的小额货币，供日常零星交易和找零使用。它是铸币的一部分，是不足值的铸币。通过法律形式建立起固定的兑换比例，法律规定辅币可以按照固定比例与本位币自由兑换，从而保证它可以按照名义价值流通。例如，1英镑=100先令，1美元=100美分。铸币虽然不是一国货币流通中的主要货币，但是它也有其自身的特点：

第一，辅币的票面金额较小，其铸造可以得到一部分收入，因此是限制铸造，是由国家用国库的金属铸造，收入由国家垄断，铸造数量也受到限制。同时限制铸造也是为了防止辅币排挤主币。因为如果辅币可以自由铸造，不足值的铸币就会充斥流通界，而足值的主币则会被排除于流通之外。

第二，辅币具有有限法偿能力，即法律规定的有限的支付能力。在一次支付行为中，用辅币支付的最高金额，如果超过一定的金额，对方有权拒绝接受；但在法定限额内，拒收则不受法律保护。比如美国曾经规定银币10分每次支付限额为10美元，铜镍币为25分。规定辅币的有限法偿能力是为了避免在商品交易过程中，收付和携带的不方便。

但是，在向国家缴纳税款和向银行兑换时，辅币可以不受到这种限制。

第三，辅币的票面金额较小，使用频率较高，磨损程度较快。同时因为辅币大多数用铜、镍、铝等贱金属铸造，所以其实际价值一般都小于名义价值。

此外，辅币不规定磨损公差，有的国家规定其流通年限。如新加坡规定，新发行的货币流通三年后必须收回销毁。当流通中全部都是信用货币时，主币和辅币已不存在足值与不足值的区别了。同时辅币和主币之间可以自由兑换，使辅币可以按照固定的比例兑换成为本位币，提高货币的流通效率。

（四）建立金准备制度

金准备制度是一国货币制度的重要构成因素，是国家集中于中央银行或国库的货币金属准备。它的建立主要是为了稳定货币的对外价格，即稳定汇率。金属货币时代，货币金准备可以用作国际支付，平衡贸易差额或者进行贸易支付；可以调节国内货币流通，在本国货币过多或过少的时候进行调解；可以保证存款支付和银行券的兑换。

从20世纪70年代后期开始，世界各国已经不再用黄金作为货币发行的保证，各国也无金属货币流通，金准备制度只是作为国际支付的保证金，其余两个用途已经渐渐消失。所以，现阶段一国准备金数量的多少，是一国经济实力状况的标志之一，也是一国货币稳定的基础。在不兑现的纸币制度下，货币金属准备的地位已经大大降低，与外汇储备一起起到国际支付准备的作用。

（五）确定货币的对外关系

随着全球经济一体化趋势的加强，各国之间的经济交往频率越来越高，促使国家之间的货币流通频繁成为必然。此时，一国货币与别国货币之间是否能够自由兑换，兑换时汇率的确定方式；一国货币是否能够自由输出入，有哪些限制性政策等有关货币对外关系的问题，各国政府在制定货币制度中开始不断关注，从而扩大了货币制度的外延。

2005 年 7 月 21 日，中国人民银行宣布美元兑人民币官方汇率由 8.27 调整为 8.11，人民币升幅约为 2.1%。央行同时还宣布废除原先盯住单一美元的货币政策，开始实行以市场供求为基础、参考一揽子货币进行调节、有管理的浮动汇率制度。这一次汇率改革是自 1994 年 1 月 1 日以来的又一重大改革，进一步提高了人民币与他国货币兑换的自由度，体现了我国货币对外关系的变化过程。

延伸阅读

三元面值人民币

中华人民共和国货币自发行以来，已发行五套人民币，形成纸币与金属币、普通纪念币与贵金属纪念币等多品种、多系列的货币体系。1955 年 3 月 1 日发行的第二套人民币中，出现了三元面值纸币。

三元人民币票面图案设计活泼大方，其正面花边为深绿色，底纹中间为橙色，两边为浅橄榄绿色；正上方为马文蔚书写的“中国人民银行”六字，纸币中央为井冈山龙源口石桥图景，其两端花符内各有繁体“三元”两字。纸币的背面图案是花纹和国徽，中间有汉（繁体）、蒙、维、藏四种文字的“中国人民银行三元”字样，花边及底纹两边的颜色与正面相同，底纹中间为紫粉色。正面上下花边和背面左右花符相对称，一改过去中国传统纸币呆板的四边框设计形式，并首次采用了先进的胶版凹凸套印技术，钞纸有实心五角星花纹混水印，采用正背面双凹印刷，版纹深，墨层厚，有较好的防伪功能。

由于当时中国的印刷和造纸技术都比较落后，所以第二套人民币中的 3 个面额券种：1953 年版 3 元券、5 元券、10 元券，是委托苏联代为印刷的，被钱币收藏者俗称“苏三币”。

中苏两国关系出现恶化后，由于这三种券别的印版在苏联，同时新疆市场上发现了大量在苏联印制的 3 元、5 元和 10 元券人民币，为避免发生意外，中国人民银行在 1964 年 4 月 14 日突然宣布，苏联印制的 3 元、5 元、10 元于 4 月 15 日起只收不付，一个月后停止收兑全部作废。由于之后中国没有重新发行 3 元面值的人民币，所以这一面值的人民币即在流通 9 年后从市场上消失。

第四节　货币制度的演变过程

货币制度自产生以来，从其存在形态看，主要可以分为金属货币制度和不兑现的信用货币制度两大类。虽说各国货币制度的演变有着或多或少的差异，但是其主要的发展趋势大体是相同的，是由银本位制过渡到金银复本位制，由金银复本位制过渡到金本位制，再由金本位制过渡到不兑现的信用货币制度（图 1－3）。

- 货币制度
  - 金属货币制度
    - 银本位制
    - 金银复本位制
      - 平行本位制
      - 双本位制
      - 跛行本位制
    - 金本位制
      - 金币本位制
      - 金块本位制
      - 金汇兑本位制
  - 不兑现的信用货币制度

图 1－3　货币制度的演变进程

一、银本位制

银本位制就是以白银作为本位币的一种货币制度，是历史上最早出现的，大约盛行于 16 世纪，实行银本位制的国家主要有西班牙、墨西哥、秘鲁和日本等国；也是实施时间最长的一种货币制度，盛行了三四百年。在银本位制下，白银作为本位币的币材；银币具有无限法偿能力，是强制流通货币；银币的名义价值与所含的一定成色，一定重量的白银价值相等；银币可以自由铸造，自由熔化；白银和银币可以自由输出输入。

随着资本主义经济的发展，特别是大宗交易的出现，银本位制的缺点不断地显现。而这些缺点中最明显的就是白银价格的不稳定性，不符合“货币单位价值相对固定”这一货币制度稳定性的要求。从 1870 年到 1935 年这 60 多年的时间里，白银价格的波动就经历了四个阶段：

第一阶段，1870 年至 1914 年。因为这段时间白银逐渐部分地被黄金代替，各国纷纷抛售白银，导致白银价格进一步下跌。这就直接导致资本主义国家纷纷采用金银复本位制。

第二阶段，1915 年至 1919 年。正好处于第一次世界大战期间，很多国家要购买军用物资，白银价格受到战争的刺激而狂升。

第三阶段，1920 年至 1932 年。第一次世界大战结束，白银价格恢复下降趋势。

第四阶段，1932 年至 1935 年。由于美国高价收购白银，白银价格再度上涨。

正因为银本位制的这些缺点不断暴露出来，给商品交易和货币流通带来了很多阻碍。于是，20 世纪初，除了中国、印度、墨西哥等少数当时经济比较落后的国家仍实行银本位制外，一些主要资本主义国家已经普遍实行金银复本位制或金本位制了。

二、金银复本位制

随着商品货币经济的发展，在商品交易中对金银两种贵金属的需求都增加了，白银主要用于小额交易，黄金则用于大宗买卖，形成了白银与黄金都作为主币流通的局面。在客观上也产生了建立金银复本位制的要求。16 世纪，随着新大陆的发现，墨西哥和秘鲁丰富的银矿和巴西丰富的金矿先后被开采出来，大量的金银从美洲流入欧洲，促成了金银复本位制的实行。16—18 世纪，欧洲国家纷纷建立金银复本位制度，于 1663 年由英国开始实行，随后欧洲各主要国家纷纷采用。这种本位制度也是资本主义原始积累过程中典型的货币本位制度。

金银复本位制是金和银两种铸币同时作为本位币的一种货币制度；金和银同时作为币材，可以自由铸造和自由熔化；金和银可以自由输出入，金银同时是无限法偿货币。

金银复本位制实行期间，因为金银比价制定的不同，出现了不同形式的复本位形式，前后大致经历了如下三种形态。

（一）平行本位制

平行本位制是金银两种金属均按其所含金属的实际价值流通，国家对这两种货币的交换比率不加规定，由市场去决定金银比价。例如，英国在 1663 年铸造金币“基尼”与原来的银币“先令”同时使用，两种铸币按金银的市场比价流通。

这种货币制度造成了市场上的商品会有双重价格——按金币计价和按银币计价。结果是一旦金银的市场比价发生变化，以金和银同时标价的商品价格会随之而变动，如果金银比价变动频繁，就会引起商品价格混乱，给商品交易带来许多困难。

（二）双本位制

资本主义国家为了克服平行本位制带来的价格混乱等弊端，实行了另外一种形式的金银复本位制——双本位制，这种本位制是国家以法律形式规定金银之间的比价。例如，法国曾规定，1 金法郎 = 18. 5 银法郎，1 金美元 = 15 银美元。这种本位制虽然可以避免金银实际价值波动带来的金币和银币交换比例波动的情况，从某种程度上能克服平行本位制下“双重价格”所产生的弊病，但是也有其自身的缺点——产生“劣币驱逐良币”现象。16 世纪，英国的财政大臣托马斯·格雷欣在给女皇的有关改铸货币建议中提出这个现象，因此“劣币驱逐良币”现象又被称为“格雷欣法则”（Gresham’s Law）。

在金属货币流通的条件下，当一个国家同时流通两种实际价值不同，但法定比价不变的货币时，市场比价高于法定比价的货币就成为良币，而市场比价小于法定比价的货币就成为劣币，在价值规律自发的作用下，良币最终会退出流通界，而劣币充斥市场。例如：1792 年美国规定的金银之间的法定比价是 1 单位金币兑换 15 个单位银币，而由于生产银的劳动生产率提高，金银之间的市场比价为 1 单位金币兑换 16 个单位银币。由此我们分析，金币的市场比价要高于金币的法定比价，金币是良币，而银币是劣币。正因为金银的市场比价和法定比价的差异，人们就会按照金银之间的市场比价，用1个单位的金币换得16个单位的银币，然后用其中15个单位的银币按照法定比价换回1单位的金币，在这一次往复的对换中，结果是不仅收回了1单位的金币，而且多得了1单位银币。如果不考虑兑换费用等其他成本，这种行为周而复始地进行下去，并将多得的金币收藏或熔化成金块或输出国外，必然使得流通中的金币（良币）数量越来越少，以致最后在市场上消失，而银币（劣币）越来越多，充斥市场。这一规律告诉我们：一个国家在同一时期内只能流通一种货币。如果同时使用两种货币，在金属货币流通条件下就会出现"劣币驱逐良币"现象。

（三）跛行本位制

资本主义国家为了避免双本位制的弊端，后来又采用了另外一种复本位制形式——跛行本位制。这种本位制是金银两种货币同时作为本位币，并规定有固定比率，但政府同时规定金币可以自由铸造而银币不能自由铸造，并限制每次实际支付银币的最高限额。金币和银币按照法定比价交换。这种货币制度，从形式上看仍是金银复本位制，但事实上银币地位已经降低，演化为金币的符号。所以跛行本位制实际上是金银复本位制向金本位制过渡的一种本位制形式。

金银复本位制有其优点，在这种本位制下币材变得充足，因为金和银同时作为币材，所以可以用金币进行大宗交易，银币进行小额交易。但是由于金银价格的不稳定，与货币本身所固有的独占性，排他性相矛盾，所以许多国家纷纷放弃了金银复本位制，转而实行了金本位制。

三、金本位制

从19世纪40年代开始，黄金产量的激增给实行金本位制提供了充分的物质基础。同时由于金银复本位制弊端的不断显现，为了保证货币制度的稳定性，更好地发挥货币制度对商品经济的促进作用，英国于1816年颁布法令，宣布实行金本位制，并于1821年正式实施，这一做法对其他国家实行金本位制也产生了刺激作用。之后，德国、法国、比利时等欧洲国家相继实行金本位制度。1897年俄国和日本也宣布实行金本位制度，1900年美国也宣布黄金视为其本位币金属。至此，资本主义国家差不多都实行了金本位制度（中国、印度等国仍实行银本位制），金银复本位制从此消失了。

金本位制是黄金作为其本位币的一种货币制度；用黄金来规定货币所代表的价值；黄金可以自由铸造、自由输出入；金币是无限法偿的货币。金本位制按照其是否真正有金币流通，又分为金币本位制，金块本位制和金汇兑本位制。

（一）金币本位制

金币本位制是最典型的金本位制，1816年至1914年是金币本位制的鼎盛时期。这段时期，金币作为本位货币，可以自由铸造，自由熔化；辅币和银行券与金币同时流通，并可以按照其面值自由兑换成金币；黄金和金币可以自由输出入国境，以保持外汇汇率的相对稳定；同时各国的货币储备全部是黄金，并以黄金进行国际结算。

金币本位制是一种稳定的货币制度。因为它保证了本位币的名义价值和实际价值相一致，国内价值和国际价值相一致，价值符号所代表的价值与本位币价值相一致，并拥有了货币流通的自动调节机制，从而成为货币制度史上比较稳定的货币制度，对资本主义经济的发展起到了积极的作用。

但是，到了20世纪，由于商品经济规模日益扩大，黄金产量有限。作为货币商品的使用价值和作为一般商品的使用价值两者的矛盾日益尖锐，不能适应近代资本主义发展对货币的需要。自由铸造，自由熔化等货币流通的自动调节机制有时效性，因此物价和生产在短期内仍不免波动，资本主义经济更难以稳定。汇率固定，黄金自由流动，这种对外的自动调节，又使一国的经济状况易受国际经济变化的影响。同时，资本主义各国发展的不平衡，使黄金分配极端不均，英美法德俄五国集中了世界黄金储量的三分之二。银行券的自由兑换也因此遭到破坏。随着第一次世界大战爆发，许多国家都放弃了金币本位制，其他国家都开始实行没有金币流通的不完全的金本位制度。

（二）金块本位制

金块本位制又称为生金本位制，指没有金币的铸造和流通，而由中央银行发行以金块为准备的纸币流通的货币制度。英国于1925年5月率先实行这种制度，并规定银行券兑换金块至少须1700英镑。法国也于1928年规定至少须21.5万法郎才能兑换金块。

在金块本位制下，没有金币流通，国内只流通银行券、纸币、辅币等价值符号；有限的金块兑换代替了自由的金币兑换；买入金块制代替了自由铸造制。国家按照一定的价格购买黄金，由中央银行或政府集中储存。例如英国政府从1928年起就颁布了禁止黄金窖藏，只供1万英镑以上的工业或输出用。

金块本位制的实行节约了黄金的使用，减少了对黄金的发行准备量的要求，暂时缓解了黄金短缺与商品经济发展之间的矛盾，但并未从根本上解决问题。因为这一制度的实施必须是以国际收支平衡或有大量的黄金足以供对外支付之用为条件，反之，如果国际收支逆差或资金外流严重，黄金储备不足以支付时，金块本位制很难维持下去。

（三）金汇兑本位制

金汇兑本位制又称为虚金本位制。实行这种制度的国家仍规定货币单位的含金量，但是国内不铸造也不使用货币，而是流通银币和银行券等。银币和银行券不能在国内兑换黄金，只能兑换外汇，然后用外汇在外国兑换成黄金。中央银行将黄金和外汇存放在另一个实行金币本位制或金块本位制的国家，并规定本国货币与该国货币的法定兑换比率。居民可以按照这一比率用本国银行券兑换该国货币，再从该国兑换黄金。

实行金汇兑本位制，可以从某种程度上节约黄金使用，但是对于黄金储备国以外的国家很不安全。因为实行金汇兑本位制的国家与外国货币保持固定比价，使得这些国家的本国货币的币值常常受到联系国（外国）货币价值波动的影响，往往使本国财政金融和对外贸易受到其联系国的控制，其实质是一种殖民性质的货币制度。因此，实行金汇兑本位制的国家大多数是殖民地、半殖民地国家，这些国家的经济比较落后，想摆脱复本位制的不利影响，但是又没有足够的黄金建立金本位制，不得已而实行金汇兑本位制。第一次世界大战之前，殖民地国家如印度尼西亚、菲律宾等实行这种制度。第一次世界大战之后，德国、意大利等战败国为整顿币制，把向别国借来的贷款作为外汇基金，把本国货币与英镑、美元等挂钩，保持固定比价，从而也实行了金汇兑本位制。

不论是金块本位制和金汇兑本位制都是残缺不全、不稳定的货币制度。因为这两种本位制实行的过程当中，黄金在流通中不再起着自动调节货币流通的作用，现实商品流通中并不实际流通金币，而且银行券的兑现受到限制并且与黄金的兑换失去自由之后，货币制度的稳定性也变差了，这样就加剧了国际金融市场的动荡。因此，1929—1933 年世界性资本主义经济危机爆发后，这两种制度受到冲击而崩溃。至此，金本位制全面瓦解，随后出现的是不兑现的信用货币制度。

四、不兑现的信用货币制度

不兑现的信用货币制度也是一种自由本位制，它对货币材料本身没有要求。1929 年—1933 年世界经济危机后，金本位制已经成为历史的陈迹，原来流通中的银行券，由于丧失了黄金兑换的条件，就退化为不兑现的银行券，银行券纸币化了，因此就叫作不兑现的信用货币制度。不兑现的信用货币制度代替金木位制度，也成为货币制度演进中一次质的飞跃，它突破了商品形态的桎梏，而以本身没有价值的信用货币成为流通中的一般等价物。当前世界各国大多数实行的都是这种货币制度。

（一）不兑现信用货币制度的内容

纸币发行权由国家垄断，一般由国家授权中央银行发行，以保证发行纸币的收入归国家所有。中央银行发行的纸币是法定货币，在一国范围内具有无限法偿能力。不兑现的信用货币制度下，现金结算和非现金结算同时存在，而且大力推广非现金结算方式，以提高结算的便捷性，同时节约现金发行费用和流通费用。

（二）不兑现信用货币制度的特征

第一，货币不规定含金量，也不能兑换黄金。在现代信用货币制度开始实行的初期，各国政府仍规定纸币的含金量，并把它作为各国货币汇率的基础。1978 年以前，国际货币基金组织规定，各国的货币必须与黄金或与黄金有联系的美元建立平价，而汇率则根据平价来换算。1976 年 1 月，国际货币基金组织牙买加会议上决定取消有关黄金可兑换条款，宣布黄金为普通商品，不再执行货币的职能，从而不兑现银行券与黄金失去了联系。

第二，中央银行发行的不兑现的信用货币为本位货币，并由政府颁布法令，赋予无限法偿和强制流通的权力。银行券和存款货币可以相互兑换。

第三，不兑现信用货币的发行必须根据一国国内的经济发展状况和实际为基础确定需要量。纸币的发行一般是由中央银行根据流通中的货币量的供求状况进行调节，并通过商业银行的信用创造职能使其进入流通领域。最终一国纸币总量的多少要根据中央银行发行的基础货币和商业银行创造的派生货币两部分总和来统计。这样做的目的是避免纸币发行过量而引起纸币贬值，商品价格上升而引发通货膨胀。

第四，纸币不能够自动调节其流通数量。在现代信用货币制度下，货币进入到流通界，一般都是通过银行贷款程序实现的，所以，如果银行对外贷款过多，就可能会导致流通中货币量超过经济增长与商品所决定的对货币的客观需要量。而过多货币的出现，不可能会像金币流通时，通过发挥贮藏手段职能退出流通而形成贮藏，因此也就不能够自动调节货币的实际价值和名义价值的一致性。

第五，纸币的发行往往被用作国家宏观调控经济的手段。在现代信用货币制度下，由于货币的供给不会受到货币材料的限制，所以国家可以从宏观经济条件角度来进行控制。如果一国出现货币量过多的情况，政府可以通过紧缩银根的办法来减少流通中的货币量，以达到减少货币发行的目的；而当一国出现货币量过少的情况，政府又可以通过放松银根的办法来增加流通中的货币量，以达到增加货币发行的目的。这样国家宏观经济的调控从某种程度上可以通过对货币的调节来完成。

本章小结

1. 货币的出现与商品经济的发展紧密相关。马克思认为货币经过偶然的、扩大的、一般的和货币价值形式四个阶段发展演变而来，是固定地充当一般等价物的特殊商品。这一特殊商品的不同让货币形式呈现相应的状态。

2. 货币的五大职能：价值尺度、流通手段、支付手段、贮藏手段和世界货币。在这些职能的基础上，货币流通规律随商品流通产生。

3. 货币制度是一国货币稳定流通的制度保证，它的要素主要包括：货币单位；货币材料；本位币和辅币的铸造、发行和流通程序；金准备制度；货币的对外关系。

4. 现行的货币制度是不兑现的信用货币制度。此外，根据货币材料的不同，历史上先后出现过银本位制、金银复本位制、金本位制这三种货币制度。

重点名词

货币　广义货币 M_2　货币制度　无限法偿　自由铸造　有限法偿　限制铸造　平行本位制　双本位制　劣币驱逐良币　金本位制

思考题

1. 货币的两大基本职能是（　）。

A. 价值尺度　　B. 流通手段　　C. 贮藏手段　　D. 支付手段

2. 良币是指实际价值（　）的货币。

A. 等于零　　B. 等于名义价值　　C. 高于名义价值　　D. 低于名义价值

3. 本位货币是（　）。

A. 是一个国家货币制度规定的标准货币　　B. 本国货币当局发行的货币

C. 以黄金为基础的货币　　D. 可以与黄金兑换的货币

4. 简单的价值形式和扩大的价值形式实现的前提条件是什么？

5. 电子货币对现代经济的影响是什么？

6. 贮藏手段职能产生的前提条件是什么？如何充分发挥这一职能？

7. 货币支付手段职能的优缺点是什么？

8. 如何很好地理解货币流通规律？

9. 货币制度的构成要素是什么？

10. 不兑现的信用货币的特征是什么？

第二章 信用

学习目标

- 掌握信用的含义、特征及构成要素，理解宏观经济中信用的运行。
- 了解信用的产生和发展，明确高利贷信用与借贷信用的区别。
- 掌握主要信用类型的含义、特点及作用，并了解我国当前各种信用形式的发展情况。
- 掌握信用风险及信用危机的表现，正确理解信用在经济中的作用。

信用是人类社会古老的客观存在，它甚至比货币的产生更加早。信用是现代金融的基石，现代社会中多种多样的金融交易都是以信用为纽带而展开的。现代市场经济其实就是一种信用经济。

第一节 信用及其产生发展

一、信用概述

（一）信用的含义

信用是人类使用得悠久、频繁、也是内涵丰富的词汇之一。“信用”一词来源于拉丁语“Credo”，其意为“信任”“诚信”“声誉”等；英语中“Credit”其意除“信任”外，也解释为“赊账”“信贷”等。汉语中《辞海》对信用的解释有三种含义：一为“信任使用”，二为“遵守诺言，实践成约，从而取得别人对其信任”，三为“以偿还为条件的价值运动的特殊形式，多产生于货币借贷和商品交易的赊销或预付之中”。

信用被使用得最广泛、最早的含义就是作为人类的基本道德准则，指诚实无欺，遵守诺言。信用的经济学含义是以还本付息为条件，不发生所有权变化的价值单方面的暂时让渡或转移的借贷行为。在经济活动中，信用一般有两种形式：实物信用和货币信用。信用关系成立必须有两个当事人存在，即债务人和债权人，又称受信者和授信者。

对于信用的经济学含义的理解：

（1）它是以还本付息为条件的借贷行为。信用这种经济行为是以收回本金为条件的付出，或以偿还为义务的取得；是以取得利息为条件的贷出，或以支付利息为前提的借入。经济行为不是一般的社会行为。在社会行为中，借贷行为非常普遍，无利息的借贷也司空见惯。但无利息的借贷一般不是信用关系，而是互助友爱、互通有无的社会关系。在经济活动中，有些无息借贷也是信用关系。例如，一些西方国家的银行对企业的活期存款不付利息，这虽然使企业损失了一定的经济利益，但银行却给予了这些企业相应的服务和获得贷款的权利。因此，这些企业的银行存款实际上也是有息的。在市场经济条件下，借贷行为也受等价交换原则的约束，即借贷必须偿还本金和支付利息。

（2）它是不发生所有权变化的价值单方面的暂时让渡或转移。价值的让渡或转移一般形式是通过商品的买卖关系来实现，其所有权与使用权同时转移。在商品买卖中，价值进行对等转移和运动，卖方售出商品，获得等值货币，买方付出货币，得到商品，买卖双方都保留价值，货币在其中执行的是流通手段职能。而借贷行为则不然，贷出时，价值作单方面转移，由贷出者让渡价值，但保留所有权；归还时，价值也是作单方面转移，只是借者除了归还本金外，还要支付利息，货币在其中执行的是支付手段职能。在信用活动中，等价交换的对象是商品或货币的使用权。而如财政收支、各种馈赠、各种罚款和赔款等价值的单方面让渡或转移不视为信用活动。信用过程中的价值运动必然有或长或短的间隔期，而单纯商品买卖中的价值运动是钱货两清，没有间隔期。

（二）信用的特征

从信用本质的描述中可以概括出信用的四个基本特征：一是暂时性。信用关系中商品或货币的所有权与使用权的分离是暂时的，信用关系结束后，商品或货币的使用权重新回归到债权人手中，其所有权始终未发生转移。二是偿还性。在信用活动中商品或货币的让渡不同于捐赠，不是无偿的，其债务具有偿还性。信用关系建立后，债务人必须承担按期还本付息的义务，债权人拥有按期收回本息的权利。三是收益性。即债权人让渡商品或货币的使用权应以利息的形式得到价值补偿，并形成债权人的收益。四是风险性。即债权人让渡商品和货币的使用权后，要承受本金和利息不能收回，或不能全部收回的风险。信用活动中偿还本息的不确定性，主要受债务人的偿还意愿、偿还能力，以及法律的完善程度和社会道德规范的约束力等因素影响。

（三）信用的构成要素

信用有四大基本构成要素：

（1）信用主体。即债权债务关系双方。任何信用关系的产生必须具备至少两方当事人，即债权人和债务人。

（2）信用客体。即信用的标的物。信用关系中的交易对象一般是让渡的商品或货币。

（3）信用载体。即信用工具。借贷双方在信用交易中所形成的债权债务关系的书面证明就是信用载体，它规定了借贷双方的权利和义务，具有法律效力。信用工具是实现资金融通的载体。不同的信用形式产生不同的信用工具。不同的信用工具既有共性，也具有特性。

（4）信用条件。主要是指借贷的期限和利率，其他条件包括付息方式、是否有抵押等。

（四）信用的运行

从宏观经济学的角度，一个国家的经济主体可以分为居民家庭、企业、政府、金融机构四大部门。这些具体部门的总收入与总支出相抵后会出现收支平衡的部门，收大于支的盈余部门，支大于收的赤字部门。在理性经济人假设的前提下，盈余部门会为多余的资金找到出路，而赤字部门也会寻求资金的补充。资金的余缺调剂不能通过无偿的方式，而必须通过还本付息的方式进行。为了提高资金的配置效率，余缺调剂会通过金融市场进行。在金融市场上，银行等金融机构承担了信用中介的责任，运用自身的专业技术能力和服务，促使资金从盈余部门向赤字部门流动，从而实现了全社会的资源优化配置。

那么，资金的盈余部门和赤字部门是如何产生的呢？通常情况下，居民家庭是最主要的资金盈余部门。储蓄与文化有关，亚洲人有节俭的习惯，大多数家庭都会为防备未来不测、家庭教育、医疗支出等大额支出而进行强制储蓄。但在出现意外事件或者必须进行大额消费时，居民家庭部门也会出现资金短缺。根据国际货币基金组织、世界银行和美国中央情报局2015年度《世界概况》称，卡塔尔、科威特和中国大陆在收入储蓄排行榜上位居前三甲，而美国是同期储蓄最低的国家之一。

政府部门也就是财政部门是国家最经常的赤字部门。财政出现巨额赤字的原因有很多，其中有两个最主要的原因：一是财政收与支具有不同的特点，财政收入一般是连续性和分散性的，而财政支出则是阶段性和集中性的，这样就产生了收支的不平衡。二是财政政策是国家进行宏观调控的重要手段，为刺激经济加快发展，往往需要用赤字型的财政政策与扩张型的货币政策相配合。但如果政府部门的财政赤字占国内生产总值的比重太高，则有可能引发债务危机。我国从新中国成立到20世纪70年代末，结余年份和赤字年份相比，结余年份较多；从1979年开始到现在，除1985年一年外，其余年份均为赤字。

企业部门作为一个整体，既是巨大的货币资金需求者，又是巨大的资金供给者。在日常的经营过程中，企业是经常性的赤字部门，主要原因是企业在激烈的竞争中必须尽可能快地发展壮大，也就需要源源不断的资金投入，而企业内部利润积累的速度总是赶不上其扩大再生产的速度，需要通过外源融资补充资本。

表2－1　　　人民币存款结构（年底余额）　　　单位：万亿元

	2016年	各项在存款总额中占比	2015年	各项在存款总额中占比
人民币各项存款	150.6		135.7	
住户存款	59.8	39.71%	54.6	40.24%
非金融企业存款	50.2	33.33%	43	31.69%
政府存款	27	17.93%	24.2	17.83%
非银行业金融机构存款	12.7	8.43%	12.9	9.51%
境外存款	0.9	0.60%	1	0.74%

资料来源：中国人民银行网站（http://www.pbc.gov.cn/）。

根据中国人民银行公布数据显示，我国人民币存款中，住户（即居民家庭）仍是资金盈余部门的主力，非金融企业既是货币资金的需求者，同时也是货币资金的供给者。据中国人民银行《货币政策执行报告》称，从人民币存款期限看，存款呈活期化态势，2016年住户存款和非金融企业存款增量中活期占比为56.4%。

在金融市场上，金融机构承担了信用中介的责任，以信用的方式促进资金从盈余部门向赤字部门流通，充当资金盈余部门与赤字部门之间融通资金的中介和桥梁。金融机构会大量吸收存款并发放贷款，其经营管理的基本目标是收支平衡，但在其实际的经营过程中，同样可能出现资金短缺的情况，也需要通过信用形式来解决，如进入货币市场进行拆借和回购等，或者在资本市场上通过股权或债权的方式进行融资。

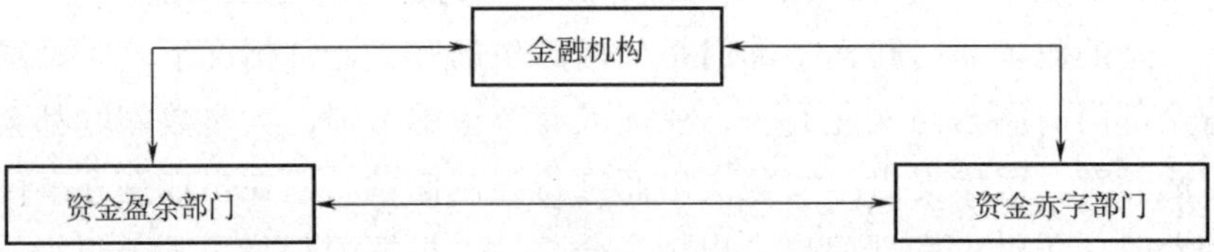

图 2－1　直接融资与间接融资

金融机构是信用活动的中间环节，是媒介。从筹集资金的角度，银行等金融机构是资金盈余部门的债务人；从贷放资金的角度，银行等金融机构又是资金赤字部门的债权人。若资金赤字部门如公司、企业、政府通过发行股票或债券从金融市场上直接融通货币资金，称为直接信用（融资）。而资金的盈余部门和赤字部门两者之间并不发生直接的债权债务关系，这种资金筹集的方式称为间接信用（融资）。

“社会融资”近年来成为我国宏观经济活动中越来越常用的一个概念。2010 年，央行首次发布社会融资规模统计数据，它是指一定时期（每月、每季或每年）内实体经济（即企业和个人）从金融体系获得的资金总额，是全面反映金融与经济关系以及金融对实体经济资金支持力度的一个总量指标。从结构看，按照央行的标准，将社会融资总量分为银行贷款类（包括人民币贷款和外币贷款）、金融机构表外业务类（包括委托贷款、信托贷款和为贴现的银行承兑汇票）和直接融资类（包括企业债券融资和境内股票融资）。由表 2－2 可知，自 2002 年以来的 15 年间，在社会融资规模中，间接融资仍占据主导地位，但直接融资规模则出现快速上涨态势，它显示出政策引导和市场主体努力发展已初见成效，越来越多的企业进入资本市场融资，可见我国社会融资结构正在全面优化。

表 2－2　　2002—2016 年社会融资规模增量　　单位：亿元

年份	社会融资规模增量（1）	其中：							
		人民币贷款（2）	外币贷款折合人民币（3）	委托贷款（4）	信托贷款（5）	未贴现银行承兑汇票（6）	企业债券（7）	非金融企业境内股票融资（8）	直接信用占比［（7）+（8）］/（1）
2002	20 112	18 475	731	175	—	695	367	628	4.95%
2003	34 113	27 652	2 285	601	—	2 010	499	559	3.10%
2004	28 629	22 673	1 381	3 118	—	290	467	673	3.98%
2005	30 008	23 544	1 415	1 961	—	24	2 010	339	7.83%
2006	42 696	31 523	1 459	2 695	825	1 500	2 310	1 536	9.01%
2007	59 663	36 323	3 864	3 371	1 702	6 701	2 284	4 333	11.09%
2008	69 802	49 041	1 947	4 262	3 144	1 064	5 523	3 324	12.67%
2009	139 104	95 942	9 265	6 780	4 364	4 606	12 367	3 350	11.30%

续表

年份	社会融资规模增量（1）	其中：							
		人民币贷款（2）	外币贷款折合人民币（3）	委托贷款（4）	信托贷款（5）	未贴现银行承兑汇票（6）	企业债券（7）	非金融企业境内股票融资（8）	直接信用占比[（7）+（8）]/（1）
2010	140 191	79 451	4 855	8 748	3 865	23 346	11 063	5 786	12.02%
2011	128 286	74 715	5 712	12 962	2 034	10 271	13 658	4 377	14.06%
2012	157 631	82 038	9 163	12 838	12 845	10 498	22 551	2 508	15.90%
2013	173 169	88 916	5 848	25 466	18 404	7 756	18 111	2 219	11.74%
2014	164 571	97 816	3 554	25 070	5 174	−1 285	24 253	4 350	17.38%
2015	154 086	112 693	−6 427	15 911	434	−10 569	29 399	7 604	24.01%
2016	178 022	124 372	−5 640	21 854	8 593	−19 531	29 993	12 416	23.82%

注：①表中的人民币贷款为历史公布数。②“—”表示数据缺失或者有关业务量很小。

资料来源：中国人民银行网站（http：//www.pbc.gov.cn/）

“金融脱媒”又称“金融非中介化”，是指在金融管制的情况下，资金的供给绕开商业银行这个媒介体系，直接输送到需求方和融资者手里，造成资金的体外循环。金融深化（包括金融市场的完善、金融工具和产品的创新、金融市场的自由进入和退出、混业经营和利率、汇率的市场化等）也会导致金融脱媒。金融脱媒是经济发展的必然趋势。

二、信用的产生

信用的产生是以私有财产的出现为前提的。若离开这个前提，付出可以不考虑收回，而借入也没必要归还。原始社会，社会生产力水平低下，人们的生产活动难以维持基本生活需要，没有剩余产品可以调剂，因而不存在借贷行为。进入原始社会末期，出现了两次社会大分工（农业和畜牧业；手工业和农业），劳动生产率显著提高，出现了剩余产品，随后出现了私有制，人们对剩余产品占有的不均等，引起了贫富分化，一旦遭遇天灾人祸，贫者就不得不向富有者借实物或金钱，于是出现了最早的信用行为。

信用的产生也离不开商品经济的发展。因为当商品生产和交换发展到一定阶段以后，货币与商品的互换在时间和空间上产生了不一致，出现了货款的延期支付，即商品赊销。在这种特殊的价值运动中，买卖双方结成了借贷关系，即信用关系，也就是债权人与债务人的关系，信用便由此产生了。随着商品经济的进一步发展，为克服商品赊销的局限，产生了货币形态的借贷。因此，信用产生的客观基础是商品经济的发展。

三、信用形态的发展

伴随着人类社会的历史进程，信用也经历了漫长的发展过程，不管是信用形态、信用规模还是信用对经济所起的作用，现代信用与传统信用都有着巨大的差异，这种差异实际上是一种发展，是与人类社会的发展相适应的。在封闭的、低效率的社会经济环境中，相对应的信用形态是高利贷；在存在广泛竞争的市场经济体系中，信用形态采用了大规模的社会化运行方式——借贷资本信用形式。因此，可以总结的一个基本规律是：信用形态的变化必须适应经济基础的变化。这也是未来信用形态必须遵守的基本规律。

（一）高利贷信用

1. 高利贷含义

高利贷顾名思义，利率过高的信用关系。西方中世纪时期，认为只要收取利息就是高利贷。在美国，各州都规定了利率的上限，超过这一上限的，则被视为高利贷，而这一上限在美国各州分别为年息6%～30%不等。旧中国的农村，在粮食借贷中，春借一斗秋还三斗是极其普遍的；城市的贫民中间有一种“印子钱”借10元，实得9元，每天还0.2元，还到60天，算本利还清，这种高利贷日息约1%。俗称的“驴打滚”就是年利率在100%以上，还有如大耳窿，印子钱，羊羔息，坐地抽等名目。

2. 高利贷的产生和发展

高利贷信用是通过贷出实物或货币方式榨取高额利息的古老形式的生息资本，最早产生于原始社会末期。随着原始公社解体和私有制出现，原始公社内部出现了贫富分化。富人占有较多的财产，穷人为了解决生产或生活上的急需，不得不向富人借物借钱，遂产生了高利贷。

高利贷在奴隶社会和封建社会中得到广泛的发展，因为奴隶社会和封建社会是小生产者自给自足的自然经济，商品经济还没有得到很好的发展，它是一种极不稳定、非常脆弱的经济，任何自然灾害或意外事故都可能会使得小生产者的简单再生产难以为继。为了维持简单再生产以生存下去，小生产者不得不以高息借贷。因此，小生产者的广泛存在是高利贷信用赖以存在的经济基础。除了小生产者外，高利贷的需求者还包括一些奴隶主和封建主。奴隶主和封建主为了满足其穷奢极欲的生活需要和豢养军队、进行战争的政治需要等，不得不向高利贷者求贷。

高利贷的贷款人最主要的是商人，特别是专门从事货币兑换的商人。因其专门从事货币兑换、保管和汇兑等业务，手中经常掌握大量的货币财富，这就为其提供高利贷创造了条件。除此之外，还有寺庙、教堂和修道院等宗教机构以及奴隶社会和封建社会的一部分统治者，如职业军人、官吏、奴隶主和地主等。宗教机构发放高利贷的资财主要来源于善男信女的施舍，或者一些富有者因害怕被盗抢而寄存的货币，这种情况在欧洲各国比较普遍。

表2－3　高利贷信用各发展阶段状况

时期	高利贷的产生阶段	高利贷的发展阶段
	原始社会末期	奴隶社会和封建社会
主要原因	私有制和贫富分化	小生产者占主导的自然经济
资金赤字方	穷人	农耕和小手工业者、奴隶主、封建主
资金盈余方	富人	货币兑换商人、宗教机构、封建社会部分统治者

高利贷信用在前资本主义社会有以下两个主要特点：第一，利息率高。从历史上看，高利贷的利率没有最高限度，在不同国家、不同历史时期，利率水平相差很大，一般情

况下年利率可达30%～40%，高的可达200%～300%。高利贷的利率之所以特别高，是由于小生产者、奴隶主、封建主取得贷款是为获得流通手段和支付手段，而不是作为资本，这种非生产性消费的借贷性质决定了高利贷利率上限不受利润率的客观限制。另外，在小生产者占统治地位的自然经济条件下，高利贷资本的供应小于需求，从而为高利贷者索取高息提供了条件。第二，非生产性。从高利贷资本来源看，它是货币兑换商人、宗教机构、部分封建社会统治者通过各种途径积聚起来的货币资本，不是社会在生产中暂时闲置的资本。从高利贷资本的用途看，一般只用于生活消费和支付债务，而不能用于发展生产。如果是为了追求扩大再生产甚至简单再生产而借贷，他们就不得不核算借入资金的利率高低。在高额利息的盘剥下，不仅将借款人所创造的全部剩余劳动价值侵吞，甚至连一部分必要劳动所创造的价值也被夺走。由于高利贷资本的非生产性，生产资金匮乏，使得生产不能快速发展，导致商品经济关系发展缓慢，从而使得资金量增长缓慢，利率居高不下。

3. 高利贷的作用

高利贷对经济发展的积极作用表现在两个方面：一是高利贷为其使用者解决燃眉之急；二是为某些正当经济活动提供便捷的资金来源，从而保证了经济活动的完成。由于其积极作用的存在，意味着高利贷存在的合理性，这也是在现代经济中高利贷继续存在的理由。由于某些经济活动的风险较大，银行等金融机构拒绝提供贷款，而高利贷就可能为该项活动提供资金来源。在我国，中小企业融资难现象尤为典型。中小企业由于其自身规模小，资产少，负债率高，担保能力弱以及管理者素质低，财务制度不健全，信用等级低等因素；各商业银行出于安全性考虑，即使成立了中小企业信贷部，但还是普遍集中力量抓大客户而不愿向中小企业放贷，导致为大企业锦上添花有余、为小企业雪中送炭不足。这无疑将中小企业推向了民间高利贷市场。

高利贷对经济发展的破坏作用。在前资本主义社会，高利贷信用反映了高利贷者无偿占有小生产者劳动的剥削关系，也反映了高利贷者和奴隶主、封建主共同瓜分奴隶和农奴所生产的剩余产品的剥削关系。在现代市场经济中，过高的利率增大了负债成本，不利于社会化商品的生产和销售；过高的利率会使众多借债者倾家荡产，从而给社会带来不安和动荡。

延伸阅读

“辱母杀人案”背后，高利贷的那些事

2016年4月在山东聊城发生一起震惊全国的刑事案件——“辱母杀人案”。案件背后折射的经济问题发人深省。山东源大工贸有限公司法定代表人苏银霞因公司资金困难，自2014年7月通过民间借贷，先后借款135万元，约定月利息10%，后续陆续归还现金184万元，以及一套价值70万元的房屋抵债，尚余17万元无力偿还。2016年4月14日由11名社会闲散人员组成的催债队伍骚扰工厂，辱骂、殴打苏银霞及其子于欢。在4次拨打110和市长热线求救无果的情况下，于欢持刀捅刺多人，致一名“被害人”死亡，三人受伤，酿成惨剧。2017年6月23日，山东省高级人民法院认定于欢属防卫过当，构

成故意伤害罪，判处于欢有期徒刑5年。案件引起社会舆论的广泛关注，回顾事件原点，种下祸根的无疑就是高利贷。这又一次将公众视线聚焦于中小企业融资难，以及高利贷勾连黑社会暴力追债等问题。

在我国，中国人民银行、最高人民法院对于民间借贷等高利贷的限定如下：

根据2002年1月31日《中国人民银行关于取缔地下钱庄及打击高利贷行为的通知》中规定：民间个人借贷利率由借贷双方协商确定，但双方协商的利率不得超过中国人民银行公布的金融机构同期、同档次贷款利率（不含浮动）的4倍。超过上述标准的，应界定为高利借贷行为。

2015年9月1日最高人民法院《关于审理民间借贷案件适用法律若干问题的规定》施行，其中第二十六条规定：

借贷双方约定的利率未超过年利率24%，出借人请求借款人按照约定的利率支付利息的，人民法院应予支持。借贷双方约定的利率超过年利率36%，超过部分的利息约定无效。借款人请求出借人返还已支付的超过年利率36%部分的利息的，人民法院应予支持。

从上可见，对民间借贷的保护标准有新的解释：以24%的年利率作为合法的上限，该利率以下可以诉诸法律，申请强制执行，年利率24%到36%，可以认定为自然债务，已经支付的利息不得要求返还，未支付的部分法律不予保护，也不得申请强制执行；高于36%的则认定为无效。山东聊城于欢案中，所约定的月息10%，即年息120%，远超过法律保护范畴。

资料来源：http：//news.163.com/17/0327/22/CGIM9LMU000187VE.html

（二）借贷资本信用

资本主义生产方式的建立和社会化大生产的出现，使得高利贷信用失去了赖以生存的土壤，以资本主义再生产为基础的借贷资本信用取代了高利贷信用。借贷资本信用的产生一方面是由于种种原因出现暂时闲置的货币资本，闲置与资本的本性相悖，必然使闲置资本寻找出路、贷出牟利；另一方面某些资本家又因临时需要补充资本，以使生产正常进行。这样通过信用方式把两者联系起来，形成借贷关系。这里的闲置资本即借贷资本，借贷资本是现代资本运动的形态。

借贷资本的来源包括三个方面：一是产业资本循环过程中暂时分离出来的闲置的货币资本；二是社会各阶级、阶层的私人储蓄；三是政府的货币积累。

借贷资本的特点：第一，它是一种商品资本。货币所有者将货币资本转让给他人使用，是将货币资本作为一种商品进行转让，借入者需要付给贷方一定的代价（利息）才能取得货币资本的使用权。借贷资本与其他商品一样，具有使用价值和价值。其使用价值就是把它当作资本来使用就可以获得一定的剩余价值，给使用者带来利润。借贷资本的借贷实际上等于用利息“价格”交换它增值的“使用价值”。第二，它是一种所有权资本。借贷资本的借贷不是真正的买卖关系。在普通的商品买卖中，买卖双方按照等价交换原则实现商品和货币的等价交换，交换后商品和货币的所有权和使用权同时转移。而借贷资本只是转让了资本的使用权，即价值增值带来利润的能力，资本的所有权仍然属于贷款人。借贷双方是在承认资本所有权与使用权相分离的前提下进而形成借贷资本的特殊转让，即以还本付息为条件的让渡。

借贷资本的价值运动形式：双重支付和双重回流过程。

$$即：G \to G \to W \begin{cases} A \\ \cdots P \cdots W' \to G' \to G' \\ P_m \end{cases}$$

金融机构用贷款方式将资金借给企业及其他经济主体，企业将资金用于购买生产资料和劳动力，并将这两大生产要素投入到生产过程中，生产出附加了剩余价值的商品，商品销售出去后收回投资成本，形成一定利润，再归还金融机构贷款，其中既包括本金，也包括应付利息。整个过程中贷款和购买生产要素为两重支付过程，销售和偿还贷款为两重回流过程。所以事实上，借贷资本运动中增值的利息，是参与职能资本循环过程的劳动者创造出的剩余价值的一部分。

（三）现代信用

当今的社会经济活动已为商品货币关系所覆盖，在日常的经济生活中，任何经济行为主体（企业、个人、政府）的经济活动都伴随着货币的收支。在频繁的货币收支过程中，任何货币的盈余或赤字，都同时意味着相应金额的债权债务关系的存在。当经济生活中广泛存在着盈余和赤字的经济行为主体时，通过信用，即借贷关系进行调剂已成为必然。现代信用就是这样一种在社会化大生产基础上建立起来的适用高度发达的市场经济的信用形式。

现代信用已成为现代经济的核心，不仅在发达的工业化国家，就是在发展中国家，在经济活动中都普遍存在着债权债务关系。现代信用本质上仍然是借贷资本运动，所不同的是现代信用的借贷资本运动越来越决定国民经济的运动，使用的范围更加扩大，形成了跨地区、跨国界的全球一体化信用。随着电子化货币时代的到来，现代信用的形式也将随着货币形式的演变而不断变化，将会随着现代货币的逐渐抽象而越来越抽象，甚至脱离任何载体，独立存在，并将继续作为促进现代社会发展的重要力量而存在。

第二节 主要信用类型

人类在商品经济和信用经济发展过程中，已经创造并形成多种规范的信用形式，按照参与主体不同可以分为商业信用、银行信用、国家信用、消费信用、国际信用及其他信用等。这些信用形式各具特色，不仅可以满足各类经济主体的不同需求，成为各经济主体立信于社会的方式，也是奠定社会信用基础的主要渠道。

一、商业信用

商业信用是工商企业间以赊销或预付货款等形式相互提供的信用。工业企业生产产品，商业企业为其销售产品，商业企业通过赊销的形式弥补其进货的资金不足，工业企业也可要求通过预付货款形式来壮大其生产实力。这种信用形式的具体表现形式还有很多，如委托代销、分期付款、预付定金、按工程进度预付工程款、补偿贸易等。

商业信用是较早产生的一种信用形式。它是在商品经济发展的基础上发生并发展起来的，与商品交易直接联系。商业信用具有二重性，它既是借贷行为，也是买卖行为。伴随着商业信用的发生，商品交易双方不仅形成了买卖关系，同时也由于交易中的延期付款或延期交货而形成了借贷关系，这种借贷关系实质是授信者与受信者之间的信用交易。

商业信用形式正是由商品交换中货与钱在空间上和时间上的分离，即货币执行支付手段职能之时出现的。通常，商品销售者在销售商品时希望购买者立即支付，但购买者由于种种原因而倾向于延迟支付。销售者往往会向购买者展示两种价格：即付价格和延迟支付价格。延迟支付的价格要高于即付价格，超过的部分实际上是销售者向购买者提供商业信用的条件——借贷期间的利息。例如，在商业信用中常有（2/10，n/30）的标准，意思是说，如果货款在10天之内付清，可以有2%的折扣，如果超过，就没有折扣优惠了，当然，超过30天是不允许的。

1. 特点

商业信用在发展的早期具有很强的商品性，即商业信用只能在现实的商品交换的基础上发生；由于商业信用直接关系到商品生产和商品交换，所以其期限一般都很短，而且自偿性很高，即法律规定商业信用到期必须无条件偿还，而且债务人负无限责任；由于期限短和自偿性，所以商业信用所产生的商业票据又具有很强的货币性，是典型的准货币。商业票据是承诺或命令付款的短期支付凭证，主要有汇票、本票、支票等类别。不过现代商业信用的商品性已经很弱，期限也逐渐变长，其范围也不再受限于工商企业之间，许多金融机构也积极参与其中。

（1）商业信用中的债权人和债务人是商品生产者或经营者。

（2）商业信用中贷出的资本是产业资本中的商品资本。商业信用是以商品形态提供的，贷出的资本是处在产业资本循环过程中最后一个阶段上必须转化为货币形态的商品资本。

（3）商业信用的动态与产业周期各阶段资本的动态是一致的。在繁荣时期生产扩大，生产的商品增加，对商业信用的需求和信用销售相应增加；反之，在危机时期生产缩减，对商业信用的需求和信用销售相应减少。

2. 作用及局限性

（1）积极作用。商业信用作为典型的直接信用，其交易直接而迅速，不需要像银行贷款筹资那样办理复杂的申请和审核手续，更不需要提供抵押品或者第三方担保，只要买卖双方同意，即可完成借贷。由于没有中介加入，大大降低了融资费用。如果授信企业不要求支付利息，则相当于受信企业获得了一项无息贷款。商业信用还具有较大的灵活性。借贷双方能够根据需要，自由选择借贷的资金大小和期限长短，不会受到标准化合同的限制。甚至万一出现逾期付款或逾期交货的情况时，还可以通过友好协商，请求延长借贷或交货的期限，从而避免银行贷款违约所面临的合同纠纷或抵押资产被处置的风险。总之，商业信用在一定程度上扩大了商品交换渠道，调剂了商品市场，节约了社会流通费用，加速了资金的周转，对于商品生产和交换有积极作用。

（2）局限性。商业信用的局限性主要表现在：一是商业信用规模的局限性。商业信用的规模受商品买卖量的限制，生产企业不可能超出自己所拥有的商品量向对方提供商业信用，大额的信用还需要通过其他途径来满足。二是商业信用的期限也有限制。企业在由对方提供商业信用时，期限一般受到企业生产周转时间的限制，期限较短，所以商业信用只能解决短期资金融资的需要。三是授信范围的局限性。商业信用受信贷双方了解程度和信任程度的局限，如果双方互不了解、互不信任，商业信用难以发生。四是商业信用的方向有限制。商业信用提供的商品只能发生在生产该商品的企业和需要该商品的企业之间，工商企业一般只会与自己有经济业务联系的企业发生商业信用关系。

二、银行信用

银行信用是指以银行或其他金融机构为媒介、以货币为对象向其他单位或个人提供的信用。银行信用是伴随着现代银行产生，在商业信用的基础上发展起来的。银行信用与商业信用一起构成现代经济社会关系的主体。

1. 特点

（1）银行信用的债权人是银行或其他金融机构，债务人是工商企业和个人。

（2）银行信用中贷出的资本是从产业资本循环中游离出来的资本，即脱离了产业资本的循环而可以独立进行转移的货币形态的资本。

（3）银行信用与产业资本的动态不完全一致。由于银行信用贷出的资本是独立于产业资本循环的货币资本，其来源除了工商企业外还有社会其他方面，因此银行信用的运动同产业资本的发展保持着一定的独立性。例如在经济危机时，商业信用因为生产停滞而大量缩减，但企业为了防止破产及清偿债务，势必需要银行信用，导致对银行信用的需求激增。

（4）银行信用具有信用创造的功能。银行不仅可以根据其资金来源安排资金运用，还可以通过其资金运用创造出资金来源，通过提供贷款创造出货币，从而提供信用。

2. 银行信用与商业信用的关系

（1）银行信用克服商业信用局限。银行信用属于间接信用，它突破了商业信用的一些局限性。其一，银行信用由于其借贷资本的来源广泛，突破了商业信用规模的局限。其二，由于银行信用是货币形态的资本，可以在任何方向上把货币资本分配到各个生产、流通等部门中去，突破了商业信用授信范围的局限。其三，银行信用可根据客户的要求，开展短、中、长期的货币资金借贷活动，突破了商业信用期限的局限。

（2）商业信用向银行信用的转化。尽管银行信用克服了商业信用的这些缺点，但它不能取代商业信用。商业信用是工商企业之间的信用关系，分散性和自发性是其主要特征，但商业信用的票据化可以使分散的商业信用统一起来。票据化的结果是法律化，用法律手段约束商业信用，保证商业信用的健康发展。票据化的另一结果是银行信用可以参与商业信用，从而强化商业信用的信用度。比如，在工商企业贸易合同中，一般是由卖方给买方提供商业信用，交易双方都可凭持有的未到期的商业票据到银行申请办理贴现或者票据抵押贷款，从而获得银行信用。

贴现是商业信用向银行信用转化的最典型、最常用的一种形式。贴现是票据持有者为取得现金，用未到期票据，向银行融通资金的行为。银行按一定的贴现率扣除自贴现日至票据到期日的利息之后，将票据余额付给贴现人，票据到期时，银行持有票据并据以向出票人、背书人或票据承兑银行兑取现金。贴现实质上是银行的一种贷款，贷款利率即为贴现率。

一般情况下，贴现利息可以通过下面的公式计算：

$$R = P \cdot r \cdot n \tag{2-1}$$

这里 R 为贴现利息；P 为票据面额；r 为贴现率；n 为自贴现日至到期日的时间长度，其单位应与贴现率的时间单位保持一致。

例如，某人持有一张 3 个月后到期的面值为 10 万元的银行承兑汇票，要求甲银行贴现。假设贴现银行的贴现率为年 10%，则贴现利息等于 100 000 × 10% × 3/12 = 2 500 元。则票据持有人可得 97 500 元。

银行信用的风险一般低于商业信用。与商业信用相比，银行信用具有规模优势、信息优势，因此有助于降低信息成本和交易费用，从而有效地改善信用过程的信息条件，减少借贷双方的信息不对称以及由此产生的逆向选择（adverse selection）和道德风险（moral hazard）问题，其结果是降低了信用风险，增加了信用过程的稳定性。

延伸阅读

道德风险与逆向选择

信息不对称（Asymmetric information）是金融市场的一个重要特征，是指交易的一方对另一方缺乏充分的了解，并影响其在交易中做出正确的决策。

诺贝尔经济学奖得主（美）乔治·阿克洛夫 1970 年在他的论文中通过二手市场次品车现象详尽阐明了逆向选择影响市场有效运行的问题。二手车的买主通常无法准确评价车的质量，也就是说，他们无法判断一部二手车是性能良好的好车，还是会不断给他们带来烦恼的次品车。于是，买主支付的价格只能反映市场中二手车的平均质量，该价格介于次品车的低价值与好车的高价值之间。与此相反，二手车的所有者对其车况很清楚。如果是次品车，车主非常乐意按照买主愿意支付的价格售车，然而，如果是好车，车主清楚地知道买主愿意支付的价格低估了该车的价值，因此，可能不愿意售出。结果，很少有很好的二手车在这一市场中交易。这种由于信息不对称所造成市场资源配置扭曲的现象，称为逆向选择。

道德风险：是源于研究保险合同时提出的一个概念。它是指由于信息不对称，代理人签订合约后采用隐藏行为，给委托人带来损失。它通常是在交易之后发生的。例如，由于借款人是使用其他人的钱，他可能会冒较大的风险去从事与贷款人意愿相背离的活动，增大了贷款违约的可能性，导致贷款人承担较大的风险。

资料来源：弗雷德克·S. 米什金. 货币金融学：第九版［M］. 北京：中国人民大学出版社，2016.

三、国家信用

1. 含义及形式

国家信用是指国家及其附属机构作为债务人或债权人，依据信用原则向社会公众和国外政府举债或向债务国放债的一种形式。国家以债务人身份向国内居民、企业、团体取得信用，形成国家的“内债”；国家以债务人身份向国外居民、企业、团体、政府和国际金融组织取得信用，形成国家的“外债”。国家以债权人身份向国内企业、团体提供贷款，形成国家的“对内债权”；国家以债权人的身份向国外企业、团体、金融机构和政府提供贷款，形成国家的“对外债权”。在一般意义上，国家信用仅指国家以债务人身份举债。

举借外债的形式包括向国外政府借款、向国际金融机构借款、向国际银团借款和发行国际债券等。这些外债形式中，政府借款往往附带一些政治条件，所以一般国家很少使用，或在政府债务中所占比重会非常小。外债中经常使用且数额可以较大的是国际金融机构借款，如向国际货币基金组织（IMF）、世界银行集团和亚洲金融公司等机构借款。由于国际金融机构借款一般期限较长且利率较低，所以是外债使用方式中比较好的一种。

内债包括向中央银行借款和发行国债。向中央银行借款会打乱中央银行的货币发行计划，导致货币的财政性发行，所以多数国家都以法律形式禁止。如《中华人民共和国中国人民银行法》第二十九条明确规定“中国人民银行不得对政府财政透支，不得直接认购、包销国债和其他政府债券”；同时第三十条也规定“中国人民银行不得向地方政府、各级政府部门提供贷款”。

发行国债就成为政府债务的主要形式。国债实际上是以未来的财政收入为抵押而形成的信用形式。按信用的期限分，国家债券期限在 1 年以内的称为国库券（T－Bill），属于短期债券；期限在 1 年以上的称为长期公债（T－Bond）。公债有时也称为国债，在法律不允许地方政府借债的国家，一般只把中央政府的借债称为国债，而地方政府的借债只能称为市政公债或地方债。所以，公债＝国债＋地方债券（法律允许前提下）。按发行方式分，可分为公开征募和银行承销。公开征募是指国家公债公开向公众、企业发行，由后者认购。而银行承销是指公债由银行通过与国家订立协议进行承销，由银行负责向公众、企业销售，并从中赚取承销费。现在多采用银行承销的方式发行公债。长期公债用途是公用事业、重点项目、基本建设等，利率较高，不定期以私募方式发行；国库券则为短期债券，用于弥补财政赤字，利率低，定期公募发行。

表 2－4　2001—2015 年我国国债发行、兑付、余额情况　单位：亿元

年份	发行额	兑付金额	期末余额
2001	4 884.00	2 286.00	15 618.00
2002	5 934.30	2 216.20	19 336.10
2003	6 280.10	2 755.80	22 603.60
2004	6 923.90	3 749.90	25 777.60
2005	7 042.00	4 045.50	28 774.00
2006	8 883.30	6 208.61	31 448.70
2007	23 139.10	5 846.80	48 741.00
2008	8 558.20	7 531.43	49 767.83
2009	17 927.24	9 745.06	57 949.98

续表

年份	发行额	兑付金额	期末余额
2010	19 778.30	10 043.38	67 684.90
2011	17 100.10	10 958.50	73 826.50
2012	16 154.20	17 987.10	71 993.60
2013	20 230.00	8 996.00	95 471.00
2014	21 120.60	10 365.00	107 275.00
2015	54 908.00	12 803.00	154 524.00

资料来源：中国金融统计年鉴（2016年）。

我国1981年1月16日国务院会议通过《中华人民共和国国库券条例》，确定从1981年开始，发行中华人民共和国国库券。形式比较独特，一般都是1年期及以上的期限，虽然也进行过半年期和3个月期国库券发行的尝试，但效果不好，最终都放弃了。之所以出现这种“短债长发”的现象，既有我国金融市场尤其是债券市场整体的交易机制不健全的原因，也有财政部门偏好长期债务的原因。中国财政部表示，截至2016年年末，中国政府债务29.95万亿元。按照国家统计局公布的2016年GDP核算数74.36万亿元计算，中国政府债务负债率（债务余额/GDP）为40.28%，低于主要市场经济国家和新兴市场国家水平，风险总体可控。

2. 特点

国家信用与商业信用、银行信用不同，它与生产流通过程没有联系。

（1）国家信用的债务人主要是政府，债权人是全社会的经济实体和个人。

（2）信用风险小，安全性高。以国家（政府）信用做担保，信用极高，国家债券的持有人几乎不承担任何风险，政府债券素有“金边债券”之称。

（3）具有“财政”和“信用”的双重性。国家信用在筹集和运用资金时要依据政府经济政策、产业政策的要求，发挥调节经济的功能，实现国家宏观政策；这与银行信用以营利为目的的单一“信用”属性不同（银行信用对宏观经济的调节，是中央银行借助于货币政策工具来实现的）。同时，国家信用是建立在双方自愿互利、协商签约的基础上，依据信用原则有偿付息，不具备财政分配的强制性。

3. 作用

合理规模的国家债务不仅具有弥补财政赤字的作用，更具有宏观调控的重要意义。一方面，国家债务所筹措的资金用于政府投资，可以带动社会投资，从而增加投资总额。发达国家政府投资对于社会投资往往存在“挤出效应”，而我国则存在明显的“示范效应”，所以政府投资在我国的经济意义非常突出。另一方面，国家债务作为财政政策的构成部分，与货币政策积极配合可以有效调节社会信用规模，发挥宏观调控的作用。

延伸阅读

欧债危机

欧债危机，全称欧洲主权债务危机，是指自2009年以来在欧洲部分国家爆发的主权债务危机。欧债危机是美国次贷危机的延续和深化，其实质原因是政府的债务负担超过了自身的承受范围而引起的违约风险。作为主权债务危机，欧债危机可追溯到2008年冰岛政府濒临破产、匈牙利等中东欧多国外债飙升。2009年10月，希腊政府财政赤字和公共债务高达GDP的12.7%和113%，超过《马斯特里赫特条约》规定的欧元区各国政府的财政赤字不得超过当年国内生产总值（GDP）的3%、公共债务不得超过GDP的60%的警戒线，引爆了欧债危机。爱尔兰和葡萄牙紧随其后陷入债务危机，危机逐渐向欧洲核心经济体扩散（表2－5）。2010年年底欧元区主权债务规模为8.6万亿欧元。欧债危机冲击银行业，多家银行评级下调、关闭或重组，引发全球金融市场动荡、政权更迭，累及全球经济复苏步伐。

表2－5 2009年欧洲五国政府财政状况 单位:%

财务 / 国家	2009年财政状况	
	财政余额/GDP	政府债务/GDP
葡萄牙	－11.7	76.8
意大利	－5.3	115.8
爱尔兰	－12.5	65.8
希腊	－12.7	113.0
西班牙	－11.2	55.2

资料来源：经合组织（http：//www.oecd.org/home/）。

欧盟为了保证欧元稳定，防止欧元区通货膨胀，于1997年制定了《稳定与增长公约》。《稳定与增长公约》继续维持了《马斯特里赫特条约》中关于赤字率的规定，即3%和60%的警戒线。可爆发欧债危机时，已有24个成员国财政赤字状况超标。欧洲通过建立欧元区统一了货币政策，但财政政策的主导权却属于各个成员国。欧央行负责欧元的发行和管理。欧洲各国政府却大多数没有按照《稳定与增长公约》的要求执行财政纪律，有的国家比较严，有的国家很宽松，比如说希腊甚至在政府换届时曝出在统计上弄虚作假的行为。财政政策的不一致导致欧盟各国的财政状况分化十分严重。欧债危机爆发后，欧元区整体经济增长放缓，使矛盾日益凸显，财政纪律松弛的国家的主权债务危机拖累了整个欧元区国家。

四、消费信用

消费信用是工商企业、银行或其他金融机构，以商品、货币或劳务的形式向消费者个人提供的信用。现代经济生活中的消费信用是与商品，特别是住房和耐用消费品的销售紧密联系在一起的。

消费信用主要有两种形式：一种类似于商业信用，由工商企业以赊销方式向消费者提供商品或劳务，或者以分期付款的方式向消费者提供耐用消费品，如汽车、房屋等。另一种属于银行信用，由银行直接向购买耐用消费品的个人发放贷款，或者由银行向提供商品与劳务的工商企业发放贷款。其实质都是通过赊销或消费贷款等方式，为消费者提供提前消费的条件，促进商品销售，刺激消费。

1. 特点

（1）消费信用主体多元化，消费信用的主体即指消费信用的提供者，它不仅有工商企业和银行，还有信用卡公司、人寿保险公司、典当行等。

（2）消费信用的客体，即消费信用的对象，不仅限于货币形式，同时还有商品形式。

（3）消费信用具有一定的信用条件，即要求借款人要以未来的收入或实物资产作担保，按期偿还本金和付息。典型的消费信用工具是信用卡。

（4）消费信用有特定用途，只限于消费者个人生活消费，包括住房贷款、汽车贷款和助学贷款等。

2. 作用

（1）积极作用。从消费者角度，消费信用可以扩大需求，提高人们的消费水平，缓解消费者有限的购买力与不断提高的生活需要的矛盾；从企业角度，消费信用是有利的促销手段，可以开拓销售市场，促进新技术的应用、新产品的推广以及产品的更新换代。从宏观角度，当生产过剩、消费需求不足时，国家可采用扩张性货币政策，降低利率，增加货币供给量，发展消费信贷来刺激社会需求增加。西方发达国家实践表明，货币政策的有效性如何实现，要以消费信用的发展为条件，消费信用越发达，货币政策调节经济的预期效应和实际效果越吻合。

（2）消极作用。消费信用过分发展掩盖消费品供求之间的矛盾，造成一时的虚假需求，在市场上供不应求，给生产传递错误信息，使一些消费品生产盲目发展，不利于调整产业结构和企业管理水平的提高。过度发展消费信用会导致信用膨胀，当消费信用急剧膨胀并超出市场基础时，会给经济带来破坏性的后果。它主要表现为消费超前、高消费和虚假需求，会造成经济的波动和通货膨胀，对经济发展产生破坏性影响。2007 年爆发的美国次贷危机就是生动的案例，美国政府为了通过发展房地产业拉动经济增长，放松了对发放贷款的风险控制，向大量不符合贷款条件的低收入人群发放了巨额房屋抵押贷款，从 2006 年开始美国房价不断走低，导致大量偿还违约发生，使美国最大的房贷公司“房地美”和“房利美”濒临破产，从而引发了次贷危机。

五、国际信用

国际信用是指一国政府、银行等金融机构及其他法人或自然人对别国的各类经济主体所提供的信用。国际信用实质上是国内信用关系在国际市场上的延伸和扩展。国际信用的债权人和债务人是不同国家的法人，表示的是国际的借贷关系，直接表现为资本在国际的流动。国际信用按照业务领域分类如图 2－2 所示。

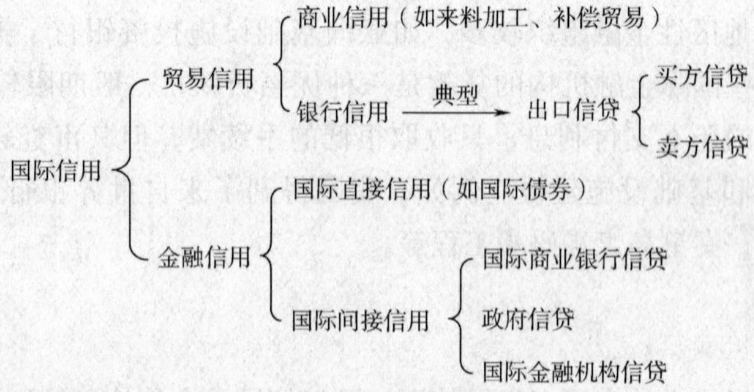

图2－2 国际信用分类

贸易信用是以对外贸易业务联系在一起的各种信用形式。信用的提供以外贸合同的签订为条件，它只能用于为合同规定的商品交易供应资金。这种国际信用又有商业信用和银行信用两种。国际商业信用是指出口商以延期付款的方式向进口商提供的信用。来料加工是指由出口国企业提供原材料、设备零部件或部分设备，在进口国企业加工，成品归出口国企业所有，进口国企业从原料和设备中扣留一部分作为加工费。补偿贸易是指外国企业向进口企业提供机器设备、专利技术、员工培训等，待项目投产后，进口企业以该项目的产品或按合同规定的收入分配比例清偿债务的信用方式。

出口信贷是一国政府为支持和扩大本国产品的出口，通过对出口产品给予利息补贴、提供出口信用保险及信贷担保，鼓励本国的银行或非银行金融机构对本国的出口商或外国的进口商（或其银行）提供利率较低的贷款，以解决本国出口商资金周转困难的一种国际信贷方式，分为卖方信贷和买方信贷。卖方信贷是由出口国银行向出口厂商提供优惠贷款以支持出口商向进口商提供分期付款；买方信贷是出口国银行直接向进口商（或其银行）提供的信用，进口商获得贷款用以付清出口商的货款，再分期偿付出口方银行的贷款本息。

金融信用没有预先规定资金的具体运用方向，不以贸易合同授信为前提，可用于偿还债务、证券投资等目的。金融信用按照融资方式又有国际的间接信用和国际的直接信用。国际债券是一国政府、工商企业、金融机构或组织为筹措融通资金，在国外金融市场上发行的以外国货币表示的债券。国际债券的投资者和发行者属于不同的国家，以国际债券为载体所完成的资金调配构成国际资本流动中的一部分。

国际商业银行信贷是指一些大的商业银行向外国政府及其所属部门、私营工商企业或银行提供的中长期贷款。这种贷款通常利率较高，期限大多在3～5年。这种贷款通常没有采购限制，也不限定用途。

政府信贷是国际一主权国家政府对另一主权国家政府提供的信用。其特点是利率较低、期限较长，条件优惠，具有援助性质，但一般均附带限制性的条件，如要求受信国必须将贷款用于购买提供贷款的国家的商品等。政府贷款中通常包括一定的无偿赠与，如对全部贷款的还本付息额进行贴现，或对贸易合同直接提供一部分赠款。

国际金融机构信贷是指世界性或地区性国际金融机构为其成员国所提供的信用。世界性国际金融机构主要有 IMF（国际货币基金组织）、WB（世界银行集团）和 IDA（国际开发协会）等。地区性金融组织较多，如亚洲基础设施投资银行、美洲开发银行、非洲开发银行等。这些国际金融机构的贷款是一种优惠贷款，一般期限较长，最长可达 50 年，利率较低，有的还不支付利息，只收取很低的手续费，但其审查较严格，一般用于受信国的经济开发和基础设施建设。例如，我国得到了来自世界银行的很多贷款支持，像黄河小浪底工程，秦皇岛煤炭码头工程等。

六、其他信用

除了上述信用形式之外，还有租赁信用、民间信用、合作信用等形式。

租赁信用是以出租固定资产而收取租金的一种信用形式。在物品出租期间，物品的所有权仍归出租人所有，而承租人有使用权。租赁信用表面上是融物，实际上仍然是融资，因为除了信用标的物是实物外，标的物的计价与租金的收取都是货币形式，而且由专门的金融租赁公司经营，它是典型的非银行金融机构。租赁信用的形式主要包括两种，一种是经营性租赁，一种是金融性租赁。经营性租赁，它的标的物通用性较强，租赁期短，承租人变更快，由出租人负责保养和维修管理工作。经营性租赁与日常生活联系较为紧密。金融性租赁又称融资性租赁，比经营性租赁更接近货币信用，标的物专用性强、金额大且期限较长，租期满后一般将残值作价出售给承租人。租赁信用有利于加速设备更新，促进科学技术尽快转化为生产力。

民间信用，又称民间借贷。它是指社会各微观经济主体之间，尤其是居民个人之间所形成的直接信用形式。民间信用体现了社会民众中资金剩余者与资金需求者之间资金融通、调剂余缺、相互协作的关系，这是民间信用的基本的社会性质。民间信用有以货币形式提供的，也有以实物形式提供的。民间信用的信用风险往往会非常大，但不管是在新中国成立前，还是在改革开放后，民间信用在我国都非常盛行，一个原因是其成立和运转都很简单、直接，而更主要的原因还是金融体系的不完善。如很多落后的农村地区，金融机构数量少，金融业务品种单一，群众的金融观念落后，所以民间信用有很大的生存空间。在我国许多传统观念浓厚的经济发达地区，如江苏、浙江、福建、广东等，民间信用也很发达，存在着地下钱庄、企业集资、合会、台会、标会、农村合作基金会等形式。在缺乏监管的情况下，最后极易出现信用危机，如 2011 年开始的温州地区和鄂尔多斯地区民间借贷者的“跑路”风潮。因此，民间信用作为一种补充性的信用形式，必须被纳入有效的金融监管体系中，才能发挥其应有的作用。

合作信用是指集体合作性金融组织以内部组织成员为主要对象，采用货币形式提供的信用。它是银行信用的一种补充形式，包括农村信用合作社、城市信用合作社、互助储金会，是金融组织提供的一种信用。在我国，合作信用并不发达，农村信用社向农村商业银行改革，以前的城市信用社现在大部分都已经转变成了城市商业银行。

第三节　信用风险与信用危机

一、信用在现代经济中的地位与作用

1. 信用可以扩大投资规模

现代经济的增长，有赖于不断扩大再生产，投资就是扩大再生产的起点，而扩大投资的前提又是增加储蓄。因此，在储蓄转化为投资过程中，信用就成为推动资金积累的有力杠杆。如新建道路、桥梁、铁路、发电站、工业园等都需要巨大的投资，仅依靠企业自身储蓄是无法实现的。通过信用调剂，可以动员闲置资金，扩大社会储蓄规模，再将资金投向收益较高的项目，优化社会资源配置，增加社会就业机会，增加社会产出，促进经济增长。

2. 信用可以促进利润平均化

平均利润规律在商品经济条件下是普遍适用的。由于资本有机构成和资本周转速度不同等原因，分布在各个部门的等量资本得到的利润并不相同。利润率的平均化是以资本自由转移为条件的。这种自由转移离不开信用的支持，信用使资本在不同部门之间自由转移，导致了各部门利润趋于平均化，形成平均利润率。平均利润率形成以后，各部门的等量资本要获得平均利润，并以此调节各部门的发展比例。

3. 信用可以节约流通费用，加速资本周转

现代银行信用的发展，使债权债务可以在银行信用基础上通过转账结算方式清算，不需要现金结算，建立在银行信用上的存款货币流通，节约了现金流通费用，并加速了货币流通。信用还加快了商品周转速度，加速实现商品价值，因而减少了商品储存以及与此有关的各种管理费用。尤其是在当前 IT 技术高速发展的情况下，网络盛行所带来的移动支付，进一步节省了流通费用和流通时间。

4. 信用可以促进股份制迅速发展

股份公司是在 19 世纪初在西方资本主义发达国家出现的一种新型企业组织形式。股份公司的资本是通过发行股票的方式筹集的。购买股票的人就成为公司的股东，股份公司归全体股东所拥有。随着现代经济的发展和技术的进步，一个企业要取得成功首先要有足够的资金，股份公司是一种能够聚集大量资金的企业组织形式，因此，股份公司在现代经济中的地位越来越重要。股份公司的产生和发展是与信用制度的发展紧密相关的。股份公司是通过发行股份建立起来的，股票发行出去，必须由大量的投资者购买股票，即人们都习惯于利用信用方式运用自己的货币资金。同时，股票是没有偿还期的，必须借助于信用方式保持其流通性，这样才使短期资金也能购买股票。信用聚集资本，扩大投资规模的作用通过股份公司的形式也得到了充分的发挥。

二、信用风险

信用风险是指受信人不能履行还本付息的责任而使授信人的预期收益与实际收益发生偏离的可能性，它是金融风险的主要类型，是经济风险的集中体现。

信用风险分为四类：①爽约风险。即债务人不履行契约，不按时还本付息的风险。信用工具的发行人并不总是能够履行债务契约的。作为个人，他可能失业；作为企业，它可能因市场销售萎缩而亏损、倒闭；作为地方政府，可能税收减少。一般来说，较为安全的证券，收益较低。为刺激人们持有风险较大的证券，就要相应提高其收益水平。②资本风险。又称“市场风险”。指未预期的利率变动造成信用工具价格下跌的风险。期限越长的信用工具，其相对于利率的波动就越敏感，资本的风险就越大。③收入风险。指当人们具有长期资金而进行多次短期投资时所可能出现的实际利息收入低于预期收入的风险。④购买力风险。指未预期的高通货膨胀率所带来的风险。由于通货膨胀率的水平高于人们预期的水平，无论是利息收入还是本金在最终得到支付时所具有的购买力会低于最初投资时所预期的购买力。

信用风险呈现以下四个特点：①客观性。信用风险是无处不在、无时不有的客观存在，它不以人们的主观意志为转移。人们只能尽量使之降到最小，而不能完全消除它。②传染性。信用主体之间密切而复杂的债务关系链条和财务联系使信用风险具有很强的传染性，某一个或少数信用主体的经营困难或破产会导致信用链条的中断和整个信用之需的紊乱，发生多米诺骨牌效应，很快演变成全局性的金融动荡和信用危机，甚至全球性的金融危机。③周期性。信用周期一般表现为信用扩张与收缩的交替出现。在信用扩张时期，企业的盈利水平上升，偿债能力增强，投资与信贷活动趋旺，信用风险降低；在信用紧缩时期，企业的盈利水平下降，偿债能力不足，投资与信贷活动趋弱或停滞，信用各环节的矛盾加剧，不确定性因素增加，信用风险扩大。④可控性。虽然信用风险具有客观性，但并不等于说，我们在风险面前就无能为力，束手无策。相反，可以充分利用信用主体的主观能动性，通过完善信用制度和信息披露制度，改善信息条件，减少信用过程的不确定性。

由于现代经济已高度货币化、信用化和金融化，所以现实经济生活中的风险总是集中通过以货币和信用为媒介的金融风险表现出来。从大多数国家的发展历史看，由于信用风险长期积累的结果，金融危机是一种经常发生的普遍经济现象。

三、信用危机

信用的扩张使得商品的生产和流通突破了流通手段的束缚而实现了扩张的正效应，但是也可能产生泡沫经济的负效应，因为信用的扩张以及虚拟资本的扩张都是有其边界的。在生产高涨时期，由于商品价格上涨和利润增长，刺激企业借助于信用盲目扩大生产，投机者利用信用从事商品和有价证券的投机，造成信用过度膨胀；当危机到来时，商品价格急剧跌落，生产缩减，企业倒闭，过度膨胀的信用被强制收缩，结果导致信用危机。

信用危机的主要表现是：债务关系因债务人无力清偿而遭到破坏；一切交易和支付都要求现金，银行存款被大量提取；银行和企业大批破产倒闭；借贷资本极端缺乏，商业信用猛烈收缩；市场利率大幅度提高，有价证券行市急剧跌落。周期性的货币信用危机，一般会加剧生产过剩的危机。除周期性的货币信用危机外，战争、政治动乱、自然灾害等都有诱发货币信用危机的可能。这些特殊原因引起的货币信用危机不具有周期性，一般表现在金融市场的个别环节上，如有价证券行市，市场利率和货币流通等方面。

信用体制的不健全极易引起经济发展中泡沫破裂，一旦错综复杂的债权债务链条上有一个环节断裂，就会引发连锁反应，对整个社会的信用体系造成巨大危害，严重的话，甚至会导致社会震荡，经济崩溃。

本章小结

1. 社会经济各部门都可能出现资金的盈余和短缺，居民家庭是最大的盈余部门而政府往往是最大的短缺部门。在私有制或多种经济成本并存的条件下，解决资金余缺问题的主要方式是信用。信用形式经历了从高利贷到大规模的借贷资本形式，标志着信用在社会经济中的影响作用日益巨大。

2. 主要信用类型主要有：商业信用、银行信用、国家信用、消费信用和国际信用。商业信用是现代信用的基础，银行信用是现代信用的主要形式。

3. 现代信用在经济中存在积极作用，但如果对信用利用不当，信用也会给经济和社会发展带来灾难性的影响，会产生信用危机。

重点名词

信用　高利贷　借贷资本　直接信用　间接信用　社会融资规模　金融脱媒　贴现　逆向选择　道德风险　商业信用　赤字率　出口信贷　信用风险

思考题

1. 信用是一种以偿还本金和支付利息为条件的借贷活动，体现的是一种（　）。

A. 所有权关系　　B. 财务关系　　C. 债权债务关系　　D. 管理与被管理的关系

2. 信用产生于货币作为（　）职能。

A. 价值尺度　　B. 流通手段　　C. 支付手段　　D. 贮藏手段

3. 下列属于间接融资的是（　）。

A. 信用社借款 50 万元给农机公司　　B. 小红从小明处借来 9 000 元

C. 企业赊销购买产品　　D. 小刚的爸爸购买了 1 000 股建设银行的股票

4. 下列属于商业信用转化为银行信用的是（　）。

A. 票据贴现　　B. 股票质押贷款　　C. 票据背书　　D. 不动产质押贷款

5. 经济学意义上的“信用”，与日常生活和道德范畴里的“信用”有没有关系？是怎样的关系？

6. 社会经济各部门经常性的资金余缺分布状况是怎样的?

7. 试比较商业信用与银行信用的特点，并说明两者之间的相互关系。

8. 试结合欧债危机，谈谈你对国家信用的认识。

9. 简述信用在现代经济中的作用。

第三章 利息和利息率

学习目标

- 了解利息的来源和本质。
- 掌握利息的计算方法，理解利率的分类。
- 熟悉决定利率的理论。
- 掌握利率变化的经济影响，以及影响利率变化的因素。
- 结合实际了解利率对经济的影响。

利率是货币价格的一种体现，是连接金融市场和商品市场的主要中介变量之一，在现代市场经济中，利率发挥了极大的作用，是宏观经济调控的重要经济杠杆。因而对利率的研究成为货币理论中不可缺少的一部分，通过对它的研究我们可以了解利率对于宏观经济的发展的重要性。我们通过这一章的学习，可以了解到利率的一些主要分类，学习利率的决定方式和影响因素，了解有关利率的理论。结合实际学习利率对经济产生的作用和影响。

第一节 利息的来源和本质

一、利息的概念

利息是伴随着信用关系的发展而产生的经济范畴，并构成信用的基础，信用是一种借贷行为。因此，利息是货币所有者（债权人）因贷出货币或货币资本而从借款人（债务人）那里获得的报酬；或者说，利息是债务人为了获得货币资本的使用权，支付给债权人超出借贷货币额的那一部分代价。只要利息存在，就说明有相应的借贷资金行为发生。由于利息产生于货币资本的借贷，因此借贷货币额被称为“母金”或“本金”，利息则称为“子金”或“利金”。

二、利息的来源与本质

（一）西方经济学家关于利息来源和本质的理论

关于利息的来源和本质，从古典学派到新古典学派的各种流派中都有解释，其中影响较大的是以下几种理论。

1. 货币租金论

利息的存在是由于地租的存在这一思想最先反映在配第的著作中，配第认为，既然出租土地能够收取地租，那么出租货币也应该收取货币租金，因而他明确将利息称为“货币的租金”，提出利息是暂时放弃货币的使用权而获得的报酬。配第的继承者洛克更加明确地论述了利息与地租的关系。他认为利息与地租都是别人勤劳的产物，因而具有同样的性质。

货币租金论虽然描述了利息是贷者从借者手中取得的收益，并对取得这种收益的原因作了剖析，但是由于他们还没有真正理解价值、剩余价值和资本的本质，因而，这种理论还没有触及利息的本质。

2. 风险补偿论

坎蒂隆认为，由于贷出者要承担贷出货币的风险，借入者就得使贷出者有利可图，利息也就因此而产生。在没有担保和抵押品的情况下，贷出者要承担损失全部资金的风险；在有担保和抵押品的情况下，贷出者要承担借入者故意不还的风险和涉讼时负担诉讼费而遭受损失的风险。风险还会来自借入者是否诚实可靠、自有资本的多少、生产经营情况、利润的高低和生活费用的花销。

风险补偿论侧重于从微观去观察借贷这种经济现象并进行具体的个别分析，他关于风险与利息关系的基本观点在现代金融经济学中被广泛应用于资产定价当中。

3. 资本生产力论

萨伊认为，借贷资本的利息由两部分组成，一是风险性利息，二是纯利息。风险性利息是贷者借出货币后要承担一定风险的报酬。它不能说明利息的本质，只能说明收取利息的原因。利息本身是指纯利息，即“对借用资本所付出的代价”。他认为，资本是具有像自然力一样的生产力，资本生产力经常与自然生产力混在一起，共同对生产做出贡献。因此，当借款人用借款资本从事生产，其生产出的价值的一部分用来支付资本生产力的报酬。

资本生产力论把利息解释为资本的产物，否定了劳动价值论，因而是错误的。

4. 节欲论

该理论认为利息应该作为资本家节欲行为的报酬，这是由西尼尔提出的一种理论。他认为，要扩大未来的生产，需要更多的资本，资本来源于储蓄，储蓄又来源于节欲。因此，节欲是比资本更为基础的生产要素。他强调，资本由储蓄形成，而增加储蓄就要减少人们目前的消费，这需要人们忍受额外的牺牲。因此，利息是人们牺牲自己目前消费而应得的报酬。

5. 均衡利息论

马歇尔的利率理论是其均衡价格理论的一部分，他将利率看作是取决于资本供给与需求的均衡关系的一种价格。他认为，自资本主义兴起以来，财富（货币）供应量总是无法赶上资本使用的需求量，因此资本出借应取得对延期消费或等待的报酬——利息。这里马歇尔把利息作为“等待”的报酬是传承了西尼尔的节欲论观点，都把因延期消费的等待或节欲看作是一种牺牲，而利息则是对这一牺牲的补偿。实际上，这种等待的动机是为了获取更多的剩余价值。

6. 灵活偏好论

凯恩斯比较了债券和货币这两种资产形式。他认为，债券形式的资产虽然能获得一定的收益，但债券持有者必须在持有债券期间放弃货币的使用权，这不仅给债券持有者带来一定的不便，而且也可能蒙受财产损失。持有货币虽然不能给人们带来收益，但它却具有高度的灵活性，可供持有者在任何时间方便地使用。所以，货币是一种人们普遍接受的特殊资产。因此，人们对货币这种具有完全流动性的资产有所偏好。企业和商人如果要取得一定的货币，就必须以支付一定的报酬为条件，来诱惑货币所有者在一定时期放弃对货币灵活偏好的控制权。因此，利息是人们放弃灵活偏好的报酬。

（二）马克思关于利息来源与本质的理论

马克思认为利息是与借贷资本相联系的一个范畴，借贷资本起源于产业资本循环过程中产生的暂时闲置的货币资本，主要包括正在积累中的折旧基金、闲置待用的流动资本和用于积累而尚未投入扩大再生产的剩余价值。

拥有闲置资本的资本家称为借贷资本家，需要补充货币资本进行生产和流通的资本家称为职能资本家。职能资本家必须从使用货币资本所取得的平均利润中拿出一部分当作利息交给货币资本家。因此，利息就是利润的一部分。平均利润是剩余价值的转化形式，利息本质上也是剩余价值的转化形式，它是职能资本家为了取得货币资本使用权而让渡给货币资本家的一部分剩余价值，这就是利息的本质。

第二节 利息率及其种类

一、利息率的计算方法

（一）利息率

利息率是指在借贷期限内所形成的利息额与借贷资本金额的比率，通常简称利率。其计算公式为：

$$利率 = \frac{利息额}{借贷资本金额} \times 100\% \qquad (3-1)$$

例如，某人将10 000元钱存入银行，约定期限1年，一年期存款利率为1.50%，则1年后此人获得利息为10 000×1.50%＝150元。利率是一个重要的经济变量，它的变动会对经济发展起到非常重要的影响。

（二）计算方法

通常利息率的计算方法有两种：单利法和复利法。

单利法，是指在计算利息额时，只按照本金和时间的长短计算利息，而不将本金所产生的利息额加入本金进行重复计算的方法。其计算公式为：

$$I = P \cdot r \cdot n \qquad (3-2)$$

$$S = P \cdot (1 + r \cdot n) \quad (3-3)$$

其中：I——利息额；

P——借贷资本金；

r——利息率；

S——借贷资本和利息之和；

n——借贷期限。

例如，一笔借贷期限为3年，年利率为2.75%的100万元贷款，利息总额为100万×2.75%×3=8.25万元，本利和为100万×(1+2.75%×3)=108.25万元。

单利法计算方便，手续简单，对借入者来说利息负担较轻，大多数情况下是用于短期贷款。我国商业银行存款的计息方式大多数采用的是单利计算法。但是如果是长期借贷款，单利法并没有完全考虑借贷资金的时间价值。

复利法，是指在计算利息额时，按照一定期限将上一期所生利息计入本金一并计算利息的方法，逐期滚算，俗称“利滚利”。其计算公式为：

$$I = P \cdot [(1 + r)^n - 1] \quad (3-4)$$

$$S = P \cdot (1 + r)^n \quad (3-5)$$

例如，一笔借贷期限为3年，年利率为2.75%的100万元贷款，利息总额为100万×$[(1+2.75\%)^3-1]$≈8.48万元，本利和为100万×$(1+2.75\%)^3$≈108.48万元。可见，在同样的条件下，按照复利法计算会产生更多的利息。上例中复利法比单利法多支付利息8.48万元-8.25万元=0.23万元。

复利法考虑了资金的时间价值因素，是对贷出者的利益保护，有利于提高资金的使用效益，并强化利率杠杆的作用，因此这种计算方法适用于长期贷款。

二、利率的种类

（一）年利率、月利率和日利率

这一分类是根据计息周期的不同来表示利率。年利率是以年为单位计算利息，通常以百分数表示。月利率是以月为单位计算利息，通常以千分数表示。日利率是以日为单位计算利息，通常以万分数表示，习惯上称为“拆息”。国际金融市场上著名的LIBOR，我国的SHIBOR均是以日利率为计息周期。

年利率、月利率、日利率之间可以互相换算。年利率与月利率相互换算，每年按12个月计算，例：本金1000元，月利率5‰，则月息为1 000×5‰=5元，年息为5×12=60元。年利率与日利率相互换算，通常一年按照360天计算，例：本金1 000元，日利率5‱，则日息为1 000×5‱=0.5元，年息为0.5×360=180元。月利率与日利率相互换算，按每月30天计算。

（二）法定利率和市场利率

法定利率又称官定利率、官方利率，是指一国政府金融管理部门或中央银行确定的利率。它是一国中央银行对利率体系施加影响的重要工具，反映了非市场的强制力量对利率形成的干预。法定利率包括三类：①中央银行对商业银行等金融机构的再融资利率，包括再贴现利率和再贷款利率；②中央银行在公开市场上买进卖出证券的价格形成的利率；③中央银行直接规定的商业银行存贷款利率以及对金融市场上股息、债息的直接管制所形成的利率（收益率）。在我国，法定利率在整个利率体系中处于主导地位。

市场利率是指在货币资金市场上，由货币资金的供求关系所决定的利率。市场利率是借贷资金供求关系变化的指示器，能够反映出一国货币资金市场上的资金的供求状况。如果在货币资金市场上，资金的供给大于需求，其市场利率就会呈下降趋势；如果资金的需求大于供给，其市场利率就会呈上升趋势。市场利率的变动又会进一步调整资金的供求数量，改善资金的供求不平衡状况。

通常情况下，一国的法定利率是以市场利率为基础制定的，但是两种利率走向又不一定完全一致。

（三）固定利率和浮动利率

固定利率是指在整个借贷期间内，利率不随借贷供求状况的变化而变动的利率。固定利率是比较传统的计算利息的方式，比较适合于短期借贷。因为它具有简便易行，融资成本稳定等优点，借贷双方在借贷关系成立之时，就确定了各自的成本和收益。但是，在借贷期限较长或借贷期间市场利率变动较大的情况下，借贷双方都有可能要承担利率变化带来的风险。实行固定利率，如果借贷期间市场利率趋于下降时，债权人的收益和债务人的成本都不会发生变化，那么债务人无形中增加了贷款成本；如果借贷期间市场利率趋于上升时，债权人的收益和债务人的成本都不会发生变化，那么债权人无形中减少了贷款收益。因此，一般对于中长期贷款或者利率不稳定时，通常采用浮动利率。

浮动利率是指在借贷关系存续期间，随着市场利率的变化定期作调整的利率。调整期限的长短及以什么利率作为参考标准，由借贷双方共同商议。一般情况下，浮动的期限为3个月或6个月，参照利率多数情况下是当时的市场利率。实行浮动利率可以保证借贷双方的成本和收益随时发生变化。如果在借贷期内，市场利率趋于下降，按照此利率标准调整的利率将有利于债务人，而不利于债权人，因为债权人会有一定收益的损失；反之，如果在借贷期内，市场利率趋于上升，按照此利率标准调整的利率将有利于债权人，而不利于债务人，因为债务人会增加一定的贷款成本。一般适用于较长期的借贷及国际金融市场融资。

（四）基准利率和差别利率

基准利率是指在多种利率并存的条件下，在一国利率体系中起决定作用的利率。当它变动时，其他利率也相应发生变化。基准利率是金融市场上具有普遍参照作用的利率，其他利率水平或金融资产价格均可根据这一基准利率水平来确定。基准利率是利率市场化的重要前提之一。我国中央银行的基准利率主要包括再贷款利率、再贴现利率、存款基准利率和贷款基准利率。

差别利率是指银行根据国家产业政策的要求，对不同的行业实行不同的贷款利率，也就是银行等金融机构对不同部门、不同期限、不同种类和不同借贷能力的客户的存、贷款制定不同的利率。我国现在的差别利率有存贷差别利率、期限差别利率和行业差别利率。

（五）存款利率和贷款利率

存款利率是存款的利息与存放金额之比，有一家的浮动区间，往往受当局的利率牵制，难以灵活反映资金供求关系，因此，相对而言，存款利率在利率体系中不占重要地位。贷款利率是贷款的利息与贷款金额之比。银行贷款大部分面向工商企业，各银行对不同类型的企业采取不同的贷款利率。因此贷款利率不完全统一。

存款利率和贷款利率存在着较大的差异，这是由商业银行的经营特性决定的，但差额的大小随商业银行垄断程度的不同而有所不同。银行众多而且同业竞争比较激烈的时候，存贷利差趋小；反之，存贷利差较大。当存贷利差过大时，企业会抛开银行进行直接融资，银行就会出现货币非中介化现象。当存贷利差过小时，又会使银行收益下降。因此存贷利差的合理确定对银行、企业都有着不可忽视的影响。

（六）名义利率和实际利率

存在通货膨胀的条件下，利率进一步区分为名义利率和实际利率。

实际利率是指在物价不变、货币购买力不变条件下的利率，在通货膨胀发生时要进一步剔除通货膨胀因素后的利率；而名义利率则是在通货膨胀发生时，并没有剔除通货膨胀因素的利率。通货膨胀期间，即使名义利率发生了调整，但是货币的实际购买力是上升还是下降，或是保持不变，不能只看名义利率，而必须根据实际利率来判断。因为只有实际利率才代表了存贷款者的实际收益或支出。如果出现通货膨胀，我们如何来判断实际利率的变化，一般情况下，实际利率的计算方法通常有两种：

$$I = \frac{1 + R}{1 + P} - 1 \tag{3-6}$$

或

$$I = R - P \tag{3-7}$$

其中：I——实际利率；

R——名义利率；

P——通货膨胀率。

这两种计算实际利率的方法出来的结果差别不大，因此在实际运用当中使用哪个公式计算实际利率都可以。如：2016 年，一国商业银行一年期的存款利率为 3%，通过测定，这一年的通货膨胀率为 2%。那么该国 2016 年的实际利率的计算结果如下：

$$I = \frac{1 + 3\%}{1 + 2\%} - 1 = 0.98\% \tag{3-8}$$

或

$$I = 3\% - 2\% = 1\% \tag{3-9}$$

由此可见，两种计算方法所得出的数据相差并不是很大，但如果为了更加精确地计算实际利率，还是最好使用前一个公式。

通过公式计算，货币在借贷过程中，如果实际利率为正利率，此时符合价值规律的要求，借贷双方都是公平的。如果实际利率为零利率，对于债权人就有了一定收益上的损失。如果实际利率为负利率，债务人从某种程度上就有了一定的隐含收益，而且如果这种负利率一直持续下去，会给借贷市场带来一系列不利的影响。

第三节 利率的决定理论

一、马克思的利率理论

根据马克思关于利率的来源与本质的分析，利息是职能资本家为了取得货币资本的使用权而交给借贷资本家或银行的一部分剩余价值，而利润是剩余价值的转化形式。因此，利息的多少一定要受到利润的限制，也就是在职能资本家所获得的总利润限额内，利息率取决于平均利润率。市场经济的主体都以追求利润为目的，但是有的行业利润率高，有的行业利润率低。由于资金可以自由流动，低利润率行业的企业就会把资金也投入到高利润率的行业中去。企业之间的这种竞争，最终使各行业的利润率趋于均衡，形成平均利润率。平均利润本身就成了利息的最高限。如果一家企业借入资金要付的利息率高于平均利润率，企业所取得的利润就要全部付给银行，企业必然不会借入这笔资金。如果达到这个界限，属于职能资本家所有的那部分利润就会等于零。在一般情况下，这种情况不会发生。在通常情况下，利息率无论如何不会与平均利润率相等，更不会超过平均利润率。从理论上说，利息的最低额则是无法确定的，它可以下降到任何程度。不过当利息降得过低的时候，总会出现一些起相反作用的情况，从而使它提高到这个相对最低限度以上。因此它通常不会等于零，否则就不会有人贷出货币资金，从而利息率也不会存在。所以，利息率总在平均利润率和零之间上下摆动。在实际经济生活中，不能完全排除利息率高于平均利润率或低于零的情况。

马克思研究，在平均利润率与零之间，利息率的高低取决于两个因素：一是利润率；二是总利润在贷款人和借款人之间进行分配的比例。当其他条件不变时，平均利润率提高后，利息率就会相应提高；反之，就会相应降低。平均利润率决定利息率，从而使利息率具有以下特点：①平均利润率，随着技术发展和资本有机构成的提高，有下降趋势。因而也影响平均利润率有同方向变化的趋势。②平均利润率虽然有下降趋势，但是由于存在着其他影响利息率的因素，就成为一个非常缓慢的过程。因此，平均利润率也具有相对稳定的趋势。③由于利息率的高低取决于两类资本家对利润分割的结果，因而使利息率的决定具有很大的偶然性。

二、古典利率理论

古典利率理论在 17 世纪逐渐形成，19 世纪 80 年代左右，威克塞尔、庞巴维克、费雪及马歇尔等欧美经济学家对支配和影响资本供给和需求的因素进行了深入的探讨，提出了相关的理论。一直到 20 世纪 30 年代，大多数西方学者都倡导或信奉这种理论。此理论把资本的供给和需求与利率的变化联系在一起，强调了非货币的实际因素在利率决定中的作用。

古典利率理论认为，资本的供给来自于社会储蓄，而储蓄是一种延期的消费，它取决于人们的偏好和愿望。人们为了使收入的总效用达到最大，就要在现在的消费和将来的消费之间进行选择。所以，利率是诱使人们去储蓄而不去消费的一种支付，是储蓄的报酬。这样，如果利率越高，人们推迟消费所获得的报酬就越高，人们收入中用于储蓄的部分就越大，资本的供给就越多；反之，资本的供给就越少。所以，储蓄是利率的递增函数，即 $S = S(r)$ 。资本的需求来自于投资，而投资取决于资本的边际效益和利率的比较。如果预期的资本边际效益大于利率，那么投资就必然产生；如果预期的资本边际效益小于利率，就不会产生投资。也就是说，只有在投资收益大于利率的情况下才有可能发生净投资。这样，如果利率越低，投资需求就越多；利率越高，投资需求就越少。投资是利率的递减函数，即 $I = I(r)$ 。

综合考虑，当投资和储蓄相等时，就出现了均衡利率。如图 3－1 所示，储蓄函数线 S 与投资函数线 I 的交点 E 所决定的利率 r_e 就是均衡利率。

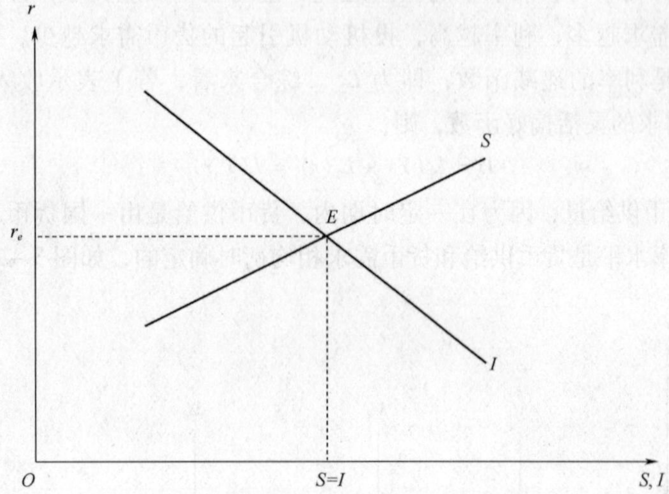

图 3－1　古典利率理论因素关系图

古典学派的储蓄投资理论认为，储蓄等于投资是经济稳定的必要条件。如果储蓄与投资不相等，经济就处于不稳定均衡，就会发生波动，这种波动又可以通过利率的自发变动来调节。储蓄供给如果大于投资需求，在投资不变的情况下，储蓄供给的增加会使利率水平自然下降，投资的需求就会相应增加，在新的利率水平下产生经济新的均衡。总之，无论经济如何波动，储蓄供给和投资需求最终会呈现均衡状态，从而产生新的均衡利率。

三、流动性偏好利率理论

20 世纪 30 年代，英国经济学家凯恩斯在他的著作《就业、利息和货币通论》中，彻底否定了“古典”利率理论，而是提倡“流动性偏好”的货币利率理论。他认为人们普遍都有一种流动性偏好，相对于其他社会财富方式来说，货币具有完全的流动性和最小的风险性，并且作为社会财富的真正代表，被整个社会认可和接受，并能够随时转化为其他商品。因此，人们在考虑持有财富的形式时，大多倾向于选择货币，即对货币具有流动性偏好。但是在一定时期内，货币生产的弹性很小，货币供给量有限，人们为取得货币就必须支付一定报酬使他人放弃一部分货币。利息就是为取得货币而支付的报酬。

因此，利息和利率都是一种货币现象，利率水平由货币的供给和人们对货币的需求所决定。

凯恩斯指出，货币数量和灵活偏好是决定利率的两大因素。灵活偏好与利率和货币量之间的关系是一种函数关系。货币供给是某一个时期一个国家的货币总量，是由货币当局控制的，没有弹性。货币需求就是凯恩斯所得出的灵活偏好函数。凯恩斯把引起灵活偏好的动机分为三类：交易动机、预防动机和投机动机。这三个动机分别决定了人们的交易动机货币需求，预防动机货币需求和投机动机货币需求。其中，交易动机和预防动机货币需求对利率反映不太灵敏，而依赖于收入水平，收入越多，这两种动机引起的货币需求越大。因此，交易动机和预防动机所引起的货币需求是收入的递增函数，即为 L_1 。投机动机货币需求对收入水平的反应迟钝，但对利率反应灵敏，即利率越低，投机动机引起的货币需求越多；利率越高，投机动机引起的货币需求越少。因此，投机动机引起的货币需求是利率的递减函数，即为 L_2 。综合来看，若 Y 表示收入水平，r 表示利率，L 表示货币需求的灵活偏好函数，则：

$$L = L_1(Y) + L_2(r) = L(Y,r) \tag{3-10}$$

用 M 表示货币供给量，因为在一定时期内，货币供给是由一国货币当局控制的，无弹性。因此，利率水平是货币供给和货币需求相均衡时确定的，如图 3－2 所示。

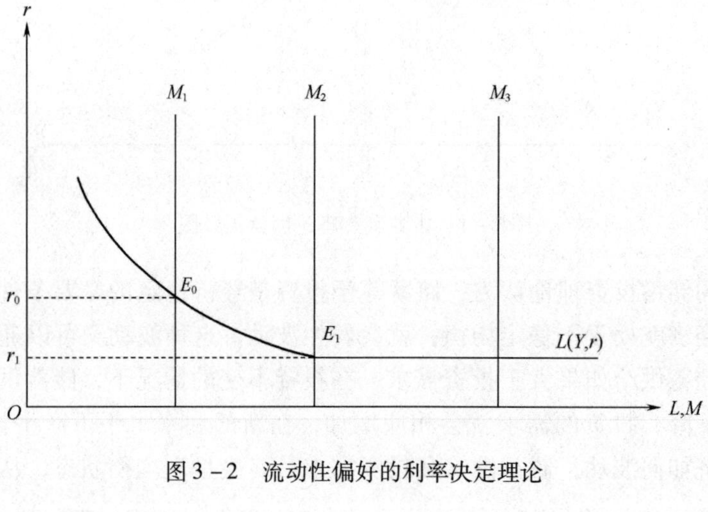

图 3－2　流动性偏好的利率决定理论

凯恩斯认为，货币需求和货币供给的共同作用能够确定均衡利率。如果人们的流动性偏好增加，在货币当局货币供给保持不变的情况下，均衡利率会下降。只有当人们的流动性偏好决定的货币需求量 L 与货币当局（通常是中央银行）的货币供给量 M 相等时，利率才能够达到均衡。

如图 3－2 所示，货币供给曲线 M 是垂直的，表明利率弹性为零，即由货币当局供给的货币是外生变量。当货币供给量为 M_1 时，均衡利率 r_0 由曲线 M_1 与 L 相交的均衡点 E_0 确定。当中央银行继续增加货币供应，供给曲线由 M_1 平移到 M_2 时，均衡利率下降到 r_1。如果货币当局继续供给货币，货币的投机需求就会变得无限大，此时无论中央银行供应多少货币，都会被相应的投机需求所吸收，从而出现利率不再下降而维持在同一水平上。

这就是凯恩斯提出的“流动性陷阱”现象，即图 3 – 2 中货币需求曲线 L 中的水平线部分。进入“流动性陷阱”区间后，货币政策是完全无效的，均衡利率不再发生变化。

凯恩斯把利率的变动看成是纯粹的货币现象，认为利率水平与实体经济部分没有任何关系。

四、可贷资金理论

可贷资金理论是20世纪30年代提出来的，其主要代表人物是剑桥学派的罗伯逊和瑞典学派的俄林。该理论试图在利率决定问题上把货币因素和实质因素结合起来考虑，完善古典学派的储蓄投资理论和凯恩斯流动性偏好利率理论。可贷资金理论认为利率不是由储蓄与投资所决定，而是由借贷资金的供给与需求的均衡点所决定。

该理论认为，利率是由可贷资金的供给和需求确定的。可贷资金的需求（L_D），主要来自于消费、投资和窖藏三方面。其中窖藏表示人们持有现金而不借出，窖藏量为利率的反向函数。当利率降低时，窖藏的机会成本就会降低，因此窖藏量会增加；反之当利率提高时，窖藏的机会成本就会升高，窖藏量就会减少。显然，因为消费和投资而引起的借贷资金的需求也是利率的反向函数。可见，借贷资金的总需求是利率的反向函数，利率越高，借贷资金的需求越少；利率越低，借贷资金的需求越大。

可贷资金的供给（L_S）主要来自储蓄、反窖藏和银行供给三个方面。根据可贷资金理论的观点，储蓄额并不是借贷资金的全部供应额，银行可以在不增加储蓄额的情况下供应借贷资金。所以，银行供给是资金供应的重要来源，并且在某种程度上有利率弹性，随利率的提高增加资金供给。反窖藏表示人们将持有的现金变成债券或其他资产，会与利率的增加同向变化。因此，储蓄、反窖藏和银行供给都是利率的同向函数。即利率越高，可贷资金的供给越多；利率越低，可贷资金的供给越少。

如图 3 – 3 所示，可贷资金总需求曲线 L_D 和总供给曲线 L_S 的交点决定了均衡利率水平。

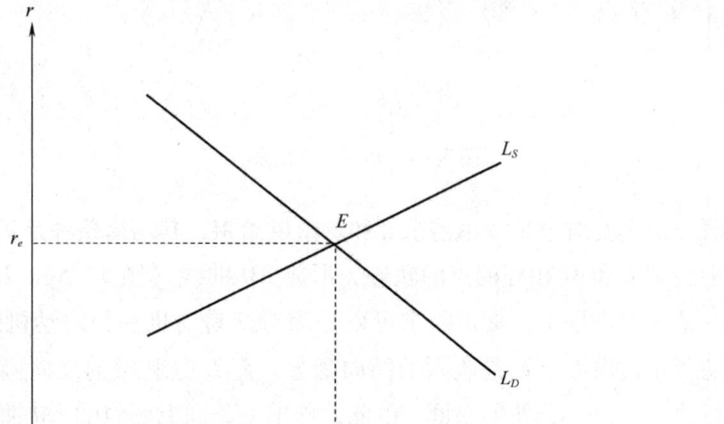

图 3 – 3　可贷资金理论的利率决定图

五、*IS*－*LM* 理论下的利率决定理论

为了建立一个比较完整，比较接近实际的利率理论，西方学者便把货币因素和实物因素综合起来进行分析。这一分析方法由英国经济学家希克斯创立，他认为利率是一种特殊的价格，必须从整个经济体系来研究它的决定。此后，又经美国经济学家汉森补充和发展，形成了 *IS*－*LM* 分析模型，也被称为“希克斯－汉森模型”。模型充分考虑了收入在利率决定中的作用，从而促进了利率理论的发展。

IS－*LM* 分析模型认为整个社会经济活动可以分为两个部门：实体经济部门和货币部门。

实体经济部门研究的主要对象是投资 *I* 和储蓄 *S*，其均衡条件是投资等于储蓄，在研究中必须寻找 *I* 和 *S* 相等的点的轨迹，形成 *IS* 曲线（图 3－4）。*IS* 曲线表示实物市场的均衡。从实物市场看，投资是利率的反向函数，储蓄是收入的同向函数。投资等于储蓄是实物市场均衡必要条件，因为只有在这一条件下，才能使总收入等于总支出。根据投资与储蓄的恒等关系，可以得到一条向右下方倾斜的 *IS* 曲线，曲线上任意一点代表实物市场上投资与储蓄相等条件下的局部均衡点。

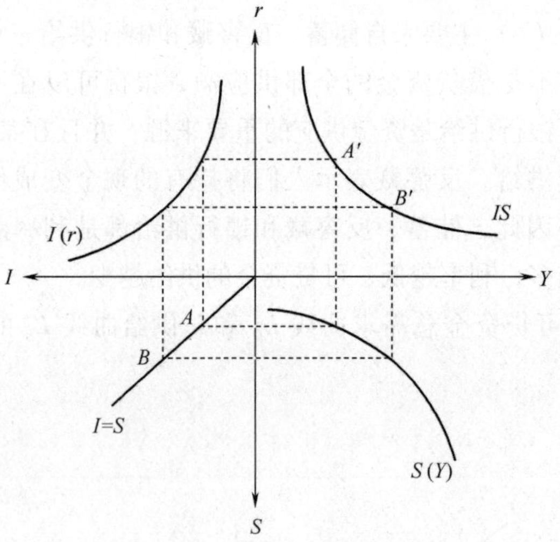

图 3－4　*IS* 曲线的形成

货币部门研究的主要对象是货币需求 *L* 和货币供给 *M*，其均衡条件是货币需求等于货币供给，研究中找到 *L* 和 *M* 相等的点的轨迹，形成 *LM* 曲线（图 3－5）。*LM* 曲线表示货币市场的均衡。从货币市场看，货币需求可以分为对交易动机和预防动机的货币需求 L_1 和对投机动机的货币需求 L_2。L_1 是收入的同向函数，而 L_2 是利率的反向函数。货币的供给量由中央银行决定，是一个外生变量。由此，导出一条向上倾斜的 *LM* 曲线，曲线上任一点意味着货币市场上货币供需相等的情况下的局部均衡。

不论 *IS* 曲线还是 *LM* 曲线，任何一条都不能单独决定全面均衡状态下的利率和收入水平。只有使货币市场和实物市场同时达到均衡，利率和收入才能确定。如图 3－6 所示，

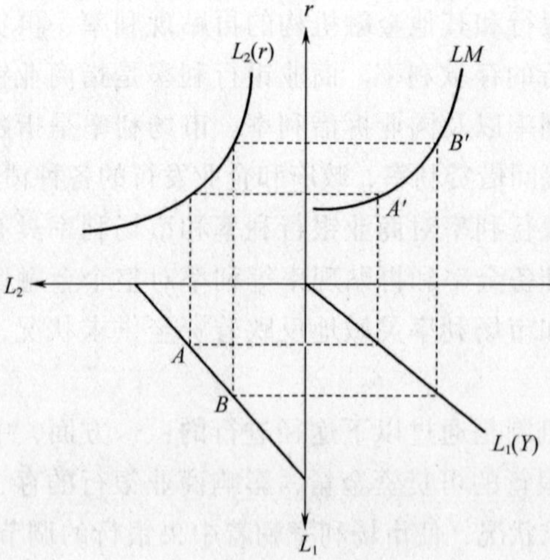

图 3－5　*LM* 曲线的形成

IS 曲线和 *LM* 曲线的交点 *E* 代表着能使整个经济处于均衡状态的唯一的利率（r_0）和收入水平（Y_0）。处于这点（Y_0，r_0）之外的任何利率和收入的组合，均会在经济变动中得到调整。

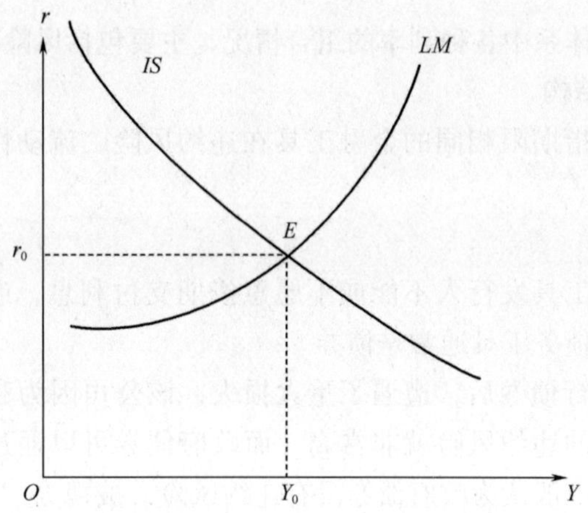

图 3－6　*IS*－*LM* 分析模型

第四节　利率体系和结构

一、利率体系

利率体系是指在一个经济运行机体中存在的各种利率间的相互依存关系形成的系统。

由于世界各国的经济体制不同，经济条件不同，因而利率体系各有特色。通常，一国的利率体系主要分为中央银行利率、商业银行利率和市场利率三种。中央银行利率主要指的是中央银行对商业银行和其他金融机构的再贴现利率、再贷款利率以及商业银行和其他金融机构在中央银行的存款利率。商业银行利率是指商业银行各种存款利率、贷款利率、发行金融债券的利率以及同业拆借利率。市场利率是指各经济单位和个人之间直接借贷货币资金、各种民间借贷利率、政府和企业发行的各种债券的利率等。

在各种利率中，中央银行利率对商业银行利率和市场利率具有指导和调节作用，中央银行通过调整法定存款准备金率和再贴现率等利率对整个金融体系中的利率调整产生直接影响。商业银行利率和市场利率灵敏地反映着资金供求状况，因而是中央银行调整利率的指示器。

各种利率之间的传导机制是通过以下途径进行的：一方面，中央银行调整商业银行的再贴现利率，调节商业银行的可贷资金量，影响商业银行的存、贷款利率，进而调节金融市场上货币资金的供求状况，使市场利率朝着中央银行的调节目标变动；另一方面，中央银行直接在金融市场上买卖有价证券，调解市场货币资金供求状况，进而调节商业银行利率和市场利率；最后，中央银行一般把市场利率作为其货币政策的中间目标，以此监测货币政策的执行情况，根据市场利率变动情况相应采取调节措施，其中包括调节中央银行利率。

二、利率的结构

利率结构是指利率体系中各种利率的组合情况，主要包括风险结构和期限结构。

（一）利率的风险结构

利率的风险结构是指期限相同的金融工具在违约风险、流动性和所得税规定等方面的差异产生的不同利率。

1. 违约风险

违约风险是指债务工具发行人不能或不愿意按期支付利息，或者在债务到期时不能如期偿还本金的情况，债务工具通常是债券。

如果一家公司在发行债券后，遭遇了重大损失，该公司因为利润问题就可能推迟支付债券利息，这些债券的违约风险就非常高。而政府债券可以通过增加税收或者增发货币的方式来偿付，因此一般认为政府债券没有违约风险，被视为“金边债券”，称为无违约风险债券。当期限相同时，企业债券因为违约风险高，其债券利率就要有更高的风险溢价，人们才愿意持有企业的高风险债券。风险溢价是具有相同期限的存在违约风险的债券和无违约风险债券之间的利差。

具有违约风险的债券通常具有正的风险溢价。由于违约风险对于风险溢价水平的确定非常重要，因此债券投资人就需要了解公司发行的债券是否会发生违约行为，了解债券的信用等级。一般投资人愿意购买信用等级高、违约风险低的投资级债券；偏好风险的投资人通常会选择信用等级低、风险溢价高的投机级债券。因为信用等级高的债券的利率通常低于信用等级低的债券的利率。

2. 流动性风险

流动性的资产是指在需要的时候能够以较低的成本迅速变现的资产。在其他条件保持不变的情况下，资产的流动性越高，投资人越愿意持有债券。流动性风险是指经济主体由于金融资产流动性的不确定性变动而遭受经济损失的可能性。

一般情况下，政府债券因其风险小，交易方便，变现能力强，因此流动性较高；公司债券的风险大，受到债券信用等级和交易规模等的制约，交易成本较高，变现能力差，因此流动性低。流动性高的债券，风险较小，利率相对较低；流动性低的债券，风险较大，利率通常较高。因此，政府债券的利率一般低于公司债券。流动性风险与违约风险是相伴随的，因此，风险溢价中既包含违约风险溢价，也包含流动性风险溢价。

3. 税收风险

一国政府对不同金融产品的利息所得的税收待遇不同，从而会对投资者的实际利益产生影响。不同的税收待遇带来的不同的收入所得，由此产生的风险即是税收风险。美国的地方政府债券与中央政府债券的税收待遇不同，地方政府债券获得的利息收益可以免缴联邦所得税。因此，虽然地方政府债券的违约风险和流动性风险都高于中央政府债券，但因其利息收益免税，所以地方政府债券的利率低于中央政府债券。

我国规定，国债和国家发行的金融债券利息所得免征个人所得税，企业发行的债券利息所得需要缴纳20%的个人所得税。因此，投资者在我国购买企业债券时，除了要考虑企业债券的违约风险及流动性风险外，还要考虑债券利息收益的所得税风险。

（二）利率的期限结构

利率的期限结构是指具有相同风险、流动性和税收待遇的债券，由于期限存在着差异，导致其具有各不相同的利率。利率的期限结构理论可以用来解释不同期限的金融资产收益率之间的关系。我们通常用收益率曲线来描述不同期限结构的债券收益率。通常，收益率曲线可以分为三类：向上倾斜的、平坦的和向下倾斜的。我们用 T 表示债券的到期期限；用 r 表示债券的到期收益率，见图3－7。

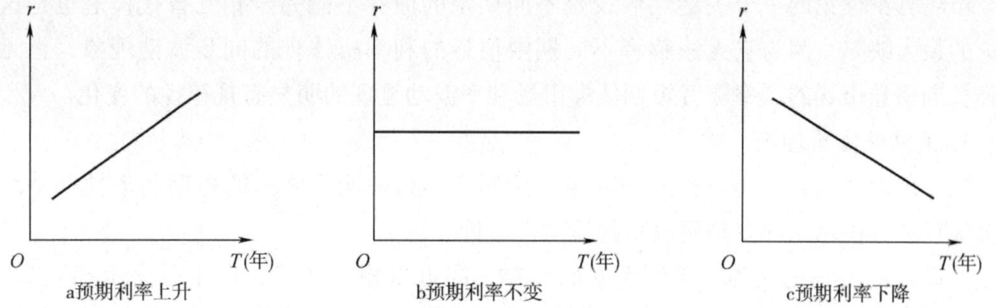

图3－7 收益率曲线的类型

如果收益率曲线是向上倾斜的（图3－7a），这是最为常见的情况，此时债券的长期收益率会高于其短期收益率；如果收益率曲线是水平的（图3－7b），此时债券的长期收益率会等于其短期收益率；如果收益率曲线是向下倾斜的（图3－7c），此时债券的长期收益率会低于其短期收益率。收益率曲线还可能有更复杂的类型，比如在初期时向上倾斜的，后来又变为向下倾斜的，或与此相反。

为什么期限不同的债券的收益率曲线会出现不同？预期理论、市场分割理论和流动性溢价理论可以用来解释不同利率期限结构的特征。

1. 预期理论

这一理论是由费雪在1896年提出，他认为长期债券的利率等于长期债券到期期限内短期利率的预期平均值，长期利率与短期利率之间的关系取决于现期短期利率与未来短期利率之间的关系。因此，如果预期的未来短期债券利率与现期短期债券利率相等，那么长期债券的利率就与短期债券的利率相等，收益率曲线是一条水平线；如果预期的未来短期债券利率上升，那么长期债券的利率必然高于现期短期债券的利率，收益率曲线是向上倾斜的曲线；如果预期的短期债券利率下降，则债券的期限越长，利率越低，收益率曲线就向下倾斜。

这一理论的假设前提是严格地假定人们对未来短期债券的利率具有确定的预期；债券购买者对于不同期限的债券没有任何偏好差异；不同期限的债券可以完全替代；资金在短期资金市场和长期资金市场之间的流动是完全自由的。这些假定都过于理想化，与金融市场的实际有很大差距。

2. 市场分割理论

这一理论将不同期限债券的市场完全独立和相互分割。每种特定期限债券的利率取决于该债券自身的供求关系，不受其他期限债券的预期收益率影响。债券市场可分为期限不同的互不相关的市场，各有自己独立的市场均衡，长期借贷活动决定了长期债券利率，而短期交易决定了独立于长期债券的短期利率。根据这种理论，利率的期限结构是由不同市场的均衡利率决定的。不同期限债券各自供求关系之间的差异能够解释不同形状收益率曲线的形成原因。显而易见的是，风险厌恶型投资者的意愿持有期短，他们通常会偏好于利率风险较小的短期债券，因此收益率曲线通常是向上倾斜的。

市场分割理论的一个关键性假设是不同期限的债券不能完全相互替代，这也是这一理论的最大缺陷。因为它无法解释不同期限债券的利率所体现的同步波动现象，也无法解释长期债券市场的利率随着短期债券市场利率波动呈现的明显有规律性的变化。

3. 流动性溢价理论

这一理论认为，长期债券的利率等于长期债券到期期限之内的短期利率预期平均值加上随该债券供求状况变动而改变的流动性溢价。

流动性溢价理论认为，不同期限的债券之间可以相互替代，但不是完全相互替代，某种期限债券的预期收益率能够影响其他期限债券的预期收益率。该理论允许投资者对不同期限的各种债券存在偏好，由于短期债券的利率风险相对较小，所以投资者通常偏好短期债券。为了吸引投资者持有期限较长的债券，必须向他们支付流动性溢价，而且流动性溢价随着时间的延长而增加，因此，实际观察到的收益率曲线总是要比预期假说所预计的高。这一理论还假定投资者是风险厌恶者，他只有在获得补偿后才会进行风险投资，即使投资者预期短期利率保持不变，收益曲线也是向上倾斜的。基于以上原因，投资者只有在能够获得正的流动性溢价的情况下才会选择持有长期债券。

第五节 利率变化的影响和决定因素

确定合理的利率水平是运用利率杠杆调节经济的关键环节。然而，利率水平的确定并不是人们单纯的主观行为，必须遵循客观经济规律的要求，综合考虑利率变化的影响和决定因素，并根据经济发展战略和资金供求状况灵活调整，从而真正发挥利率杠杆的作用。

一、平均利润率

马克思的利率理论指出，利息是平均利润的一部分，利息率在零与平均利润率之间变动。因此，平均利润率的高低直接影响利息率的大小。一般情况下，平均利润率升高，利息率会随之上升；反之，利息率随之下降。

信用的产生使生产资本不再固定在特定形态上，这样生产资本就能够发生自由转移。在社会生产与再生产的正常进行中，社会总产品的各部分必须保持适当的比例关系，各种比例关系的形成是自发地通过价值规律实现的。在这个过程中，通常是利润低的部门向利润高的部门转移资本，来实现比例关系的协调。随着资本在不同部门的自由转移，各部门的利润率趋向同一水平。但是各部门的利润率还是有着一定的差异，因此我们在确定利息率的时候，不是遵循着某单个企业的利润率，而是全社会的平均利润率。

平均利润率的大小决定了利息率的大小，但是利率的总水平还要适应大多数企业的负担能力。利率总水平不能够太高，若高于平均利润率，大多数企业会因为成本过高，没有投资利润而不愿意借入资金；利率总水平不能够太低，若低于平均利润率，发挥不了利率的杠杆作用。如果大多数行业的平均利润率上升，全社会的平均利润率就会呈上升趋势，在这种情况下，利率的总水平应当提高。

二、产业周期

在产业周期波动中，生产表现为危机、萧条、复苏和繁荣四个阶段的往复循环。我们知道，资本的流动是在借贷资本家和职能资本家之间进行的。而借贷资本的供求状况又不能由借贷双方的主观愿望决定，而是由社会再生产状况决定。因此，我们在分析经济周期对利率的影响时，不能仅仅局限在对借贷资本供求状况的简单描述上，而必须探入到生产领域，必须注重产业周期不同阶段的生产情况及其影响。

危机阶段，商品销售困难，各企业不能按期偿还债务，造成支付关系紧张，引起货币信用危机。而所有的企业都不愿意赊销，要求以现金支付货款。当所有的企业都要求现金交易的时候，全社会的企业对现金的需求急剧增加，借贷资本的供给不能满足需要，这样的结果会造成现金的供给和需求的不平衡，需求远远大于供给，最后造成利率不断上升。

萧条阶段，因为上一个周期的产品还没有完全销售结束，储备、库存在增加，商品价格就会降低到最低点，资本家会进一步缩减生产，经济处于停滞、不景气状态，利润下降。如果此时利率不相应下降，企业的利息负担就会相对加重，对资金的需求必然减少，所以迫使银行贷款利率下降。利率下降后，企业的利息负担减轻，对生产活动具有一定的刺激作用，从而使得经济转入上升阶段。

复苏阶段，企业投资需求增长，物价回升，市场容量逐渐扩大，增加了对借贷资本的需求，此时一国为了保证经济迅速复苏，会提供充足的借贷资本，各个企业就可以以低于平均利润率的利率取得货币资本进行大量生产。

繁荣时期，在繁荣的初期，生产在扩张，流通在增加，物价稳定上升，利润急剧增长，新企业不断建立，对借贷资本的需求很大。但是由于萧条时期闲置下来的大量资本可以利用，而且随着商品流通的扩大和加速，货币的周转时间缩短，信用周转灵活，利率不会很高，上升也不会很快。随着繁荣的推进，矛盾在积累，生产的扩张使得不同生产部门的关系出现了不协调现象。这时会出现商品销路不顺畅的现象，结果一些商业票据无法按时兑现，因而不得不求助于银行信用，这样又会引起利息率的提高。

三、资金的供求状况

资金供求状况是影响利率变动的一个重要因素，它能够决定某一刻或某一时间段利率的高低。根据马克思的利率决定理论，利率在零与平均利润率之间变化，但是在这个区间范围内，利息率的变化还取决于两个因素：一个是利润率；一个是总利润在借款人和贷款人之间进行分配的比例。而这个比例的确定是由借贷资本的供求双方通过竞争确定的。在竞争中，资金供求双方构成两种对立的力量，因为利息率的高低直接影响着各自在平均利润分割中的份额。资金供给方和资金需求方都希望利息率的确定对自己有利。如果一国的利率是由资金市场决定的，那么在资金市场上，如果借贷资金的供给大于需求，那么利率就趋于下降；如果借贷资金的供给小于需求，利率就会趋于上升。

四、预期的通货膨胀率

纸币的流通就可能引起通货膨胀，而通货膨胀就会引起物价上涨。因此，在确定利率时，既要考虑物价上涨对借贷资本本金的影响，又要考虑它对利息率的影响。通过物价的变化可以确定出预期的通货膨胀率，根据金融机构的名义利率可以进一步确定实际利息率的变化，如果出现零利率或负利率，那么就要采取提高名义利率或采用附加条件等方式来减少通货膨胀带来的损失。因为在负利率的情况下，存款人所得的利息，不足以补偿物价上涨的损失，使持有货币的单位或个人，不愿意把钱存入银行，而宁愿去购买商品以图保值。与此同时，在负利率的情况下，贷款者不仅无须为使用贷款支付任何代价，还会因举债凭空获得一笔利差收入。这样会大大刺激企业的资金需求，出现所谓“不贷白不贷”的怪论，从而造成一些企业把贷款胡支乱用，甚至利用负利率囤积商品物资，转手牟利。

因此，为了保证实际利息不会贬值，决定利率水平时，要充分考虑预期通货膨胀率的影响。

五、国家的税收政策

税收政策是国家经济政策的一个重要组成部分，征收利息税是一种国际惯例。利息来源不仅限于个人获得的银行存款利息，还包括企业债券利息、国债利息、投资收益等。如果一国开征利息税，会使人们储蓄实际获得的利息数量有所减少，也就是实际利息率有所下降。这样促使投资者更加注重的是税后利息收入。因而，是否对利息征税对利率的高低有着重要影响。

中国的利息税始于1950年，当年颁布的《利息所得税条例》规定，对存款利息征收10%（后降为5%）的所得税，1959年利息税停征。1999年11月1日根据第九届全国人民代表大会常务委员会第十一次会议《关于修改〈中华人民共和国个人所得税法〉的决定》再次恢复征收，税率为20%，2007年8月15日税率由20%降至5%，2008年10月9日起暂免征收利息税。

六、中央银行的货币政策

货币政策是调节整个经济社会的货币供应量的政策。随着政府对社会经济运行干预的不断加强，中央银行的货币政策对利息率的影响也越来越大。为了使一国经济平稳运行，货币当局往往通过使用相应的货币政策来调节利息率，以此来调节经济。一般来说，如果中央银行采取扩张性的货币政策（降低中央银行再贴现率，降低法定存款准备金率、公开市场买进债券等），利息率就会下降；如果中央银行采取紧缩性的货币政策（提高中央银行再贴现率，提高法定存款准备金率、公开市场卖出债券等），利息率就会上升。因此，一个国家货币政策的变化是否频繁也成为确定利率是否稳定的一个标准。

七、国际利率水平

国际利率水平对一国国内利率也有重要影响。因为，现代经济的一个重要特点是世界各国的经济联系越来越紧密，商品、技术、资金越来越多地在世界范围内运动。任何一个国家要使本国经济迅速发展，就不能把本国经济孤立于世界经济体系之外。商品买卖和资金流动越具有国际性，国际利率水平对国内利率的影响就越大。国际利率水平对国内利率的影响是通过资金在国际的移动实现的。当国内利率水平高于国际利率水平时，外国货币资本就会向国内流动，这不仅有利于改善国际收支状况，而且也改变了货币市场上资金供求状况，会形成资金的供给增加，从而可能会进一步影响到国内的市场利率。反之，当国内利率水平低于国际利率水平时，不仅外国资本要流出，而且本国资本也会流出，同样会改变货币市场上资金供求状况。不论国内利率水平高于或低于国际利率水平，在资本自由流动无阻碍的条件下，都会引起货币市场上资金供求状况发生变化，因而必然引起国内利率变动。此外，利率对国际收支的影响又会进一步影响本国通货的对外价值，直接影响本国的对外贸易。因此，一国政府在调整国内利率时必须考虑国际利率水平。

除以上一些主要因素外，汇率的变动，借贷风险的大小，同行业利率水平的高低，利率管制程度大小等因素都会影响一国利息率的高低。有一些是完全的经济因素，一国可以通过宏观经济政策调节来影响利率，使之向着国家发展的方向变化；有一些则是一些非经济因素造成的影响，一国可以通过其他手段来进行干预。

第六节 利率对经济的影响

利率是国民经济中一个重要且有效的经济杠杆。作为货币政策工具能够对一国的宏观经济和微观经济起到非常重要的调节作用。

一、利率对储蓄和消费的影响

从宏观看，居民的全部收入可分为消费和储蓄两个部分。金融资产的多元化让人们可以有更多的资产选择机会，这样就增强了居民储蓄对利率的敏感性。作为国民储蓄主要组成部分的居民储蓄，自改革开放以来出现了快速增长。一方面为我国社会主义经济建设提供了强有力的资金支持和保障；另一方面，过高的储蓄率也限制了居民的投资和消费，在一定程度上不利于我国经济的可持续发展。因此利率的变动对调节储蓄方面发挥着不可忽视的作用。

人们的储蓄收益主要是利息，在收入保持不变的情况下，当利率上升时，所获得利息就会增加，人们的储蓄倾向会随之提高，最终储蓄总量增加；当利率下降时，储蓄所得利息相应减少，现有居民储蓄和潜在居民储蓄就会向其他金融资产分流，从而降低储蓄总量。一国的利率是多样的，不同金融产品的利率变化会引起相应金融资产总额的波动，从而使得一国金融资产的结构发生变化。

利率作为一种政策工具，对居民消费有一定的调节作用。通过调节利率影响了消费者在一定时期的货币收入中，消费支出和储蓄之间的分配比例。在收入水平一定的情况下，储蓄的多少取决于消费倾向，若居民的消费倾向高，则新增收入中用于消费的部分大，储蓄就会少。在我国，居民消费对利率的敏感性不强，即使出现利率非常低的情况，人们仍然要进行储蓄。

二、利率对投资的影响

利率对投资的影响主要体现在两个方面。第一，利率变化会对投资规模产生影响。利率的变化会影响投资的机会成本，并最终影响社会总投资规模。当利率提高时，在投资利润率保持不变的情况下，投资的机会成本上升，一些投资收益较低的企业投资就会选择退出，最终投资需求减少。反之，当利率降低时，投资的机会成本下降，低利率对投资有刺激作用，最终总投资会增加。利率成为衡量一国经济运行状况的重要指标。第二次世界大战后，西方各国为了恢复生产，刺激经济的高速发展，都不约而同地把经济增长和充分就业作为经济政策的主要目标。低利率政策有利于刺激投资，扩大生产规模，有利于经济的迅速增长而被广泛采用，并且在战后的20多年里，对经济的发展确实起到了积极的促进作用。

第二，利率变动会影响投资结构。投资结构主要是指用于国民经济各部门、各行业以及社会生产各个方面的投资比例关系。如果利率升高，企业的借贷成本上升，在企业利润率稳定的情况下，其生产成本会随之上升，从而降低融入资金的规模，社会上就会存在着大量的闲置资本，最终整个社会的投资水平会下降。相反，利率降低且社会资本充足时，会引起企业投资规模的增加。国家可以运用差别利率或者优惠利率政策，调节不同行业的企业借贷成本，从而调节投资比例关系，最终影响投资结构。

三、利率对股市的影响

股票市场，许多因素会影响到股票价格的变化，从而对市场产生影响。利率作为货币政策对股票价格波动起着不能忽略的作用。第一，利率会影响上市公司的经营状况。利率上升会增加上市公司的借贷成本，增加公司获取必需资金的难度。此时，公司可能会缩小生产规模，从而进一步影响到公司的未来利润。因此，公司股票价格会呈现下降趋势。第二，利率会影响股票的内在价值。利率上升时，未来现金流的贴现率就会上升，因此股票评估价值会下降，引起股票价格相应下降。第三，引起资金在不同金融市场上的分配。利率上升时，一部分资金从投向股市转向到银行储蓄和购买债券，从而会减少市场上的股票需求，使股票价格出现下跌。

当然，利率的调节作用的实际效果取决于一国经济发展的实际状况。一国经济越发达，利率的作用就越明显；反之，在越不发达的国家中，利率被扭曲得越严重，对经济也就失去调节作用。

延伸阅读

中国的利率市场化

罗纳德·麦金农（Ronald McKinnon）和爱德华·肖（Edward Shaw）是最早开始研究金融深化问题并提出利率市场化的理论的经济学家。利率市场化是金融自由化改革的核心，在其形成机制上，由市场供求关系和资金的稀缺性自主决定利率水平。主要包括利率决定、利率传导、利率结构和利率管理的市场化。

我国利率市场化改革提法始见于1993年的中央文件中。1996年，我国放开同业拆借市场利率，这标志着我国利率市场化改革正式起步。回顾中国利率市场化改革的进程，主要分为银行间同业拆借利率和债券利率的市场化；贷款利率、贴现利率的市场化；存款利率的市场化三个阶段。

中国的利率市场化进程

领域	时间	主要政策措施
银行间同业拆借利率市场化	1996 年	银行间同业拆借利率放开，由拆借双方自行定价
债券利率市场化	1997 年	银行间债券回购利率和现券交易价格同步放开
	1998 年	银行间债券市场首次进行了市场化发债，金融债券利率市场化
	1999 年	国债发行开始采用市场招标形式，实现了银行间市场利率、国债和政策性金融债券发行利率的市场化

续表

领域	时间	主要政策措施
贷款利率、贴现利率的市场化	1998 年	放开贴现与转贴现利率
	2000 年	放开外币贷款利率与 300 万美元以上的大额外币存款利率
	2002 年	统一中、外资金融机构外币利率管理政策
	2003 年	放开部分外币小额存款利率管理
	2004 年	完全放开金融机构人民币贷款利率上限
	2006 年	扩大商业性个人住房贷款利率浮动范围
	2013 年	取消金融机构贷款利率 0.7 倍的下限
存款利率的市场化	2012 年	存款利率浮动区间的上限调整为基准利率的 1.1 倍
	2014 年	存款利率浮动区间的上限调整至基准利率的 1.2 倍
	2015	对商业银行和农村合作金融机构等不再设置存款利率浮动上限

资料来源：根据中国人民银行网站资料整理。

本章小结

1. 利息是伴随着信用关系的发展而产生的经济范畴。对于利息来源和本质的讨论，西方经济学家和马克思主义经济学给出了不同的研究视角，从而形成了不同的理论。

2. 利息率是指在借贷期限内所形成的利息额与借贷资本金额的比率。有两种不同的计算方法：单利法和复利法。复利法考虑了资金的时间价值因素。

3. 利率的种类多样，有不同的表示方式，如：年利率、月利率和日利率。有不同的测算方式，如：名义利率和实际利率。

4. 古典利率理论、流动性偏好利率理论、可贷资金理论、*IS* – *LM* 理论分别从不同角度研究了利率的确定方式。马克思主义经济学的研究范式与其不同，通过三方面阐述了利率的决定方式。

5. 利率体系是指在一个经济运行机体中存在的各种利率间的相互依存关系形成的系统。通常，一国的利率体系一般分为中央银行利率、商业银行利率和市场利率三种。利率结构是指利率体系中各种利率的组合情况，主要包括风险结构和期限结构。

6. 利率水平的确定要综合考虑相关的影响和决定因素，如平均利润率、产业周期、预期通货膨胀率等。

7. 收益率曲线用来描述不同期限结构的债券收益率，它们的不同变动方向可以通过预期理论、市场分割理论和流动性溢价理论来解释。

重点名词

利息　利息率　单利法　复利法　法定利率　市场利率　固定利率　浮动利率　基准利率
差别利率　名义利率　实际利率　利率体系　利率的风险结构　利率的期限结构　违约风险
流动性风险　税收风险

思考题

1. 通常被称为“金边债券”的是（　）。

A. 金融债券　　B. 政府债券　　C. 公司债券　　D. 可转换公司债券

2. 流动性偏好利率理论是指（　）。

A. 古典利率理论　　B. 凯恩斯学派的利率理论

C. 新古典学派的利率理论　　D. 可贷资金利率理论

3. 由货币当局确定的利率是（　）。

A. 市场利率　　B. 官定利率　　C. 公定利率　　D. 实际利率

4. 如果在 1 年内，名义利率为 5%，通货膨胀率为 8%，实际利率是多少？

5. 如果你将 10 000 元人民币存入银行账户，存期 3 年，银行 3 年期存款的利率为 3%。复利计息比单利计息多得多少利息？

6. 简述流动性偏好利率理论。

7. 如何理解利率的风险结构？

8. 利率的期限结构有哪些？用什么理论可以解释？

9. 影响利率水平的因素有哪些？如何影响？

金融市场篇

第四章 金融市场及金融工具

学习目标

- 了解金融市场的基本概念，并能结合实际理解金融市场功能。
- 掌握金融市场的基本要素，并能够结合经济状况进行实际分析。
- 掌握主要金融市场类别，并能够结合实际进行分类。
- 掌握主要金融工具特征，并能够结合实际理解金融工具的应用。

金融是现代经济的重要组成部分，金融市场是金融的核心。在金融市场上，汇聚了现代经济生活中的各种市场行为主体和多种多样的金融工具，它们不断地进行报价和交易，满足自身的融资、投资需求和避险需要，在此过程中形成了各类金融资产价格，深刻反映和影响实体经济的运行。那么究竟什么是金融市场？金融市场具备哪些功能？有哪些基本要素？金融市场有哪些类别？有哪些金融工具？本章从金融市场的基本概念入手，介绍金融市场功能、基本要素，划分金融市场类别，在此基础上重点说明货币市场、资本市场以及相关金融工具。

第一节 金融市场概述

金融市场是各类资金进行融通的市场，是资金供应者和资金需求者双方通过信用工具进行交易而融通资金的市场，是实现货币借贷和资金融通、办理各种票据和有价证券交易活动的市场。金融市场通过金融资产和金融工具的交易，对社会经济产生重要的影响，具有重要的经济功能。

一、金融市场概念

金融市场是指货币资金融通和金融资产交换的场所，是实现金融资产交易的市场。金融市场可以是一个有形的市场，如证券交易所；也可以泛指各种交易活动和各种交易关系。特别随着计算机和互联网技术的发展，金融市场逐渐脱离实体市场，无形的、跨国的金融市场将成为常态。

二、金融市场基本要素

金融市场和普通商品市场一样，由交易主体、交易客体、交易价格、组织形式和管理者等基本要素组成。

（一）交易主体

金融市场的交易主体是指金融市场的参与者。包括个人、企事业单位、金融机构、中央银行和政府等，它们既能向金融市场提供资金，也能从金融市场筹措资金。它们的身份往往依据它们的需要在资金供应者和需求者之间进行转换。多数情况下金融机构在金融市场上充当资金供求双方的中介人，起着联系、媒介和代客买卖的作用，如银行、投资公司、证券交易所、证券商和经纪人等。随着经济的发展，金融机构也成为金融市场上重要的交易主体，从事大量的自营业务，如商业银行在国债和国债回购市场具有重要地位；证券公司在股票自营业务方面也投入大量资金；保险公司也在债券、股票、基金等金融工具方面进行广泛投资。

（二）交易客体

金融市场的交易客体也称交易对象，是金融市场参加者进行交易的标的物——金融工具，如商业票据、政府债券、公司债券、股票、可转让存单以及各种金融衍生工具等，它们是金融市场上交易的对象，是金融市场上实现投资、融资活动、转移和规避风险必须依赖的标的。通过金融工具的交易可以将资金盈余单位的剩余资金融通给资金短缺的单位使用，把社会剩余资金转化为生产资金，实现社会财富的增值。

（三）交易价格

金融市场上各种交易都是在一定价格下实现的。金融市场的交易价格有不同的表现形式：借贷市场上，交易价格就是借贷利率；证券市场上，交易价格体现为本金加收益；外汇市场上，汇率往往反映交易的价格。

（四）组织形式和管理者

金融市场的组织形式指的是交易场所。金融市场的交易场所既可以是有形的，也可以是无形的；既可以是场内的，也可以是场外的。场内交易是一种有组织、有制度、集中进行的交易，如证券交易所，外汇交易中心等；场外交易是柜台交易，是指在金融机构的柜台上进行的量身定做的交易。金融市场管理者主要指监管机构，金融市场及其交易将对一国经济产生巨大的影响，因此需要对其进行监督和管理，以保证金融市场的正常运行。通常金融监管机构分为政府监管机构和自律性组织，前者有中央银行、银监会、证监会和保监会，后者有交易所和各种行业协会。

第二节　金融市场的分类与功能

一、金融市场的分类

依据不同的分类标准，金融市场可以分为不同的子市场，常见的金融市场分类有以下几种。

（一）按照金融市场的形态分类

按照金融市场的形态划分，金融市场可分为有形市场和无形市场。有形市场是交易者集中在有固定地点和交易设施的场所内进行交易的市场，在证券交易电子化之前的证券交易所就是典型的有形市场。随着计算机和互联网技术的发展，数字化交易系统成为世界上所有证券交易所的选择，有形市场逐渐被无形市场取代。无形市场是交易者分散在不同地点（机构）或采用电讯手段进行交易的市场，如场外交易市场、全球外汇市场和证券交易所市场都属于无形市场。

（二）按照金融工具的期限分类

按照金融工具期限划分，金融市场可分为货币市场和资本市场。货币市场是指交易资产期限在1年及1年以下的金融工具进行短期资金融通的市场，包括银行间同业拆借市场、商业票据市场等。货币市场交易的金融工具期限一般很短，流动性高，接近于货币，故称为货币市场。货币市场是金融交易参与者调节流动性的重要场所，也是中央银行货币政策操作的基础。资本市场是指交易资产期限在1年以上或没有到期期限的金融工具进行长期资金融通的市场，包括中长期借贷市场和有价证券市场。资本市场交易的金融工具期限长，流动性低，资金主要用于实际资本，故被称为资本市场。资本市场主要满足工商企业中长期投资需求和解决政府财政赤字需要。

（三）按照金融资产性质和资金募集方式分类

按照金融资产性质和资金募集方式，金融市场可分为债权市场和股权市场。资金需求者可以通过发行债券或申请抵押贷款等债务工具来筹集资金，也可以通过发行股票、认购权证或股权基金等股权凭证来筹集资金。债务工具交易形成的市场是债权市场，股权交易形成的市场称为股权市场。债权人主要追求利息收入，债务工具到期后要求还本付息；股权人不仅能够依据份额享有公司的净收益和资产，还对公司选聘管理者及重大决策拥有投票权。

（四）按照金融工具交割时间分类

按照金融工具交割时间，金融市场可以划分为现货市场和期货市场。现货市场是指现金交易市场，即买卖成交后，买方当天付出现金，卖方当天交割证券、票据或商品。现货交易一般是当天成交，当天交割，原则上最多不超过2个营业日。期货市场指买卖成交后按照合约规定的交割日按照合约上规定的价格、数量进行交割资金、证券、票据或商品。期货市场一般交易证券、商品、黄金、外汇等标的物。20世纪70年代以后，期货交易量已经大大超过现货交易量。

（五）按照金融工具的新旧程度分类

按照金融工具的新旧程度，可以将金融市场分为发行市场（一级市场）和流通市场（二级市场）。发行市场是指筹集资金的公司或政府机构将其新发行的股票或债券等证券销售给最初购买者的金融市场。发行市场（一级市场）主要是筹集资金，投资银行（中国一般是指证券机构）是发行市场（一级市场）上协助证券发行的重要金融机构。流通市场（二级市场）是指买卖已发行证券的金融市场。股票发行后无法退回，如果想得到资金，只能在流通市场（二级市场）上出售，以获取现金。同时其他有价证券在没有到期前，也可以到流通市场（二级市场）上出售，获取现金。通过交易，流通市场（二级市场）提高了金融工具的流动性；通过多次重复交易，流通市场（二级市场）还具有价格发现功能。

此外，按照组织方式划分，金融市场还可以分为有组织市场（场内交易市场、交易所）和无组织市场（场外交易市场、柜台市场）。按照金融开放程度，金融市场可以分为国内金融市场和国际金融市场；按照金融市场创新程度，可以分为传统金融市场和衍生品市场；按照市场发展程度，可以分为成熟金融市场和新兴金融市场等。

二、金融市场的功能

（一）融通资金功能

融通资金功能是指资金供求双方通过金融交易调节余缺，实现了储蓄向投资转化的功能。金融市场聚集了大量的交易主体，有多样的金融工具和融资平台，为各种金融资产的转换提供了场所和机制，形成了流动性，使得各种形式的资本都能得到方便的融通。

金融市场的融通资金功能还体现在不同经济主体和投资机会之间建立联系，实现资金和投资机会之间的匹配。如张三拥有10万元的存款，可是没有合适的投资机会，李四有一个投资机会，投资10万元一年可以获取2万元利润，但是没有足够的资金，金融市场就可以提供一种联系，李四可以找到张三，借10万元，并支付1万元利息给张三。通过金融市场，张三和李四都获取了1万元利润，在经济主体和投资机会之间建立联系，资金实现了从储蓄向投资的转移并实现了社会财富的增加，促进经济发展。

（二）价格发现功能

金融市场上充斥了来自不同领域的、大量的交易者，他们分别从自我认识和经验对标的物进行多次重复报价，只有双方都接受的价格才能成交。如果初次报价过低，就会大量、迅速地成交，第二次报价必然会提高，成交速度和数量将会变慢减少，如果报价提高过多，则无法成交，接下来就会降低报价，以保证能够成交。交易主体每天在金融市场进行成千上万次交易，不停地根据市场反应调整自己的报价，最终形成的价格必然接近市场真实、客观的价格，形成了价格发现功能。

（三）优化资源配置功能

优化资源配置功能是指金融市场通过价格机制引导资金合理分配，促使资源从低效益、低效率的领域向高效益、高效率的领域流动，实现资源合理配置和高效利用。金融市场具有价格发现功能，因此在金融市场交易的证券价格能够真实反映企业的内在价值。通过判断金融市场证券价格的走向，可以引导资金流向经济效益高、发展前景好、能为投资者带来较多利益的行业和部门，实现资源的合理配置和高效利用。

（四）信号传递功能

信号传递功能，是指金融市场具有经济信息汇聚与传递中心的功能，是反映一国经济、金融形势的“晴雨表”。金融市场是一国最活跃的市场，每天都吸收、反映和传递大量的经济信息，分别在微观和宏观方面形成信息传递。在微观方面，通过价格发现功能为证券投资者提供信息，为投资者的投资决策提供参考。在宏观方面，金融市场交易形成的价格指数可以作为一国经济、金融形势的“晴雨表”，传递一国宏观经济运行的状况。

（五）分散和转移风险功能

分散和转移风险功能是指投资者可以在金融市场上利用金融工具分散和转移风险。

金融市场上有各种各样的金融工具，它们在收益、风险和流动性方面存在较大的差异，投资者可以依据自身的风险承受能力和收益要求进行资产组合，从而降低单个资产的非系统风险，提高投资的安全性和营利性，起到分散风险的功能。同时各种金融工具具有区域、币种、期限、数量和流动性差别，在金融市场上通过相互转换、对冲交易、套期保值等交易，可以起到转移和规避风险的作用。

（六）减少搜寻信息成本

金融市场重要的功能就是减少了交易成本，主要包括搜寻成本和信息成本。金融市场上汇聚了大量的经济主体和相关信息，各种经济主体可以很容易地在金融市场上得到自己感兴趣的信息，减少了为买卖金融资产而发生的广告和其他费用，也很容易找到交易对手，减少时间和精力花费。在评估金融资产价格方面，有效的金融市场也能客观反映金融资产的价格，可以减少预期现金流的估计和投资价值分析的信息成本。

（七）调节经济功能

金融市场为实现宏观经济调控提供了手段和场所。金融市场能够从宏观趋势上反映一国经济的状况，也能反映货币供应的变化。政府和监管机构可以依据金融市场的信息反馈，运用公开市场业务、调整贴现率等手段来调节货币的供求关系，保证社会经济的稳定和货币供求的均衡。

第三节 金融工具

一、金融工具的概念和特征

金融工具又称信用工具，是指在金融市场中可交易的金融资产，是资金供应者和资金需求者之间进行资金融通时所签发的书面证明或合约，是证明债权或所有权的各种具有法律效用的凭证。

金融工具的基本特征有收益性、流动性、风险性。

1. 收益性

购买或持有金融工具，不仅要求还本，还希望带来收益，这是购买金融工具的基本要求。金融工具的收益由固定收益和资本增益两部分组成，前者是持有金融工具期间所获得的利息收入，后者是金融工具买入与卖出价格之间的差额。金融工具的收益通过收益率来进行表示，通常有名义收益率、即期收益率和实际收益率三种表示方法。名义收益率指规定的利息收益与票面金额之间的比率，如某种债券面值 100 元，每年利息 10 元，则其名义收益率为 10%。即期收益率指规定的利息与金融工具市场价格的比率，如上述债券市场价格 90 元，则即期收益率为 11.11%（10/90），如市场价格为 105 元，则即期收益率为 9.52%（10/105）。实际收益率是指实际收益与市场价格的比率，即买入者实际收益与实际支出的比率，如买入者在第一年年末以 90 元的价格买入面值 100 元的 10 年期债券，年息 10 元，偿还期为 9 年，如果买入者持有该债券直到偿还期为止，则 9 年间除每年获取10元利息外，还获取本金收益1.11元，即[(100－90)/9]，其实际收益率为12.34%[(10＋1.11)/90]，反之如果第一年年末以105元买入，则实际收益率只有8.99%；即[(10－0.56)/105]。

2. 流动性

流动性是指金融工具的变现能力，即转换成货币时的难易程度。金融工具可以通过市场转让和赎回（包括到期赎回和未到期提前赎回）两种方式变现。通常流动性强的金融工具变现能力强，流动性弱的金融工具变现能力弱。不同的金融资产在流动性方面差别比较大，有的金融工具完全接近现金的替代品，如活期存款；有的金融工具比较容易出售转换成现金，如国库券；有的金融工具有很好的流动性，可以随时出售，但是卖出价格可能和买入价格之间有差异，如普通股股票；有的金融工具没有交易市场，但可以要求发行者赎回，赎回价格可能要打折扣，如开放式基金份额；有的金融工具既没有公开市场也不能赎回，只能采取协议转让方式变现，如居民持有的实物黄金等。通常情况下如果要提高金融工具的流动性，转换时要打折扣或花费交易费用。

3. 风险性

风险性是指金融工具所产生的现金流以及资产价格本身发生变动而给投资者造成损失的可能性。金融工具所包含的风险分为资本风险、收益风险和市场风险。资本风险指金融工具的本金无法收回或部分无法收回的可能性。收益风险指无法得到利息或无法按期足额得到利息的可能性，如债务人违约，不能够按期还本付息的风险。市场风险指由于市场价格波动导致资产按照现价计算账面价值变化的可能性，如市场利率、汇率变动导致金融工具价格下跌的风险。

金融工具的收益性、流动性和风险性之间存在着复杂的关系。一般情况下，流动性越强则收益性和风险性越低，流动性弱则收益性强，但风险性也相应提高。这是因为流动性强则期限短，期限短则收益性变化小，风险性相对小。流动性弱则可能期限较长，则收益性较高，但期限长则增加了不确定性致使风险较大。

二、金融工具种类

（一）金融工具的分类

按照融通资金方式的不同，可以把金融工具分为直接融资金融工具和间接融资金融工具，前者主要有工商企业、政府及个人发行或签署的商业票据、股票、债券等，后者主要包括金融机构发行的银行本票、银行汇票、可转让存单等；按照可接受程度金融工具可分为无限可接受性和有限可接受性金融工具，前者主要有政府发行的货币和银行的活期存款，后者指接受范围和数量受到一定限制的工具，如可转让存单、商业票据、债券、股票等；按照偿还期限长短可分为短期金融工具和长期金融工具，前者如各种短期票据（商业票据、银行本票、银行汇票、支票等），后者如股票、公司债券、政府公债等；按照价值是否直接依附于实物资产，金融工具还可分为原生金融工具和金融衍生工具。原生金融工具指各种货币、债券、股票等，其价值直接依附于实物资产。金融衍生工具，是指价值依赖于原生金融工具的金融产品，如远期合约、期货合约、期权合约和互换合约等，它们的价值变化主要取决于金融原生工具的变化，具有依附、衍生的特征。

（二）几种典型的金融工具

1. 票据

票据一般是指商业票据、银行票据和支票。商业票据有商业本票和商业汇票，银行票据有银行本票和银行汇票，支票有现金支票和转账支票。

（1）商业票据。商业票据是指以信用形式出售商品的债权人，为了保证自己的债权能够实现所掌握的一种书面凭证。凭证上规定债务人按期无条件支付一定金额给债权人或持票人。票据具有法律效力和不可争辩性，只要票据是真实的，债务人就应按照规定付款，不得以任何理由拒绝付款，如果债务人拒绝付款，持票人可以诉诸法庭强制执行。各国都有“票据法”予以保证，国际上也有统一的“票据法”统一国际的商业信用活动，并以法律形式予以保证。

商业票据分为商业本票和商业汇票两种。商业本票又称商业期票，是债务人对债权人签发在一定时期内支付款项的债务凭证。现代商业本票已经和商品交易脱离，成为债务人（主要是信誉高、规模大的金融公司和非金融公司）融资、筹资的工具，成为一种纯粹的融资性票据。商业汇票是指由债权人发给债务人（也可以是债务人或承兑申请人签发），命令后者支付一定款项给第三者或持票人的支付命令书。因为商业汇票是债权人签发的，必须在债务人承认后才能生效，这种认可手续称为“承兑”，即付款人在商业汇票上签名盖章，证明承认付款。

（2）银行票据。银行票据是银行签发的，由其在见票时支付一定金额给收款人或持票人的票据。银行票据也分为银行本票和银行汇票。

银行本票是申请人将款项交存银行，由银行签发给申请人，凭其在同城范围内办理转账结算或支取现金的票据，银行本票具有签发银行承诺自己见票即付的特点。银行汇票是申请人将款项交存当地银行，由银行签发给申请人持往异地办理转账结算或支取现金的票据。

（3）支票。支票是银行的存款人签发的，委托存款银行在见票时无条件支付一定的金额给收款人或持票人的票据。支票按支付方式分为现金支票和转账支票两种，前者用来支取现金，后者只能用来转账。转账支票票面通常划有两条红色平行线，也称为划线支票或横线支票。票据可以转让，但是填明现金字样的银行汇票、银行本票和用于支取现金的支票不能背书转让。

商业汇票的付款地为承兑人所在地，银行本票的付款地也为出票人所在地，银行汇票的付款地为代理付款人或出票人的所在地，支票的付款地为付款人所在地。

商业票据的出票人为银行以外的企业和其他组织，银行本票的出票人为办理银行本票业务的银行，银行汇票的出票人为办理银行汇票业务的银行，支票的出票人为银行以外的企业或其他组织。

2. 信用证

信用证是银行根据其存款客户的请求，对第三者发出的，授权第三者签发以银行或存款人为付款人的汇票，信用证包括商业信用证和旅行信用证两种。商业信用证是指在国际或国内贸易中银行用来保证买方支付能力的一种凭证；旅行信用证是银行为便利旅行者在国内外旅行时取款所发放的一种信用凭证。

3. 股票

股票是股份公司发行的用于证明投资者股东身份并获得股息收入的所有权凭证，是资本市场上重要的长期投资工具。股票分为普通股票和优先股票两种类型。

（1）普通股。普通股是股份公司资本构成中最基本的股票形式，普通股的收益分为两部分，一部分是获取股息收入，一部分是股票价格上升时在二级市场上出售股票获得溢价收益。普通股的收益受到公司经营业绩的影响，公司经营业绩好，二级市场股票价格高，普通股收益就高，反之则低，因此普通股风险相对较大。

普通股一旦获取，不能退还给公司，只能在二级市场上交易。普通股股利支付排在债息和优先股股息之后，依据公司净利润多少和公司分红政策，可能远远超过或低于债息和优先股股息。当公司破产清算时，普通股股东分得剩余资产顺序排在公司债权人和优先股股东之后。普通股股东拥有投票权和发言权，通过股东大会，普通股各股东可以就公司重大问题进行发言和投票表决，通常遵循一股一票原则。普通股股东拥有优先认股权，当公司增发新股时，普通股股东有权优先购买新发行的股票，以保持其对公司所有权的百分比不变，维持其在公司的权益。

（2）优先股。优先股是公司成立后为筹集新的追加资本而发行的、优先于普通股分红并领取固定股息的一种股票形式。优先股股息固定，即使公司经营良好，优先股股东也不能获取高额收益。优先股具有优先的盈余分配权和剩余索取权。优先股先于普通股取得固定数目的股息，公司破产时，优先股先于普通股取得剩余资产分配权。与此对应，优先股没有投票权和发言权，优先股也不享有优先认股权。和普通股相比，优先股安全性优于普通股。

4. 债券

债券是债务人发行的承诺按照约定的利率和日期支付利息并偿付本金的债务凭证，反映筹资者和投资者之间的债权债务关系。按照利息支付方式，债券可分为平息债券、零息债券和永久债券。按照发行主体，债券可分为政府债券、金融债券和公司债券。

平息债券指债券发行者在债券存续期内定期向债券持有者支付等额利息，在债券到期时归还本金的债券。零息债券是指发行者在债券到期日前不向债券持有者支付利息，而是在到期时按照面值向持有人一次性支付的债券。永久债券指发行人无限期向债券持有人定期支付等额利息，但不支付本金的债券。

政府债券是指由政府及其所属机构发行的债券，包括中央政府债券和地方政府债券。中央政府债券主要指国库券和公债，是国家信用的载体，是政府以国家信用筹措资金的一种方式。地方政府债券，又称为市政债券，是指有财政收入的地方政府或地方公共机构发行的债券。地方政府债券一般用于交通、通信、住宅、教育、医院和污水处理等地方性公共设施的建设。金融债券主要指银行及非银行金融机构依照法定程序发行并约定在一定期限内还本付息的凭证。金融债券信用度高、发行量大、交易活跃，利率较高，是一种中长期债券。公司债券是公司依照法定程序发行的约定在一定期限还本付息的债务凭证，主要用于企业长期投资和扩大生产规模。公司债券发行者一般是一流的大公司。政府债券和公司债券相比，公司债券风险相对较大，因此利率要高于政府债券和金融债券。

5. 金融衍生工具

金融衍生工具是由原生金融工具派生出来的，是一种根据事先约定的事项进行支付的金融合约，其合约价值取决于原生金融工具的价格及其变化。金融衍生工具主要有远期合约、期货合约、期权合约和互换合约。

（1）远期合约。远期合约是指交易双方达成的在未来某一日期按照约定的价格进行某种资产交易的协议。其中双方约定交易的资产为标的资产，双方约定的价格是协议价格。以约定价格卖出标的资产的一方称为空头，以约定价格买入标的资产的一方称为多头。在金融衍生交易中一般遵循通过持有额外的空头来抵销多头，或通过持有额外的多头来抵销空头，从而达到避险目的的原则。

金融远期合约是场外交易（柜台市场交易），由银行给出双向标价，直接在银行和银行之间，或者银行与客户之间进行。远期合约是非标准合约，其内容和日期按照交易者需要制定，因此远期合约的金额和到期日都是灵活的，有时仅对合约金额的最小额度做出规定，到期日可以根据客户的需要制定。远期合约交易不需要保证金，信用风险主要由双方远期价格差异来弥补。远期合约没有对冲机制，主要以实物交割为主，双方达成远期协议后在未来某一特定日期，以一定交割价格交易一定质量或数量的特定货币或商品。

远期合约是量身定制的，其非标特性决定了合约本身的不可交易性，因此远期合约的流动性很差；另外远期合约是一种零和博弈，协议双方的损益是完全对称的，一方的收益等于另一方的损失，特别是远期合约没有对冲和保证金制度，当市场价格出现较大波动时，有可能出现违约风险或者无法履约风险。但因为远期合约的灵活性，虽然和标准化的、有保证金制度的期货和期权合约相比，有一定的风险，仍然在金融市场上占据了一定的份额。

（2）期货合约。期货合约是指由期货交易所统一制定，规定在将来某一特定时间和地点交割一定数量标的物的标准化合约。期货合约是一种特殊的远期合约，是标准化的远期合约。期货合约有商品合约和金融期货合约，商品期货合约以实物为标的物，金融期货合约以金融工具为标的物。

期货合约的数量、质量、交货时间和地点是由期货交易所统一规定的，仅有合约价格可由双方协定。期货交易时买卖双方报价所允许的最小变动幅度也由交易所规定，每次报价的变动必须是最小变动幅度的整数倍；交易所还规定了每日价格最大变动幅度，一般是3% ~5%；期货交易所规定了几个交割月份，由交易者自行选择，交易者只能在这个范围内选择，不能自行决定；每个期货合约都有最后交易日，到期就停止合约的买卖，准备实物交割。

期货合约是一种高度杠杆交易。只要满足保证金要求就可以场下交易，为了控制风险和提高效率，期货交易所实行每日结算制度，期货交易者交易前必须缴纳5% ~10%的保证金，当天交易结束后，结算所进行逐日结算，如有盈余，可以支取，如有损失且保证金低于某一水平，则及时补足后才能进行下一日交易，如果交易中保证金出现不足，会有强行平仓风险。

期货合约在到期前可以采取反向对冲交易方式结束期货合约履约责任。期货合约头寸结束有两种方式：一种是到期时通过现金或现货进行实物交割；另一种是在合约到期前买卖与原期货头寸数量相等、反向相反的期货合约，实现对冲。通常只有少数期货合约采用交割方式结束，大部分期货合约以对冲方式结束，这是因为期货交易者的目的主要是规避风险、套期保值或投机，而不是期货合约的标的物。

期货交易所也采用会员制，只有会员才能够在场内进行交易，会员按职能分为期货代售商、场内经纪人和场内交易商三种。清算机构是由清算会员设立的机构，主要保证交易履行和负责清算。清算机构的作用是为买卖当事人履行合同提供担保、收取初始保证金、结算与维持交易保证金。

期货合约市场参与者分两类：一类是商业性交易商，包括券商、商业银行、基金公司、保险公司和企业，其参与目的主要是避险和套期保值；另一类是非商业性交易商，包括期货商、投资机构和个人投资者，其目的主要在于投机。

通过期货合约市场，实现了套期保值和价格发现功能。

（3）期权合约。期权合约指在未来某一特定时间，以特定价格买进或卖出一定数量某种特定商品的权利的合约。期权合约也是一种标准化合约，进行场内交易，合约中特定价格是执行价格，购买期权价格是权利金，特定时间是到期日。和期货相比，期权仅仅是一种权利，因此同样数量的同种标的物，期权合约的价格要低于期货合约的价格，另外和期货到期必须交割或对冲不同，期权到期可以放弃执行，因此期权是一种权利和义务不对等的合约，即期权的买方支付了权利金，可以取得某种权利，但不承担任何义务，但期权的卖方收取了权利金，则只有承担履约义务，但没有选择的权利。

按照期权合约的权利内容划分，期权合约可分为看涨期权和看跌期权，买入看涨期权指期权买方拥有在未来规定时间，以执行价格从期权卖方买入一定数量标的物的权利。卖出看跌期权指期权卖方拥有在未来规定时间，以执行价格向期权买方卖出一定数量标的物的权利。

按照期权行权时间，期权可以分为欧式期权和美式期权。欧式期权指期权买方只能在期权到期日当天行使选择权利的期权，其合约交割日等于合约到期日。目前我国外汇期权交易大多是欧式期权。美式期权指期权买方可以在到期日之前任何一个营业日行使选择权利的期权，因此美式期权的合约交割日小于或等于合约到期日。目前世界主要金融市场上，美式期权的交易量要远远大于欧式期权的交易量。

（4）互换合约。互换合约是指双方利用各自筹资成本的相对优势，以商定的条件在不同货币或相同货币的不同利率的资产或债务之间进行交换，以避免将来由汇率或利率变动而引起的风险的一种合约。互换合约有两类，一类是利率互换，一类是货币互换。

利率互换指持有同种货币或债务的双方，以一定本金为计息基础互为对方支付利息，其中一方以固定利率交换浮动利率，另一方以浮动利率交换固定利率，通过互换达到降低成本或规避风险的目的。在利率互换中，双方仅支付利息差额，不存在本金互换。通过利率互换可以降低筹资成本，对利率风险保值。

货币互换指交易双方按照协议汇率交换等值的两种货币，并约定在将来一定期限内按照该汇率协议相互换回原来的货币，在货币互换中，期初交换货币，期中互相支付利息，期末换回货币，因此货币互换本金和利息都存在交换。通过货币互换可以降低融资成本、规避汇率风险和规避外币管制。

第四节 货币市场

一、货币市场概述

货币市场是指发行和交易的到期期限在1年以内（包括1年）金融资产的金融市场，又称短期金融市场，主要功能是满足短期流动性需求。货币市场是整个金融体系调剂流动性的重要渠道，也为中央银行实施公开市场操作提供场所，所形成的货币市场利率也为整个利率体系提供重要的参考。

货币市场是金融市场的重要组成部分。它的基本特征是：第一，货币市场参与者以机构投资者为主。货币市场交易量大、对参与者资信要求高，主要参与者为各类金融机构，如商业银行、证券公司、基金管理公司等。其中商业银行是主要参与者，交易量最大，活跃性最强，对资金供求和利率波动影响较大。第二，货币市场交易的金融工具期限短、流动性强、收益率低，风险小。货币市场交易的金融工具大多是期限在1年期以内（包括1年期）的短期信用工具，信用好，违约风险低、流动性强，但由于期限短，故收益率也较低。第三，货币市场交易目的主要是解决短期资金需要。各种金融工具的期限从1天到1年，因此其交易目的主要是满足短期资金周转需要。

由于货币市场具有期限短、流动性强和风险小的特点，在货币供应量层次划分上被置于现金货币和存款货币之后，称之为“准货币”，所以将该市场称为“货币市场”。

二、货币市场体系

货币市场体系包括同业拆借市场、票据市场、国库券市场、大额可转让定期存单市场和回购协议市场等。

（一）同业拆借市场

同业拆借是指金融机构之间进行短期资金融通的资金借贷业务。同业拆借市场，又指银行同业拆借市场，是指银行与银行之间、银行与其他金融机构之间以及其他金融机构之间进行临时短期头寸调剂市场。最初银行同业拆借市场主要调剂银行或金融机构的准备金和超额准备金余缺，目前则越来越多的银行把同业拆借作为补充经常性短期流动资金的重要来源和充分利用资金进行有效资产负债管理的重要场所。

同业拆借市场最初是银行间为调剂准备金余缺而买卖超额准备金所形成的市场。中央银行制度在各国相继确立后，银行等金融机构依法都需要在中央银行存入一定比例的法定存款准备金，此外金融机构也愿意将一部分多余资金存入中央银行以便清算，从而形成了超额准备金。金融机构资产负债的变动必然引起法定存款准备金出现短期的不足或盈余，且多数央行规定超额准备金没有利息而法定存款准备金不足则要罚款，这就促使拥有多余超额准备金的金融机构将多余的部分拆借给法定存款准备金不足的金融机构，从而获得短期利息收入，这就产生了同业拆借市场。参与同业拆借的机构一般在中央银行开立存款账户，资金拆借方式采用电话协商，达成协议后通过各自在中央银行的存款账户自动划账清算，或者向资金交易中心提出供求和报价，由资金交易中心进行撮合成交并进行资金划账。同业拆借金额较大，如伦敦同业拆借交易数量最少是25万英镑，最高能达几百万英镑。同业拆借大的市场交易量能敏感反映资金供求关系和货币政策，所形成的同业拆借利率不仅是一种市场化程度很高的利率，而且能够影响到货币市场利率，因此同业拆借利率也是货币政策调控的主要对象。

延伸阅读

上海银行间同业拆借利率（Shibor）

上海银行间同业拆放利率是上海全国银行间同业拆借中心依据中国信用等级较高的银行组成报价团自主报出的人民币同业拆出利率得出的算术平均利率，是单利、无担保、批发性利率。目前有隔夜、1周、2周、1个月、3个月、6个月、9个月、1年8个Shibor品种对社会公布。

Shibor报价银行团目前包括18家商业银行：工商银行、农业银行、中国银行、建设银行、交通银行、招商银行、中信银行、光大银行、兴业银行、浦发银行、北京银行、上海银行、汇丰银行、华夏银行、广发银行、邮储银行、国家开发银行和民生银行。这些银行均是公开市场一级交易商或者外汇市场做市商，它们在中国货币市场上交易活跃、信息披露充分。每个交易日，各报价行对拆放利率进行报价，全国银行间同业拆借中心剔除最高价、最低价各四家银行报价，对剩余10家报价进行算术平均计算后得出各期限品种的Shibor，于每日上午11：00对外公布。

中国人民银行成立Shibor工作小组，依据《上海银行间同业拆放利率实施准则》确定和调整报价银行团成员，监督和管理Shibor运行，规范报价行与指定发布人的行为。

参考资料：上海银行间同业拆借中心网站www. shibor. org。

（二）票据市场

票据市场是货币市场体系中最基础、交易主体最广泛的部分。票据市场也是短期资金融通的主要场所，是直接联系产业资本和金融资本的枢纽。票据市场中，商业票据市场和银行承兑汇票市场是票据市场的重要子市场，在发达国家，商业票据市场规模和活跃度均超过银行承兑汇票市场。

1. 商业票据市场

（1）商业票据发行市场。商业票据市场是一个发行市场，通常商业票据市场一级市场发行量大，二级市场弱。主要由于票据到期时间短，多数投资者都是将其持有至到期，不过多考虑流动性，转让动机不强。商业票据发行有直接发行和间接发行。直接发行指直接面向市场投资者发行商业票据，发行数额巨大且经常发行商业票据的大公司采用直接发行。间接发行指通过证券交易商发行，不经常发行或发行数额较少的公司采用间接发行。

商业票据发行特点：商业票据采用信用发行模式，发行程序简单，没有抵押。发行票据的公司主要是实力雄厚、信誉良好的公司且持有期限短，平均期限只有 20 ~ 45 天，发行面额大，一般都在 10 万美元，也有 25 000 美元或 50 000 美元的面额。商业票据发行成本低，商业票据的利息和发行成本均低于同期银行贷款利息和贷款成本。采取贴现方式发行，到期面值和发行价格之差就是投资者的利息。发行商业票据有利于提高发行者的信誉，只有实力雄厚、信誉良好、财务健康、知名度高的公司才能进入商业票据市场，发行票据就成为公司实力和信誉的证明。

（2）商业票据承兑市场。商业汇票分为即期汇票和远期汇票，只有远期汇票才有承兑问题。商业汇票承兑市场指汇票到期前，汇票付款人或指定银行确认票据证明事项，在票据上做出承诺付款的文字记载、签章的一种手续。承兑后的汇票才是市场上合法的金融票据。国外票据承兑一般由商业银行办理，也有专门办理承兑的金融机构，如英国的票据承兑所。承兑方式有全部承兑、部分承兑、延期承兑和拒绝承兑四种。拒绝承兑要签署拒绝承兑书，说明理由，持票人据此向出票人追索票款。

（3）商业票据贴现市场。商业票据贴现是商业汇票持票人需要现金时，将其持有的未到期的商业汇票转给商业银行扣除贴现利息后将余款付给持票人的行为。和银行承兑汇票一样，商业票据贴现有贴现、转贴现、再贴现三种形式。

2. 银行承兑汇票市场

银行承兑汇票发行和交易分为出票、承兑、背书、贴现、转贴现和再贴现等几个环节，其中出票和承兑属于发行市场，转让和贴现属于流通市场。

出票指出票人签发汇票并将汇票交给收款人。银行承兑是商业银行对远期汇票的付款人明确表示同意按照出票人的指示，于到期日付款给持票人的行为，承兑需要在汇票上签字并写明承兑字样，并把承兑的汇票交给持票人或把承兑通知书交给持票人。背书指票据收款人或持有人转让票据时在票据背面签章的行为，背书一旦完成，被背书人就成为持票人。和商业票据不同，银行承兑汇票持票人更希望能即时获得资金。银行承兑汇票可以通过贴现、转贴现和再贴现方式提前变现。和商业票据贴现一样，贴现指持票人以未到期的票据向商业银行兑取现款，商业银行从票据中扣除自贴现日起到票据到期日的利息，将余额支付给持票人的资金融通行为。转贴现指贴现银行将其贴现收进的未到期的票据，再向其他银行或贴现机构进行贴现的票据转让行为，是金融机构之间相互融通资金的一种形式。银行承兑汇票可以被多次转贴现。再贴现指金融机构将贴现所获得的未到期的汇票向中央银行再次贴现的票据转让行为，它是中央银行对商业银行和其他金融机构融通资金的一种形式，是中央银行的授信业务。

贴现过程中，贴现利率和实际收益率计算公式：

$$\text{发行价格} = \text{票面金额} - \text{贴现利息}$$

$$\text{贴现利息} = \text{票面金额} \times \text{贴现率} \times \frac{\text{期限}}{360}$$

$$\text{贴现率} = \frac{\text{贴现利息}}{\text{票面金额}} \times \frac{360}{\text{期限}} \times 100\%$$

$$\text{实际收益率} = \frac{\text{贴现利息}}{\text{购买价}} \times \frac{360}{\text{期限}} \times 100\%$$

【例4-1】某企业将3个月后到期的10万元面值银行承兑汇票出售给银行，银行以8%的年贴现率贴现，银行最终支付给持票人多少元？

$$10 \times 8\% \times \frac{3}{12} = 0.2 \text{万元}$$

$$10 - 0.2 = 9.8 \text{万元}$$

【例4-2】某投资者以97元的价格购买期限为90天价值为100元的银行承兑汇票，它的贴现率和实际收益率各为多少？

$$\text{贴现率} = \frac{100-97}{100} \times \frac{360}{90} \times 100\% = 12\%$$

$$\text{实际收益率} = \frac{100-97}{97} \times \frac{360}{90} \times 100\% = 12.4\%$$

（三）国库券市场

国库券市场是指发行和交易由国家财政部发行、政府提供信用担保、期限在1年以内的短期债券的市场。国库券是政府为解决财政先支后收的矛盾而发行的短期债券。国库券期限一般在1年以下，多数为1个月、3个月及6个月，是流动性最好的货币市场工具。国库券是国家信用的表现形式。国库券主要是满足财政季节性需求、临时性收支不一致而发行的，国库券是中央银行公开市场操作的重要交易对象。国库券一般以国库收入作为还本付息的来源，通常情况下，利息以经常性收入（主要是税收）支付，本金偿还依靠借新债还旧债的做法，这也是国际通用的做法。

国库券发行时不记名且以贴现折价发行，通常认为是没有信用风险的，俗称金边债券，国库券拥有发达的二级市场，具备极好的流动性。国库券是弥补国家财政赤字的重要工具。为商业银行的二级准备提供了优质的标的，收益高于现金等一级资产。国库券市场为中央银行宏观调控提供了平台，通过公开市场操作可以灵活调控市场上货币供应量。发行国库券增加了社会投资渠道，国库券信用好、流动性高、收益免税，为居民和投资者提供了短期投资的理想工具。

国库券流通市场参与者有中央银行、商业银行、证券交易商、企业和个人投资者。国库券变现方式有到期前贴现转让、二级市场出售和到期兑现。

（四）大额可转让定期存单市场（*CDs*）

大额可转让定期存单是指由商业银行或储蓄机构发行，是某一固定金额的货币存在银行或储蓄机构的存款证明。大额可转让定期存单可以在市场上流通，其流动性高于定期存款。目前大额可转让定期存单已经成为商业银行的一种重要负债工具，也是银行进行主动型负债管理的重要工具。大额可转让定期存单还是金融市场利率市场化改革的重要手段。

大额可转让定期存单不记名、不挂失、不能提前支取，但是可以流通转让。持有人可以在到期前到市场上转让，也可以到银行进行贴现，发行银行在到期日对最后持有人付款。大额可转让定期存单利率可以是固定利率，也可以是浮动利率，且利率一般比同档定期存款利率高。通过发行大额可转让定期存单，银行获得了稳定的资金来源，投资者增加了一种短期投资工具。

大额可转让定期存单的流通主要指转让未到期的大额可转让定期存单和兑现到期的

大额可转让定期存单。兑现到期的大额可转让定期存单和普通定期存款相同。转让未到期的大额可转让定期存单则需要考虑存单票面利率和市场利率的利差。存单到期时，发行银行是按照票面利率支付利息的，转让时如果票面利率高于市场利率，则买方要向卖方支付相应的利差，反过来，则卖方向买方支付相应的利差。

【例4-3】李某在市场上出售一张半年期10万元，票面利率9%的大额可转让定期存单，目前市场利率为10%，离到期日还有3个月，问李某的转让价格是多少？

$$P = \frac{10 \times \left(1 + 9\% \times \frac{6}{12}\right)}{1 + 10\% \times \frac{3}{12}} - 10 \times 9\% \times \frac{3}{12} = 9.97\text{ 万元}$$

延伸阅读

中国大额可转让定期存单

我国第一张大额可转让定期存单产生于1986年，由交通银行发行。1989年经人民银行审批，其他专业银行也开始了此项业务，但除专业银行外，其他各类非银行机构不允许发行。投资者以个人为主，企业不多，同时大额可转让存单利息比同期定期存款利息上浮10%，可以转让流通，面世后受到很大欢迎。由于当时缺乏全国统一管理办法，在期限、面额、利率、计息、转让等方面产生了混乱。1996年中国人民银行重新修订了《大额可转让定期存单管理办法》，对审批、面额、期限、利率和发行方式进行了明确，由于没有形成全国统一的交易市场，导致盗开、伪造等诈骗犯罪活动频发。1997年中国人民银行暂停大额可转让存单发行业务。2015年6月，中国人民银行发布《大额存单暂行管理办法》。重新启动大额存单发行工作。同年6月，央行正式推出大额存单产品，投资者包括个人、非金融企业等，同时规定个人认购大额存单起点不低于30万元，机构认购大额存单起点不低于1 000万元，期限包括1个月、3个月、6个月、9个月、1年、18个月、2年、3年和5年。大额存单利率以市场化方式确定。固定利率存单采用票面年化收益率形式计息，浮动利率存单以上海银行间同业拆借利率为浮动利率基准计息。中国工商银行、建设银行、农业银行、中国银行、交通银行、中信银行、浦发银行、招商银行和兴业银行于2015年6月15日推出各自首期大额存单，它们不约而同规定个人投资者认购起点30万元，机构投资者认购起点1 000万元，利率对应央行同期限基准利率上浮40%，保本保息，支取灵活。2016年3月，中国银行开出首期大额存单并同步转让，客户可以在到期前进行转手变现，至此，未到期大额存单有了提前变现渠道。在变现价格方面，有的银行采用靠档计息的优惠政策，有的银行采用活期基准利率，有的银行仅仅提供平台服务，由持有人找到转让对象，并由双方自主协商转让价格。

（五）回购协议市场

回购协议，也称回购交易，是指证券卖方在出售证券时向证券买方承诺在指定日期以约定的价格再买回证券的交易。通过回购协议，现货交易和远期交易很好地结合在一起，达到融通资金的目的。从本质上看回购协议就是一种短期质押贷款协议。卖方以持有证券作为质押，取得一定期限内的资金使用权，到期后按照约定条件还本付息购回所抵押（出售）的证券，买方获得证券质押权，暂时出让资金的使用权，到期后收回本金和利息，同时归还卖方质押的证券。回购协议是银行和大型上市公司短期资金的重要来源。

按照交易的主动性划分，回购协议有正回购和逆回购。正回购指证券卖方在卖出证券的同时承诺在约定的日期按照约定的价格购回相应证券。逆回购指证券买方在买入证券的同时承诺在约定的日期按照约定的价格出售给卖方的交易。中央银行通常使用回购和逆回购行为调节市场流动性。如中央银行通过正回购向债券一级交易商卖出有价证券，并约定在未来特定日期买回有价证券的交易。通过正回购，中央银行将流动货币归拢中央银行，从市场收回流动性，正回购到期，中央银行将流动货币释放给市场，体现为向市场投放流动性。逆回购则相反，通过逆回购，央行向市场投放流动性，逆回购到期，央行向市场收回流动性。通常在春节或国庆节前夕，央行会进行逆回购向金融机构短期投放流动性，满足市场货币流通需要。

回购协议分为场内回购和场外回购。场内回购指在证券交易所、期货交易所、证券交易中心等机构经主管部门批准进行的标准化回购业务。场外回购则指在交易所和交易中心之外的证券公司、信托投资公司证券部、国债服务中心、商业银行证券部及银行同业之间进行的证券回购交易。我国场外回购交易主要指银行间进行的回购交易。

回购协议市场是指通过回购协议进行短期资金融通交易的场所。回购协议市场中，资金需求者主要是商业银行，资金供应者主要是工商企业。商业银行通过回购市场进行短期资金融通，工商企业通过回购市场提高流动资金的使用效率。中央银行也在回购协议市场上进行公开市场操作。

回购协议交易市场具有流动性强、安全性高、收益稳定且高于银行同期存款、银行融入资金无须缴纳法定存款准备金和存款保险费等特点。回购协议多以短期为主，流动性强，如上海交易所国债回购交易有 1 天、2 天、3 天、4 天、7 天、14 天、28 天、91 天和 182 天等品种。回购协议有 100% 债券抵押，期限短，投资者可以及时根据市场行情变化回笼资金，安全性高。回购利率是市场公开竞价形成的，一般高于银行同期存款利率。银行无须缴纳法定存款准备金和存款保险费，融资成本低。

【例 4 - 4】某银行有 100 万国债，有一笔 20 天期的 100 万贷款业务；某公司有 100 万资金，20 天后才用，双方可以达成一笔 20 天期的回购协议，约定到期按照 10% 的年利率购回国债。银行通过回购协议融入 100 万资金，再以年利率 10.5% 做贷款业务，20 天后收回贷款本金和利息，同时进行国债回购，支付给融资公司 100 万本金和利息。

$$\text{银行净收益} = 100 \times (10.5\% - 10\%) \times \frac{20}{360} = 0.028 \text{ 万元}$$

$$\text{融资企业净收益} = 100 \times 10\% \times \frac{20}{360} = 0.56 \text{ 万元}$$

通过回购协议交易，银行可以保有其所持有的 100 万国债，同时还可以抓住业务机会，获取净收益 0.028 万元。融资企业则可以利用其流动资金赚取 0.56 万收益。

第五节 资本市场

一、资本市场概述

资本市场是指期限在1年以上的长期资金的交易市场，主要目的在于满足工商企业的中长期投资需求和政府弥补财政赤字的需要。主要交易对象有政府中长期债券、公司债券、股票以及银行中长期贷款。广义资本市场包括证券市场和银行中长期信贷市场，狭义资本市场仅指证券市场。本节介绍的只是狭义资本市场，即股票和证券的发行和流通市场。

资本市场的主体主要包括发行人、投资者、中介机构、组织和监管机构等。发行人主要指向社会公开发行证券以募集资金的各种经济主体，包括工商企业、金融机构、政府机构及投资基金管理公司。投资者主要包括以法人身份在资本市场中进行投资的法人机构，包括金融机构和非金融机构，以及个人投资者。中介机构是指为证券的发行和交易提供中介服务的机构，一般包括证券代理机构和证券服务机构，证券代理机构指从事证券承销、经纪等代理业务的机构，通常指证券公司，证券服务机构主要指在证券市场上从事代理业务以外的其他服务机构，包括会计事务所、律师事务所、信用评级机构、登记清算机构和投资咨询机构等。组织和监管机构主要指组织和监督管理证券机构和证券市场的机构，包括证券交易所和证监会及行业自律协会。

资本市场特征有：融资期限长，至少在1年以上；主要满足长期投资性资金及其盈利增值需要；资本市场流通的金融工具风险大、收益高。

二、资本市场体系

狭义的资本市场是指证券市场，资本市场体系主要包括股票和债券市场，即股票和债券的发行和流通市场。

（一）股票和债券的发行市场

发行市场又称为一级市场，是指筹集资金的公司或政府机构将其初次发行的股票或债券销售给最初购买者的金融市场。发行市场可分为初次发行市场和再发行市场。初次发行市场主要指新公司成立发行股票或政府、工商企业发行债券，初次发行也称首次公开发行（IPO），指公司第一次发行新证券行为。再发行市场指公司增资补充发行证券的行为，如配股、转增股本等。

发行市场是一个无形市场，其买卖是一次性行为，发行价格由公司确定并经相关部门核准，投资者以相同价格购买。一级市场是证券经纪人市场，由证券经纪人进行承销或者包销，发行人一般不直接同证券购买者交易。通过一级市场，资金需求者可以通过发行有价证券筹集资金，将闲散资金转化成长期建设资金，将储蓄转化成资本。

证券发行制度有注册制和核准制两种模式。注册制指证券监管机构发布发行上市的必要条件，只要符合所公布条件的公司即可发行上市的证券发行制度。核准制指发行人在申请发行证券时，不仅要充分公开企业的真实情况，而且必须符合有关法律和证券监管机构规定的必备条件，证券监管机构有权否决不符合规定条件的证券发行申请的证券发行制度。注册制强调发行人申请发行证券时，必须依法完全准确地向证券监管机构申报公开的各种资料，证券监管机构只对申报文件的全面性、准确性、真实性和及时性做形式审查，不对发行人的资质进行实质性审核和价值判断。核准制不仅要求申请人遵循强制性信息披露，还要求申请公司必须符合有关法律和证券监督机构规定的必要条件，不仅进行形式审查，还关注发行人的法人治理结构、营业性质、资本结构、发展前景、管理人素质、公司竞争力等，并据此做出发行人是否符合发行条件的判断。注册制在成熟市场经济的证券市场比较常见，我国目前发行制度是核准制，并逐渐向注册制转变。

和股票发行相比，债券发行还需要进行信用评级。信用评级指专门从事信用评级的机构通过一定的程序，依据科学指标体系，对发行债券公司的偿还能力、资信情况等进行客观公正评价，供投资者参考。通过信用评级，投资者可以方便了解债券的信用等级信息，降低发行者不能按时偿还本息从而给投资者造成损失的可能性。世界著名的评级公司有标准普尔公司、穆迪公司等。

表 4－1　　标准普尔和穆迪公司的信用评级标准

标准普尔		穆迪	
债券级别	级别含义	债券级别	级别含义
AAA	偿还债务能力极强	Aaa	判断为最高质量，风险程度小
AA	偿还债务能力很强	Aa	高质量但低于 Aaa，因为保护程度不够大，可能有长期风险成分
A	偿还债务能力颇强，但还债能力易受外在环境及经济状况变动等不利因素影响	A	债券具有有利的投资性，但未来易受风险
BBB	有足够的还债能力，市场参与者认为的最低投资评级	Baa	既无高度保护，也没有足够担保，偿付能力足够
BB	持续的重大不稳定情况或恶劣的经济条件可能使发债人没有足够的能力偿还债务	Ba	判断有投机成分，未来没有希望
B	发债人目前仍有能力偿还债务，但恶劣的商业、金融或经济情况可能减弱发债人偿还债务的能力和意愿	B	一般缺乏合乎需要的投资特点，支付保护能力小
CCC	目前有违约可能，发债人须依赖良好的商业、金融或经济条件才有能力偿还债务，如果商业、金融或经济条件恶化，发债人可能违约	Caa	地位差或可能拖欠或含有危险成分
CC	目前违约的可能性比较高	Ca	非常投机，发行债券往往拖欠
C	提交破产申请或采取类似行动，但仍能偿还债务	C	高度投机，往往拖欠
D	发债人未能按期偿还债务		

证券发行按照发行方式可分为直接发行和间接发行。直接发行是指发行人直接将证券推销给投资者，如公司内部发行证券。直接发行可以使发行公司直接控制发行过程，程序比较简单，可以节约各种手续费，降低发行成本。但直接发行社会影响小，发行范围有限，当发行量大时很难迅速获得所需资本，当认购额达不到预定金额时，剩余部分需要由发行公司的主要发起人或董事承担，发行风险大。因此直接发行只占发行市场很小的一部分，绝大部分证券都采取间接发行方式。间接发行是证券发行人委托证券承销机构出售证券的发行方式。证券承销机构主要有投资银行、证券公司、信托公司等金融机构。间接发行需要支付给承销机构佣金，发行成本较高，但可以减少发行时间、增加筹资数量、降低发行风险，因此间接发行是目前证券发行的主要模式。

证券间接发行分为包销、代销和助销三种。包销指承销商以低于发行价的价格从发行人手中购入全部要发行的证券，然后出售给投资者。承销商需要在规定期限内将包销证券所筹集的资金全部交给发行人，如果证券没有全部销售出去，承销商需要自己买入剩余证券。通过包销，发行风险从发行人转移至承销商，承销商的风险补偿来源于包销价格和市场价格之间的差额。包销适合于资金需求量大、社会知名度低、缺乏证券发行的公司。代销指承销商作为发行公司的证券销售代理人，按照规定的条件尽力推销证券，发行结束后将没有售出的证券退还给发行人，承销商不承担发行风险，同时收取一定的代理费。代销一般发生在承销商对发行公司信心不足和信用度高、知名度大的公司为减少发行费用而主动提出。助销也称为余额包销，指承销商先代为销售证券，然后将未销售出去的余额买进。助销能保证证券全部销售出去，减少了发行公司的风险。

按照发行对象是公众投资者还是少数投资者，证券发行可以分为公募和私募。公募又称为公开发行，指向公众投资者公开发行证券的方式。公募发行时，发行人必须遵循有关事实全部公开原则，向有关管理部门和市场公布其各种财务报表及资料，经主管部门批准后方可发行。私募又称非公开发行，发行人只对少数特定投资者推销证券，其发行范围小，一般以少数与发行人或经办人有密切关系的投资者为发行对象。

（二）股票和债券的流通市场

流通市场又称为二级市场，是对已发行的证券进行买卖、转让和流通的市场。股票流通市场主要是证券交易所，属于场内交易市场，也有场外交易市场（柜台交易市场或店头市场）。债券的二级市场主要以场外市场为主。

流通市场交易分为证券交易所交易和柜台交易。证券交易所又称为场内交易市场或交易所市场，是指专门的、有组织的、有固定地点的证券买卖集中交易的场所。证券交易所是交易所会员、证券自营商、证券经纪人集中买卖上市公司股票和债券的场所，是流通市场的主要组成部分。

证券交易所是依法成立的特殊法人，它不参与交易，仅提供交易服务，充当交易组织者的角色，还需要执行法规法律赋予的监管者的职能，制定和履行证券上市、交易规则，在法定权限内对证券上市人员进行监督。证券交易所为证券交易各方提供通信系统、电脑设备等，办理证券结算、过户等服务，保证证券交易各方能够迅速、便捷参与证券交易活动。证券交易所采用会员交易制度，只有会员才能直接参与交易。投资者必须委托证券经纪公司（券商）完成交易。证券交易所采用集中竞价，按照时间优先和价格优先原则，确定每项买卖成交的价格，通过公开和竞争方式产生交易价格。比较著名的证券交易所有纽约证券交易所、美国证券交易所，我国有上海证券交易所和深圳证券交易所。

证券交易所交易均实行代理制，投资者需要委托拥有会员资格的证券经纪人代其在证券交易所内进行买卖证券。一般投资者需要先在证券经纪人处开设账户，取得委托买卖证券的资格。在进行证券买卖时，向证券经纪人发出指令，证券经纪人将指令传给场内交易员，交易员按照指令进行买卖，成交后电脑自动将证券交割过户。随着电脑科技的发展，目前基本上取得委托买卖证券资格后，投资者可以直接在电脑或智能设备上下达买卖指令，由电脑自动完成剩余步骤，证券经纪人和场内交易员逐渐成为客户支持。

投资者发出的委托指令通常有三种：市价委托、限价委托和停损委托。市价委托投资者只指定证券名称和数量，对价格不做限定，经纪人随行就市，在规定时间限制内按照市场上最优价格进行成交。限价委托是投资者指示经纪人在某一特定价位或者比该价位更为有利的价位上买卖证券的一种交易指令，因此限价买入指令价格通常在现价之下，而限价卖出指令价格通常在现价之上。停损委托指投资者指示证券经纪人在价格朝不利方向波动达到某一临界点就立即买卖证券的一种交易指令。限价委托与停损委托是条件委托，只有在证券价格达到一定范围时才会被执行。

柜台交易市场是指分散在交易大厅以外的证券交易机构柜台上进行证券交易活动所形成的市场，又称店头交易（OTC）。比较典型的有美国 nasdaq 系统（全国证券交易商协会自动报价系统）。和证券交易所相比，柜台交易市场是一个开放市场，其参与主体不完全是证券交易商或经纪人，投资者可以委托证券交易商为其买入或卖出证券，也可以自行寻找交易对手，也可以与证券交易商交易。

第六节　外汇市场和黄金市场

一、外汇市场

外汇市场是兑换各国货币的场所。狭义外汇市场指进行外汇交易的有形或无形场所，一般采用交易中心形式，参与交易的各方在每个营业日的规定时间通过交易中心网络进行交易和清算交割。广义外汇市场指交易中心之外通过电话、网络等多种方式进行的外汇交易，包括由各国中央银行、外汇银行、外汇经纪商和客户组成的外汇经营业务及它们形成的外汇买卖关系的总和。目前中国外汇市场分为三个层次，即企业外汇结售汇市场、银行间外汇市场和居民个人交易市场。

依据 1993 年 12 月 28 日《中国人民银行关于进一步改革外汇管理体系的公告》，境内所有企事业单位、机关和社会团体的各类外汇收入必须及时调回境内，大部分外汇按银行挂牌汇率结售给指定银行，其余部分可以存入在外汇指定银行开立的现汇账户，对外支付用汇时，经批准后，用人民币到指定外汇银行办理汇兑。

银行间外汇交易市场由中国外汇交易中心及其会员构成，中国外汇交易中心组织全国银行间外汇交易，办理外汇交易的清算交割，提供外汇市场信息服务，外汇交易中心采用会员制，采用会员自主分别报价、计算机撮合成交，集中清算的运行方式。

居民个人外汇交易市场分为实盘外汇买卖、外汇结构化产品和外汇衍生交易三个市场。实盘外汇买卖指居民个人在银行规定交易时间内通过柜台或其他电子金融服务模式，对所持有的外币账户内的外汇进行买卖。外汇结构化产品指商业银行以理财计划行事提供的复合产品。外汇衍生品交易类似，也是商业银行推出的个人衍生品交易产品。

二、黄金市场

布雷顿森林体系瓦解之后，黄金的非货币化趋势不可逆转，其金融特性日渐淡化，但黄金市场仍然是金融市场的重要组成部分，黄金的金融工具地位仍将保持。我国实行黄金管制，长期以来基本不存在公开黄金市场，2002 年我国放开黄金管制，同年 10 月，上海黄金交易所开业，黄金成为可批量交易的大宗金融产品，商业银行也推出相应个人黄金产品，如纸黄金等。2008 年 1 月 9 日，上海期货交易所开始黄金期货交易。

本章小结

1. 金融市场，指货币资金融通和金融资产交换的场所。在这个市场上进行资金融通，交换风险，从而提高整个社会资源配置的效率。

2. 货币市场，指期限在 1 年以内的金融工具的交易市场。货币市场是金融机构调节流动性的重要场所，是中央银行货币政策操作的基础。

3. 资本市场，指融资期限在 1 年以上的长期资金的交易市场，其交易对象主要有政府中长期债券、公司债券和股票以及直接从银行获得的中长期贷款。

重点名词

金融市场　货币市场　资本市场　金融工具　外汇市场　黄金市场　商业票据　银行承兑汇票　股票　债券　国库券　回购协议

思考题

1. 金融市场不具备（　）功能。

A. 价格发现　　B. 信号传递　　C. 优化资源配置　　D. 消除风险

2. 货币市场是发行和交易期限在（　）的金融资产的市场。

A. 一年以内　　B. 一年以上　　C. 无年限要求　　D. 十年以内

3. 资本市场流通的金融工具主要有（　）。

A. 大额可转让定期存单　　B. 国库券

C. 银行承兑汇票　　　　　　　　　　　　D. 股票

4. 什么是金融市场？金融市场的功能有哪些？

5. 什么是货币市场？货币市场的特征是什么？

6. 货币市场主要包含哪些子市场？

7. 什么是资本市场？

8. 金融工具和金融衍生工具的关系是什么？

9. 回购协议和逆回购协议和流动性有什么关系？

10. 普通股和优先股的区别有哪些？

第五章 金融监管

学习目标

- 认识金融监管的必要性，掌握金融监管的目标和原则。
- 掌握国内外金融监管体制，并比较不同金融监管体制。
- 掌握银行监管、证券监管、保险监管的内容，并且结合中国金融监管制度进行分析。
- 了解巴塞尔协议的演变和主要内容，并结合银行业国际监管的变化进行分析。

金融天然具有杠杆性和风险性，金融危机的爆发具有极大的传染性和破坏性，但金融又是发展经济有力的助推剂和不可缺少的要素，因此如何既能发挥金融的积极作用同时又避免金融危机的破坏性成为各国政府首要考虑的问题。金融监管就是政府对金融行业的管理和约束行为，通过政府的监督管理，实现“看得见的手”对“看不见的手”的管制和规范。

第一节 金融监管概述

由于存在着金融市场的失灵和金融行业高风险和传染性特征，借助政府力量对金融行业进行监管是保证金融行业稳定、有序发展的必要条件。

一、金融监管概念

金融监管是指政府通过特定机构（一般指金融监管机构）对金融交易行为主体进行的限制和规定，使其依法稳健运行，金融监管是一种具有特定内涵的政府管制行为。金融监管包括金融监督和金融管理，金融监督指金融主管部门对金融机构实行全面性、经常性的检查和监督，促进金融机构依法稳健经营和发展；金融管理指金融主管部门依法对金融机构及其经营行为进行领导、组织、协调和控制等活动。一般而言，金融监管涉及金融的各个领域，如银行业、证券业、保险业和信托业等。

（一）金融监管的必要性

金融市场存在自然垄断和恶性竞争特征，金融体系具有高风险和强外部性，金融领域存在极大的信息不对称现象，金融风险具有极强的高传染性，投资者和金融体系的稳定和发展需要得到来自政府方面的保护和维护，因此金融监管成为必然选择。

1. 金融市场的垄断和恶性竞争

金融业务存在规模经济，如果一家金融机构庞大，分支众多，就能以较低的成本为客户提供多元化服务，从而吸引更多的客户，占据更大的市场份额，则其他金融机构进入市场的障碍就会加大，造成垄断经营。垄断经营使得金融商品价格上升，金融服务质量下降，金融资源配置扭曲。另外金融机构之间也容易过度竞争甚至恶性竞争，造成恶劣社会影响和社会资源的错配，如银行揽储竞争过程中的“存款搬家”现象。这些问题的存在使得政府对金融业监管以消除不良影响成为必要。

2. 金融体系的高风险和负外部性

金融业面临利率风险、汇率风险、流动性风险、信用风险等多种风险，是社会风险汇聚的中心。金融业是一个高负债的行业，具有先天的脆弱性和内在的不稳定性，一家金融机构出现问题很容易传染到其他金融机构乃至整个金融体系，局部金融风险很容易转化成系统性金融风险，甚至引起全面的金融危机，产生多米诺骨牌效应，具有强大的负外部性。金融领域的负外部性不能通过市场内部的竞争和自由交换得以解决，需要一种市场之外的力量加以纠正，为金融监管提供了必要条件。

3. 信息不对称与投资者保护

信息经济学研究表明社会经济生活中广泛存在信息不对称现象。拥有信息优势的一方可能会利用这一优势来损害信息劣势的一方的利益。金融领域汇聚了林林总总的信息，通常情况下，金融机构往往比投资者拥有更多的信息，它们有更多的机会将收益留给自己而将风险或损失转嫁给投资者。挤兑现象就是一种信息不对称的后果，银行挤兑也为挤提，指存款人对银行给付能力失去信心而产生的从银行大量支取现金的行为。存款者无法知道银行的实际经营状况，很容易受到各种传闻的影响，当一家或几家银行出现问题时，大家会纷纷加入挤兑行列，使那些原本正常经营的银行也被认为出了问题，挤兑风波会从一家银行迅速传染到其他银行甚至整个金融体系。因此，为了克服市场失灵和信息不对称，政府机构需要实施必要的监管，强制性要求市场中信息优势主体主动披露必要的信息，尽可能降低信息不对称程度，规范和约束信息优势方，保护投资者利益和降低错误信息蔓延的影响。

（二）金融监管的要素

金融监管要素包括金融监管主体、金融监管对象、金融监管目标和金融监管手段四个方面。

1. 金融监管主体

金融监管主体主要是政府，以及政府授权的公共机构，有时还包括行业自律自制等非官方民间机构。20 世纪初期各国金融监管主体主要是中央银行，六七十年代后金融监管主体发生分化，诞生了专门监管银行、证券、保险的银监会、证监会和保监会机构；20 世纪末到 21 世纪初，英国、日本等国家监管主体又有了统一的趋势，但从总体上说，金融监管职能还是主要由中央银行以外的专门监管机构行使。

2. 金融监管对象

金融监管对象主要有银行机构、非银行金融机构和金融市场三类，早期监管对象主要集中在商业银行，但是随着非银行金融机构的发展，监管主体逐渐扩大监管范围并成立专门的监管机构，如证监会专门对证券机构、证券市场进行监管，保监会专门对保险机构和保险市场进行监管。特别是随着互联网金融的崛起和日益扩大的影响，如何对互联网金融进行监管已经成为当局需要考虑的问题。

3. 金融监管目标

金融监管目标有不同层次，一般来说从宏观到微观有三个层次：首先防范系统性金融风险，维护金融体系安全；其次克服市场失灵，保护公平市场环境和投资者利益；最后规范与促进金融创新，提高金融运行效率。

4. 金融监管手段

金融监管手段包括法律手段、行政手段、经济手段、技术手段、自律手段等。

二、金融监管的原则

金融监管原则是由金融监管目标决定的，其基本原则如下。

1. 依法监管原则

各国金融管理体系不同，但依法管理是一致的。依法监管包括两方面含义：一是金融机构必须接受国家金融管理部门的监督管理，有法可依；二是实施监管也必须有法律依据，保证监管的权威性、强制性和有效性。

2. 适度竞争原则

金融管理应当创造适度竞争，既要避免金融高度垄断、丧失效率和活力；又要防止过度竞争影响银行业的安全稳定，引发银行破产和社会经济动荡。

3. 自我约束和外部强制相结合原则

金融监管不能完全依靠外部强制管理，金融监管也不能将希望完全寄托在金融机构自觉、自愿的自我约束上，因此金融监管必须将自我约束和外部强制相结合。

4. 安全稳健与经济效益相结合原则

金融监管必须督促金融机构依法经营，降低风险，保持安全稳健；金融监管也要创造良好的环境，促使金融机构为社会提供优质高效的金融服务，提高经济效益。对金融机构而言，安全稳健与经济效益是辩证统一的。

延伸阅读

全球金融危机背景下的美国金融监管改革法案——

《多德－弗兰克华尔街改革与消费者保护法》

2010年7月21日，美国总统奥巴马签署了金融监管改革法案－《多德－弗兰克华尔街改革与消费者保护法》（以下简称《法案》），标志着历经两年的美国金融监管改革立法完成，华尔街正式开始新金融时代。《法案》被认为是自20世纪30年代以来美国最为重要的金融监管改革法案，它从系统性风险的防范、消费者和投资者保护、衍生品市场监管、住宅抵押市场监管、银行监管、对冲基金监管、信用评级公司行为、美联储救市透明度、华尔街薪酬体系等方面进行了调整和改革，规范了金融危机前一些明显的监管漏洞，强化了对金融业的监督和管理，代表了以美国为代表的世界各国金融监管改革发展的方向。

第二节　金融监管体制和内容

一、金融监管体制

（一）金融监管体制概念和分类

金融监管体制指一国对金融机构和金融市场实施监督管理的一整套机制及组织机构的总和。金融监管体制和一国政治、社会经济制度、文化等密切相关，一国选择何种金融监管体制，主要取决于该国国情。适应该国金融业发展需要的金融监管体制，是一国金融业稳定发展的重要保障，有利于规范金融市场秩序，控制金融风险并防范金融危机。

根据监管主体的多少，各国的金融监管体制可分为三类：一元多头式、二元多头式和集中单一制。

一元多头式，指全国的金融监管权集中于中央，地方没有独立权力，在中央一级由一个或多个监管机构共同负责的一种监管体制。一元多头式以德国、法国、日本（1998年前）为代表，其中德国尤为典型。一元多头式运行的关键在于各金融管理机构之间的合作。

二元多头式，指中央和地方都对金融机构和金融业务拥有监管权，且不同的金融机构或金融业务由不同的监管机关实施监管。二元多头式以美国、加拿大等联邦制国家为代表。二元多头式金融监管能较好地提高金融监管的效率，防止金融权力过分集中，可以因地制宜选择监管部门，提高金融监管专业化和对金融业服务的能力。

集中单一式，指中央一家监管机构集中行使金融监管权。代表国家有英国（1997 年后）、日本（1998 年后）。英国是传统自律监管国家，2000 年 6 月通过《金融服务和市场法》，该法规定金融服务监管局作为英国整个金融业唯一的监管局，对英国银行业采取以风险控制为基础的监管原则，并对英国证券业、保险业进行监管。这种监管机制远离中央银行，更直接服务于政府。

（二）部分发达国家的金融监管体制

1. 美国金融监管体制

美国是最早建立金融监管制度的国家，以 1864 年国民银行制度确立为标志，美国建立了财政部货币总监局，设立了存款准备金制度，结束以州为单位的监管状态，开始联邦和州二元监管的历史。1913 年美国签署《联邦储备银行法》，联邦储备银行成为美国中央银行，开启世界近现代金融监管的篇章。1929—1933 年美国经济危机催生了美国《1933 年银行法》，禁止金融业混业经营，美国进入金融分业经营时代，金融监管也相应采取分业监管体制。20 世纪 70 年代，美国进行金融监管改革，一度放松了金融监管，

1991年，美国国会通过《1991年联邦存款保险公司改进法》，重新强化了金融监管，1999年，美国通过《金融服务现代化法案》，确定了美国金融业混业经营的制度框架，美国金融监管机构随之调整，美联储作为混业监管的上级机构，对混业经营的主要组织机构、金融持股公司实行统一监管；货币监理署等监管机构对商业银行、证券公司和保险公司进行专业化监管，至此，美国形成了美联储综合监管和其他监管机构专业监管相结合的金融监管体制。

2. 英国的金融监管体制

英国是传统上自律监管的国家，1979年以前没有正式的金融监管体制。1979年、1987年，英国两次颁布《银行法》，赋予并完善英格兰银行的监管权力。1997年英国金融监管局成立之前，英格兰银行、证券和投资委员会、个人投资局、贸易和工业部的保险董事会、房屋互助协会委员会等9家监管机构共同对金融活动进行监管，是集中的分业监管模式。1997年英国金融监管局成立，2000年英国通过《金融服务和市场法》，确立了英国金融监管局负责全国各种银行、投资基金管理机构、保险公司、证券与期货交易机构、住房信贷合作社等金融机构与金融活动的监管。

3. 德国的金融监管体制

1961年德国通过《银行法案》，该法案授权成立联邦银行监督局并规定由该局在德意志联邦银行配合下对银行业进行统一监管。德国银行业可以同时经营保险业务和证券业务，联邦银行监督局实际上是一个综合监管机构。联邦银行监督局没有分支机构，必须依靠德意志联邦银行的分支机构和网点，因此德意志联邦银行的监管地位也比较突出。除此之外，德国的金融监管机构还有联邦证券委员会，负责对证券机构和证券业务进行监管，联邦保险监督局负责对保险机构和保险业务进行监管。

（三）中国的金融监管体制

1984年，中国人民银行正式行使中央银行职能，中国开始有真正意义上的金融监管。1984—1992年，我国实行中央银行统一监管体制。随着证券市场的繁荣和发展，1992年10月，国务院将证券监管职能从中国人民银行分离出来，成立中国证券监督管理委员会（以下简称中国证监会），依法对全国证券机构和证券市场统一监管，这是分业监管的开端。1998年11月18日，成立中国保险监督委员会（以下简称中国保监会），依法对全国保险机构和保险市场进行统一监管，完善了分业监管体制并形成了一行两会的格局。2003年3月，中国银行业监督管理委员会成立（以下简称中国银监会），中国人民银行、中国银监会、中国证监会、中国保监会组成的“一行三会”中国金融分业监管体制正式形成。2018年3月，中国银行保险监督管理委员会成立，中国银监会和中国保监会成为历史。

1. 中国人民银行

中国人民银行在金融分业监管体制下具有超脱的地位，主要体现在中国人民银行是国务院正式成员，比三会（国务院直属的部级事业单位）拥有更高的政治地位，另外中国人民银行承担着金融稳定、反洗钱、征信管理等和监管有关的重要职能。

2. 中国银监会

2003年4月25日，中国银监会正式成立，统一监督管理银行、金融资产管理公司、信托投资公司及其他存款类金融机构，维护银行业的合法、稳健运行。

中国银监会承担对中国银行业监管的重要职责，主要有依法制定并发布对银行业金融机构及其业务活动监督管理的规章、规则；监管银行业设立、运营全过程；会同有关部门建立银行业突发事件处置制度，规定银行业突发事件处置预案，明确处置机构和人员及其职责、处置措施和处置程序，及时有效地处置银行突发事件；开展与银行业监督管理有关的国际交流、合作活动；对已经或可能发生信用危机、严重影响存款人和其他客户合法权益的银行业金融机构实行接管或促成机构重组；对有违法经营、经营管理不善等情形的银行业金融机构予以撤销；负责国有重点银行业金融机构监事会的日常管理工作等。

3. 中国证监会

1992 年 10 月，国务院证券委员会（简称国务院证券委）和中国证监会成立，标志着中国证券市场统一监管体制形成。国务院证券委是国家对证券市场进行统一宏观管理的主管机构，中国证监会是国务院证券委的执行机构，依法对证券机构和证券市场进行监管。1998 年 4 月，国务院证券委和中国证监会合并。

中国证监会主要职能有：建立统一的证券期货监管体系，按规定对证券期货监管机构进行垂直管理；加强对证券期货业的监管；强化对证券期货交易所、上市公司、证券期货经营机构、证券投资基金管理公司、证券期货投资咨询机构和从事证券期货中介业务的其他机构的监管，提高信息披露质量；加强对证券期货市场金融风险的防范和化解工作；负责组织拟定有关证券市场的法律、法规草案，制定证券市场的发展规划和年度计划，指导、协调、监督和检查各地区、各有关部门与证券市场的有关事项，对期货市场试点工作进行指导、规划和协调等。

4. 中国保监会

1998 年 11 月 18 日，中国保监会成立，依法统一监督管理全国保险机构和保险市场，维护保险业的合法、稳健运行。

中国保监会的主要职能有：审批保险公司及其分支机构、保险集团、保险控股公司的设立、合并、分立、变更、解散；参与、组织保险公司的破产、清算；审查、认定各类保险机构高级管理人员的任职资格，制定保险从业人员的基本资格标准；审批关系社会公众利益的保险险种，依法实行强制保险的险种和新开发的人寿保险等险种的保险条款和保险费率，对其他保险险种的保险条款和保险费率实施备案管理；依法监管保险公司的偿付能力和市场行为，监管保险保证金，监管保险公司的资金运用，依法对保险机构和保险从业人员的不正当竞争等违法、违规行为以及对非保险机构经营或变相经营保险业务进行调查、处罚；指定保险行业信息化标准，建立保险风险评价、预警和监控体系，跟踪分析、检测、预测保险市场运行状况。

5. 中国银保监会

2018 年 4 月 8 日，中国银行保险监督管理委员会（简称中国银保监会）正式挂牌。

中国银保监会的主要职责有：依照法律法规统一监督管理银行业和保险业，维护银行业和保险业合法、稳健运行，防范和化解金融风险，保护金融消费者合法权益，维护金融稳定。自成立之日起，中国银保监会相继修订发布《商业银行流动性风险管理办法》

《保险机构独立董事管理办法》，发布《商业银行理财子公司管理办法》《商业银行理财业务监督管理办法》《商业银行大额风险暴露管理办法》等，实现有效防范风险、加强监管的目的。

二、金融监管内容

金融监管主要包括银行业监管、证券业监管和保险业监管。在监管模式上有分业监管和混业监管，在监管内容上依据各自行业特点设置。

（一）银行业监管内容

各国政府监管银行主要的内容包括谨慎性监管，存款保险人制度和最后贷款人制度以及商业银行监管的国际合作。

1. 谨慎性监管

谨慎性监管是一种预防性监管，是银行监管中最有效的事前安全措施，主要包括以下监管内容。

（1）市场准入监管。市场准入监管是指对银行金融机构开业申请进行审查，将不合格的申请人阻挡在银行业之外。由于银行业的高杠杆率和巨大负外部性，银行业的发展不能主要依靠市场竞争和优胜劣汰，银行业频繁地成立和破产不仅影响银行业的稳定还会给经济发展带来隐患，因此银行业应当实行市场准入制度。

审批新银行主要考虑下面几个因素：最低注册资本限额、完善的公司治理结构和内控制度、高级管理人员素质和银行业竞争状况和经济发展状况。《中华人民共和国商业银行法》规定设立商业银行应当通过国务院银行业监督管理机构审查批准，未经过国务院银行业监督管理机构批准，任何单位不得从事吸收公众存款等商业银行业务，任何单位不得在名称中使用“银行”字样。

实行严格的银行准入和审批制度，可以有效限制新银行成立并避免银行间过度竞争。

（2）资本充足率监管。加强资本充足率监管已经成为各国金融监管部门的共识。1998 年巴塞尔协议把银行资本划分为核心资本和附属资本两档，核心资本包括股本和公开准备金，比例至少占全部资本的50%。附属资本包括未公开储备、资产重估储备、普通准备金、混合资本工具及次级债券等。协议将商业银行总资本充足率最低标准定为8%，并且核心资本比例不得低于4%；附属资本不得超过核心资本的100%。2004 年《巴塞尔新资本协议》修改了资本充足率的计算范畴，见后面《巴塞尔协议》内容。

（3）流动性监管。流动性是商业银行稳健经营的重要影响因素，是银行及时满足各种资金需要和收回资金的能力。流动性监管是银行监管的一个重要方面。美国银行监管当局评估银行流动性一般考虑五个因素：存款构成及稳定性；对利率敏感性资金的依赖程度以及借入资金的频率和数量；负债结构；资产变现能力和融资能力。我国《商业银行法》对我国商业银行流动性做出了详细的规定，包括流动性资产负债比例、备付金比例、拆借资金比例和存贷比例等指标。

（4）信贷风险监管。信贷风险是商业银行产生经营困境的重要原因，巴塞尔委员会在《有效银行监管的核心原则》中对信贷风险相关监管做出了规定，强调贷款风险分类、限制资产集中和关联贷款、计提呆账准备金等，将贷款风险分为正常、关注、次级、可疑和损失五类，后三类称为不良贷款。美国和中国均采用五级风险分类方法。依据风险分类结果，商业银行应计提相应比例的呆账准备金，包括普通准备金和专项准备金。

（5）银行经营业务范围监管。银行经营业务活动范围监管指金融机构一旦成立，应按照许可的营业范围从事金融活动。许多国家金融法律规定存款货币银行只能经营短期信贷业务，长期融资由投资银行办理，非银行金融机构不得经营存款货币功能的支票存款业务。

（6）经营过程的审计检查。银行已经批准成立和注册登记，领取营业执照，就要按规定定期向相关部门提交经营报告，披露银行的资产负债、收入和红利、产权结构、外汇经营等详细情况。监管部门还要对银行进行每年至少一次审计检查，以确定银行的实际金融状况。审计检查包括常规检查和现场检查。

现场检查指监管人员直接到金融机构进行业务检查和风险判断分析，通过现场查阅报表、账册、文件等资料，进行咨询检查、分析和评价银行的经营情况。现场检查有定期全面检查和不定期专项检查。现场检查具有直观性、及时性、灵活性和深入性，通过现场检查，如果发现有高风险资产可以强制银行将其清理，如果发现银行有不诚实行为，可以在审计报告中宣布该银行为有问题的银行，银行现场检查完毕要出具该银行“有没有问题”的检查报告，有问题的银行将会使银行受到更加频繁地检查。

常规检查，也称非现场检查，指银行监管部门对银行报送的报表、数据按一定标准和程序进行分析，从而揭示银行经营过程中出现的情况。

（7）评级体系监管。评级体系监管指对被监管的商业银行进行经营与运行状况评估、评级，能够比较准确地发现有问题的银行，并科学预测银行倒闭的可能性。美国 1978 年美联储制定《统一鉴别法》，统一对商业银行的检查标准，主要从资本充足率、资产质量、经营管理水平、盈利水平和流动性五方面进行检查，形成了统一的、规范化的商业银行业务综合等级评价体系，俗称“骆驼”评级体系（五个方面的英文首写字母构成 CAMEL）。1991 年，美国联邦储备委员会及其他监管部门对骆驼评级体系进行重新修订，增加了市场风险敏感度评估内容，形成了新的 CAMELS 评级体系。中国银监会 2006 年发布了《商业银行监管评级内部指引（试行）》，开始对商业银行进行监管评级，通过对商业银行的资本状况、资金质量、管理、盈利、流动性和市场风险六个方面进行评级，加权汇总后得出综合评级，再依据其他要素和对银行风险的影响程度，对综合评级结果做出正向或负向调整，其结果作为监管机构实施分类监管和依法采取监管措施的基本依据。中国商业银行综合评级结果分为 6 级，其中 5 级和 6 级为高风险商业银行，银监会将给予持续监管关注，限制银行高风险经营行为，要求其改善经营状况，必要时可采取更换高级管理人员、安排重组或实施接管，甚至关闭等监管措施。

（8）危机银行的求助与关闭。对危机银行的处理机制主要包括制裁与市场退出机制，即购买、兼并、担保及破产清算等方法。各国监管部门都非常重视对有问题银行的挽救，避免因为单个银行经营不善而引起的社会震动。通常对经营困难的商业银行，一方面责令其采取纠正措施，一方面提供临时性贷款给予必要的紧急援助，如果这些帮助仍然不能使其摆脱困境，则尽可能促成其他金融机构对经营困难问题银行进行兼并或收购，如果这种方法仍不能见效，则监管部门直接接管或者宣布该银行倒闭，并对其进行清算。通常情况下，对危机银行的处理方法有：重新注资、接管、收购合并或破产清算。

2. 存款保险制度和最后贷款人制度

（1）存款保险制度。存款保险制度是防范银行危机的最主要措施。和谨慎性监管体系不同，存款保险制度是辅助性的事后稳定器。存款保险制度是指吸收存款的金融机构必须根据其存款的数额按照规定的保费率缴纳足额的保费，向存款保险机构投保，当存款机构破产而无法满足存款人的提款要求时，由存款保险机构承担支付法定保险金责任。存款保险制度可以使存款银行发生危机时存款人从保险公司得到补偿，另外存款保险制度也在一定程度上降低了公众挤兑的风险，有利于银行体系的稳定。我国2015年2月17日发布《存款保险条例》规定中华人民共和国境内设立的商业银行、农村合作银行、农村信用社等吸收存款的银行业金融机构，应当依据存款保险条例的规定投保存款保险，投保机构应当按照存款保险基金管理机构规定的费率，每6个月缴纳一次保费。存款保险实行限额偿付，最高偿付限额为人民币50万元，同一存款人在同一家投保机构所有被保险存款账户的存款本金和利息合并计算的资金数额在最高偿付限额以内的，实行全额偿付，超出最高偿付限额的部分，依法从投保机构清算财产中受偿。

（2）最后贷款人制度。最后贷款人制度指银行体系在遭遇不利冲击引起流动性需求大大增加而本身无法满足这种需求时，由中央银行向银行体系提供流动性，以确保银行体系稳定的一种制度安排。最后贷款人首要职责是保持流通中的货币供应量，其所要维护的是整个经济体系的整体利益，最后贷款人对问题金融机构实行惩罚性利率以确保实现公正分配和最后贷款人政策的短期性。最后贷款人可以通过公开市场为整个金融市场提供流动性，也可以通过贴现窗口或直接贷款给个别金融机构，如2007—2008年美国金融危机，美联储既在公开市场操作，直接向银行同业市场投放货币，又通过贴现窗口向花旗集团、摩根大通公司等多家金融机构提供巨额资金支持。

虽然存款保险制度和最后贷款人制度可以保护储户和债权人，防止危机发生或减轻危机影响，但仍然存在道德风险、逆向选择、太大而不能倒闭等问题。

3. 商业银行监管的国际合作

世界经济的发展必然伴随着金融业的国际化和跨国银行的发展，也必然导致金融机构的国际合作。国际清算银行发起成立的巴塞尔委员会为商业银行监管国际合作提供了可能。

（1）巴塞尔协议Ⅰ。1974年德国赫斯塔特银行和美国富兰克林国民银行倒闭使监管机构开始全面审视拥有广泛国际业务的银行监管问题，1975年2月，比利时、加拿大、法国、德国、意大利、日本、卢森堡、荷兰、瑞士、瑞典、英国和美国代表汇聚巴塞尔，商讨成立巴塞尔银行监管委员会，并制定了一些重要的银行监管规定，虽然这些规定不具备法律约束力，但得到世界各国监管机构的普遍认可。1988年7月通过的《关于统一国际银行的资本计算和资本标准的报告》，简称《巴塞尔协议Ⅰ》包括三部分内容：把银行资本划分为核心资本和附属资本两档，核心资本包括股本和公开准备金，比例至少占全部资本的50%。附属资本包括未公开储备、资产重估储备、普通准备金、混合资本工具及次级债券等。规定了风险权重计算标准，根据资产类别、性质和债务主体不同，将银行资产负债表的表内和表外项目划分为0、20%、50%、100%四个风险档次，提出风险资产概念，即风险资产 = ∑资产类型 × 风险权重。规定了资本与资产的标准比例，提出资本充足率的概念，银行资本充足率 = 总资本/加权风险资产，规定资本充足率不得低于8%，其中核心资本对风险资产的比重不得低于4%。

（2）巴塞尔协议Ⅱ。20世纪90年代以来，国际银行的运行环境和监管环境发生了很大变化，巴塞尔协议Ⅰ中的风险权重确定方法遇到了新的挑战，体现为市场风险和操作风险对银行的破坏日趋严重，1997年亚洲金融危机引发的金融动荡需要加强金融监管的国际合作，现代风险量化模型出现在技术上为巴塞尔委员会重新制定新资本框架提供了可能性。2004年6月26日，十国集团的央行行长一致通过了《巴塞尔协议Ⅱ》最终稿，决定在2006年年底在十国集团开始实施。

《巴塞尔协议Ⅱ》基本内容有三个支柱：

①最低资本金要求，新协议保留了资本的定义及8%资本充足率的要求，但在风险方面包括信用风险、市场风险和操作风险，在计算风险加权资产总额时，将市场风险和操作风险的资本乘以12.5（资本充足率8%的倒数），转化为信用风险加权资产总额。

银行资本充足率 = 总资本/[信用风险加权资产 +（市场风险资本 + 操作风险资本）×12.5]

②强化监管当局的监管过程，制定了针对银行风险监督检查的主要原则、风险管理指引和监管透明度及问责制度，以及如何处理银行账户中的利率风险、操作风险和信用风险的指引（包括压力测试、违约定义、剩余风险和资产证券化）。

③强化信息披露，引入市场约束。巴塞尔协议Ⅱ要求银行不仅要披露风险和资本充足状况的信息，还要披露风险评估和管理过程、资本结构和风险与资本匹配状况信息，不仅要披露定量信息，还要披露定性信息，不仅要披露核心信息，还要披露附加信息。通过建立健全银行业信息披露制度，市场参与者能够估计银行风险管理状况和清偿能力，给银行业增加市场约束。

（3）巴塞尔协议Ⅲ。2008年全球金融危机爆发后，原有国际银行业监管准则中核心资本充足率偏低，银行高杠杆经营缺乏控制，流动性监管标准缺失等问题暴露出来。2010年9月，巴塞尔委员会通过了《增强银行业抗风险能力》和《流动性风险计量、标准与监管的国际框架》两个文件，简称《巴塞尔协议Ⅲ》。

《巴塞尔协议Ⅲ》有如下内容：①由普通股构成的核心一级资本占风险加权资产的比重由原来的2%提高到4.5%；②一级资本占风险加权资产的比重由原来的4%提高到6%，并限定一级资本只包括普通股和永久优先股；③商业银行建立2.5%的资本留存缓冲；④银行在经济上行期按贷款额的0~2.5%比例提取缓冲资本，可以在经济下行期释放，减缓信贷紧缩对实体经济的冲击；⑤为降低太大而不能倒闭带来的道德风险，对系统重要性银行提出1%附加资本要求；⑥防止银行高杠杆行为，要求商业银行杠杆率不低于3%（核心资本/资产总额）；⑦对商业银行提出流动性覆盖（优质流动性资产储备/未来30日的资金流出量）和净稳定资产比率（可用稳定资金/业务所需的稳定资金）考核要求，两个流动性比率指标均为100%。

（二）证券业监管内容

证券行业具有高风险和投机性特点，不能依靠市场机制实现高效、有序、平稳发展，因此需要加强监管。和银行业监管不同，证券监管中市场参与者自律作用比较明显。证券监管的内容主要包括证券发行与上市监管、证券交易监管、证券经营机构监管和证券业监管的国际合作。

1. 证券发行与上市监管

证券发行与上市监管指证券监管部门对发行上市的审查、核准和监控。目前世界各国对证券上市发行审核方式有两种：注册制和核准制。

（1）注册制。注册制又称申报制，其特点是证券监管部门不对发行人能否发行股票进行价值判断，仅要求发行人提供的申请材料中不包含任何不真实的陈述，由投资者自己对发行人及其发行的证券做出判断。注册制对公开的市场信息及投资者的素质要求较高，一般适用于成熟的市场和高水平的投资者，实行注册制的国家有美国、英国、日本、加拿大等国家。

（2）核准制。核准制指证券监管部门不仅要求证券发行者满足信息公开的条件，还必须满足符合法律规定的实质条件，必须通过证券监管部门的实质审查并得到核准后方能发行证券，并且证券监管部门有权否决不合格的发行申请。核准制常见于证券市场不成熟、投资者素质不高的国家和地区。目前中国证券发行制度正在由核准制向注册制转变。

2. 证券交易监管

证券交易监管是对证券交易过程容易出现的问题进行监管，常见的有内幕交易、操纵市场、虚假陈述等损害投资者利益的行为。

（1）禁止内幕交易。内幕交易又指知情者交易或内部人交易，是对投资者平等知情权的侵害。世界各国证券市场都将其列入禁止规定。根据内幕交易行为的违法和造成影响程度的不同，相关人员必须承担民事赔偿责任、行政责任和刑事责任等法律责任。

（2）禁止操纵市场。操纵市场行为指某一或若干利益主体，通过技术手段有意识地抬高、压低或平抑证券价格，影响或引诱其他交易者，从而放大证券价格波动，增加其他交易者风险的行为。操纵市场行为表现形式有：对倒、连续交易、联合操作、散布谣言等。操纵市场的行为人必须承担民事赔偿责任、行政责任和刑事责任等法律责任。

（3）禁止虚假陈述。虚假陈述是上市公司为达到某种目的而在信息披露中发布虚假信息。虚假陈述的行为人必须承担相应责任。证券监管一个重要核心就是对信息的监管，要求上市公司实施持续性地信息披露，减少证券市场的信息不对称，增加证券市场的公平性和透明度。因此对股票发行和上市公告书、上市公司的定期报告、临时报告的真实性负有重要监管责任，已经发现虚假陈述，将依法做出严肃处理。

3. 证券经营机构监管

证券经营机构包括证券公司、投资银行等专营证券业务的机构和信托投资等兼营证券业务的机构，是证券发行、交易市场的重要主体。各国对证券经营机构的设立和运作都有相应的监管措施。

（1）证券经营机构的设立监管。证券经营机构设立应依据证券监管部门提出的条件，按照规定的程序办理。证券经营机构设立条件各国各有不同，通常包括对注册资本、专业人才、盈利能力等方面提出要求。证券经营机构的成立也分为注册制（等级制）和许可制（审批制）。实行注册制的代表国家有美国、英国等，实行许可制的国家有日本、中国等。证券经营机构的设立条件和注册制下的登记依据就是证券监管部门的监管依据。

（2）证券经营机构的运作监管。对证券经营机构的运作监管主要体现在对证券经营机构的财务责任和经营行为的监管方面。证券经营机构的财务责任包括最低资本限制、负债比率的标准，买卖损害准备金、收益准备金、证券交易责任准备金等各项准备金的提取等；以及证券经营机构兼业禁止、证券从业人员竞业禁止等禁止行为的监管，证券经营机构从业人员资格管理，证券经营机构定期报告制度的监管和证券经营机构信息披露的监管等。

（3）证券经营机构的变更与终止监管。注册制下，证券经营机构的变更、终止程序简单；许可制下，证券经营机构的变更和终止要经过监管部门的审批后才能进行。

4. 证券业监管的国际合作

证券业监管的国际合作主要通过相关国际组织，如国际证监会组织、世界证券交易所联合会等组织进行。

（1）国际证监会组织和世界证券交易所联合会。1983 年，国际证监会组织正式成立，它是国际上各证券和期货管理机构共同组成的国际合作组织。前身为 1974 年证监会美洲协会。国际证监会组织实行会员制，有正式会员、联系会员和附属会员等 180 多名。1995 年中国证监会加入该组织并成为正式会员，1996 年上海和深圳证券交易所成为附属会员。国际证监会组织每年召开一次大会，其宗旨是：通过交流信息，促进全球证券市场的健康发展，各成员组织协同制定共同的准则，建立国际证券业的有效监管机制，保证证券市场的公正有效，共同阻止跨国不法交易，促进交易安全。国际证监会一直致力于保护投资者，保证公平、高效和透明的市场以及减少系统性风险等，制定国际标准并促进自身发展。

1961 年世界证券交易所联合会成立，会址设在巴黎。前身是 1957 年成立的“欧洲证券交易所协会”，随着伦敦和其他证券交易所加入，1961 年重组为“世界证券交易所联合会”。1966 年和 1970 年纽约和东京交易所加入后，该联合会成为世界主要证券交易所的国际性组织。2007 年世界证券交易所联合会有 59 个会员交易所和 20 多家附属会员，其会员涵盖的证券市值占全球证券总市值的 97%。世界证券交易所联合会对会员的市场规模、法制化建设等方面都有严格的要求，取得世界证券交易所联合会会员资格被各国证券监管机构和市场参与者作为其证券市场得到国际认可标准的一种认同。世界证券交易所联合会宗旨：促进成员间的紧密合作，为跨国证券交易和公开发售建立统一标准；宣传交易所自律在整个监管体系中的重要性；支持新兴市场的发展，使之达到会员标准，促进全球证券市场规范化的进程。

（2）《证券监管的目标和原则》。1998 年 9 月，国际证监会组织正式颁布了《证券监管的目标和原则》，并于 2002 年 2 月和 2003 年 5 月两次更新。《证券监管的目标和原则》确定了证券监管的三项目标和 30 条监管原则，即保护投资者利益，保证市场公平、有效和透明，减少系统风险；30 条监管原则分为八类原则：监管者相关的原则、自律相关的原则、执行证券监管的原则、监管合作原则、发行人原则、集合投资项目原则、市场中介原则和二级市场原则。

（3）《多边备忘录》。2002 年 5 月，国际证监会组织通过了《主席委员会关于国际证监会组织多边谅解备忘录的决议》，正式颁布了《关于磋商、合作和信息交流多边谅解备忘录》（简称《多边备忘录》）。规定一国（地区）的证券监管机构一旦成为《多边备忘录》的签字方，则等同于和同为签字方的几十个司法管辖区的监管机构签订了内容相同的双边合作备忘录。《多边备忘录》是各国（地区）证券监管机构之间首次签订的同类国际性多边安排，给反证券欺诈等证券监管的国际合作建立了便利渠道，大大促进所有签署机构之间证券监管的国际合作与协调。

（三）保险业监管内容

1. 市场准入和退出监管

保险组织关系到投保人和保险资金的安全，保险组织的设立，要比一般工商企业设立更为严格，这是世界各国保险法的一致要求。保险业市场准入和退出监管是指对保险公司的监管，包括保险公司的设立、整顿、接管和终止等方面的监管。保险公司的成立必须依照保监会的要求依法成立，保险公司的整顿指保险监管部门对经营不善或存在其他问题的保险公司，通过整顿措施促使其改善经营状况、预防公司破产的一系列行为。接管是更为严格和彻底的监管措施，其目的是对被接管的保险公司采取必要措施，以保护投保人的利益、恢复保险公司的正常经营。保险公司的终止包括保险机构的解散、撤销和破产三种形式。

2. 保险经营的监管

保险监管机构规定了保险公司的经营种类和范围，保险公司必须依照合法的经营种类和范围开展业务。保险经营的监管主要指禁止兼业问题和禁止兼营问题。兼业问题指保险公司是否可以同时经营保险业务和其他业务，兼营问题指保险公司是否可以同时经营财产保险和人身保险业务。大多数国家通过立法确立商业保险专营原则，保险企业不得经营其他非保险业务；同时各国保险经营都遵循产险和寿险分业经营原则，同时监管也是产寿险分业监管制度。保险监管部门还禁止保险公司恶性竞争行为。

3. 保险偿付能力的监管

保险公司的偿付能力是指保险公司以其实际资产偿付其负债的能力。这是保险公司能否持续经营的核心能力，也是现代保险监管的核心内容。

资本充足率是保险公司偿付能力监管的重要手段。资本要求通常有两种，传统的资本管理方式是规定保险公司的最低资本限额，是静态资本管理；另一种是风险资本管理，是按照保险公司经营管理中的实际风险，要求保险公司保持与其所承担的风险相一致的认可资产，是一种动态资本管理。

4. 保险中介人的监管

保险中介人包括保险代理人、保险经纪人、保险公估人，保险中介人的监管就是对前三者的监管。保险代理人是根据保险人的委托，代为办理保险业务的单位和个人；保险经纪人是投保人的代理人，保险经纪人有居间、代理和咨询的性质；保险公估人接受保险当事人委托，专门从事保险标的评估、勘验、鉴定、估损、理算等业务。保险监管机构依法审核保险代理人、保险经纪人、保险公估人的设立申请，并进行相关的执业管理。

5. 保险监管的国际合作

（1）国际保险监督官协会。国际保险监督官协会是一个全球性、专业性的保险监管组织，1994 年在瑞士成立，代表为来自 130 多个国家、180 个司法管辖区的保险监管机构和保险监督官，包括国际组织，如国际货币基金组织、世界银行、经济合作与发展组织，以及来自保险行业机构、专业协会、保险和再保险机构、顾问机构、国际金融机构等方面的100多个观察员。

国际保险监督官协会汇聚世界各国保险监管当局的意志，制定全球性的、各国协调一致的、非强制性的保险监管原则、标准和指导性文件。国际保险监督官协会通常以各会员保险监管机构一致通过的表决方式通过加快保险服务贸易自由化进行的国际性保险监管原则和国际化制度标准，使这些规则具有较高的权威性和国际认可性，国际保险监督官协会因此被视为各国会员推进国内保险市场国际化和自由化进程的国际性协调机构。国际保险监督官协会宗旨是通过制定全球保险监管的指导原则和标准，提高成员国保险业的监管水平，维护国际保险市场稳定和保护投保人利益。国际保险监督官协会一直致力于“提升保险监管机构之间的合作交流，为保险监管设立国际标准，为成员提供培训服务，促进与其他金融行业监管层、国际金融机构的协作”。国际保险监督官协会会员已经覆盖了全球保险市场的97%。

2000年10月中国正式成为国际保险监督官协会会员，并参加了6个分委会，享有对重大事物的表决权。

（2）《保险公司治理的核心监管原则》。1997年国际保险监督官协会首次发布《保险监管核心原则》，就将保险公司治理结构监管列为重要内容，2000年和2003年，核心监管原则修订中，保险公司治理监管内容不断得到强化和细化。2004年10月，又颁布了《保险公司治理的核心监管原则》，提出了对完善保险公司治理的要求和保险公司治理监管的重点和方法。并提出了对保险公司治理结构监管的标准，标准分为基本标准和附加标准，基本标准是运用监管核心原则的最主要标准，监管机构表明遵守了某一原则，就必须符合该基本标准；附加标准是比基本标准更高的要求，不用于评价是否遵守某一原则，而是为评价一国保险监管体系提出建议。

基本标准包括：保险公司应遵守所有适用的公司治理原则；董事会应发挥其在公司治理结构中的重要作用；经理层应履行其职责；董事、经理、精算师等关键职位人员应具有相应资格；保险公司股东应符合一定要求；保险公司股权变更应在监管之下，业务转移应受到监管；保险公司应进行适当的信息披露。

附加标准包括：董事会可设立相应的专业委员会；薪酬制度应具有良好的行为导向作用；董事会制定专人负责确保公司合规经营；精算师应能直接和董事会联系；考核审计师和精算师合格适宜性的标准包括专业水平、实践经验、专业组织的会员资格及对本专业最新发展情况的掌握情况；对审计师和精算师的资格认定，监管机构可以依靠制定和实施相关执业准则的专业组织；保险公司应提供股东的信息。

本章小结

1. 银行监管体系主要有谨慎性监管体系、存款保险制度和最后贷款人制度，它们共同筑成银行安全网。

2. 存款保险制度指吸收存款的金融机构根据其存款数额按规定保费率向存款保险机构缴纳足额的保险费，当存款机构破产无法满足存款人提款要求时，由存款保险机构承担支付法定保险金的责任。存款保险制度是保护存款者利益和稳定金融体系的制度安排，是辅助性的事后稳定器。

3. 最后贷款人制度指在银行体系由于遭遇不利冲击引起流动性需求大大增加，而本身无法满足这种需求时，由中央银行向银行体系提供流动性，以确保银行体系稳定的一种制度安排。

4.《巴塞尔协议》是银行业监管国际合作的产物。《巴塞尔协议Ⅰ》将银行资本划分为核心资本和附属资本两档；规定了风险权重计算标准；规定了资本与资产的标准比例，提出资本充足率的概念，银行资本充足率 = 总资本/加权风险资产，规定资本充足率不得低于 8%，其中核心资本对风险资产的比重不低于 4%。《巴塞尔协议Ⅱ》基本内容有三个支柱：最低资本金要求，强化监管当局监管过程，强化信息披露，引入市场约束。《巴塞尔协议Ⅲ》将资本充足率下限由原来的 4% 提高到 6%，维持目前资本充足率 8% 不变。

重点名词

谨慎性监管　骆驼评级体系　存款保险制度　最后贷款人制度　巴塞尔协议　核心资本　附属资本　资本充足率

思考题

1. 金融监管中属于预防性监管的是（　）。

A. 谨慎性监管　　B. 存款保险制度　　C. 最后贷款人制度　　D. 中央银行监管

2. 商业银行监管内容包括（　）。

A. 监管评级　　B. 发行监管　　C. 操纵市场　　D. 偿付能力监管

3. 证券监管国际组织机构有（　）。

A. 世界货币基金组织　　B. 世界证券交易所联合会

C. 国际保险监督官协会　　D. 中国证监会

4. 金融监管的目的和原则是什么？

5. 金融监管体制有哪几种基本类型？

6. 金融监管部门监管银行的主要内容有哪些？

7. 什么是存款保险制度？

8. 什么是最后贷款人制度？

9. 商业银行、证券和保险国际监管合作有哪些机构？

10. 巴塞尔协议Ⅰ、Ⅱ、Ⅲ的主要内容有哪些？

金融机构篇

第六章 金融机构体系

学习目标

- 了解金融机构体系的含义及基本构成。
- 掌握我国以中央银行为核心、商业银行为主体、各类银行、非银行金融机构并存的金融机构体系。
- 初步了解发达国家的金融机构。
- 了解国际金融机构体系。

货币信用活动大多都要通过种金融机构办理。金融机构体系是一国包含金融监管体系、信用体系、法律体系等在内的金融体系最重要的组成部分，是金融机构的组成及其相互联系的统一整体。市场经济国家的金融机构体系大多是以中央银行为领导来进行组织管理的，因而形成了以中央银行为核心、商业银行为主体、各类银行和非银行金融机构并存的金融机构体系。本章将主要介绍我国金融机构体系的一般构成。

第一节 金融机构体系

一、金融机构体系概述

1. 金融机构体系的概念

金融机构，又称为金融中介（financial intermediaries），指经营货币、信用业务、从事各种金融活动的组织机构。金融机构体系是在一定的历史时期和社会条件下建立起来的各种不同金融机构的组成及其相互关系。

2. 金融机构体系的特点

金融机构体系和金融监管体系、信用体系及法律体系等共同构成金融体系，就一个经济系统而言，金融体系必须是一个能自我平衡的体系，否则将会引发金融危机、经济危机乃至政治危机；随着经济的发展，金融机构体系越来越显得多元化，中央银行、商业银行、国家政策银行、投资银行、保险公司、信托投资公司、财务公司、租赁公司等各种金融中介机构不断出现和发展。

二、金融机构体系的构成

金融机构体系是指金融机构的组成及其相互联系的统一整体。市场经济国家的金融机构体系大多是以中央银行为核心，商业银行为主体，各类银行和非银行金融机构并存的金融机构体系。我国的金融机构体系就是以中央银行（中国人民银行）为领导，国有商业银行为主体，政策性银行、保险、信托等非银行金融机构，外资金融机构并存和分工协作的金融机构体系。

我国金融机构体系按其地位和功能大致可分为三大类：

第一类：货币当局，也叫中央银行，即中国人民银行。

第二类：银行，包括政策性银行和商业银行。商业银行又可分为：国有商业银行和股份制商业银行。

第三类：非银行金融机构。主要包括各类保险公司、投资银行、信托投资公司、财务公司、租赁公司等。

第二节 国内金融机构体系

一、我国金融机构体系的发展进程

这里，我们从新中国成立前我国金融机构体系的发展状况和新中国成立后我国金融机构体系的状况两个阶段来分开阐述。

（一）新中国成立前的金融机构体系

据《周礼·地官·泉府》记载，在西周时期我国就有专司政府信用的机构，有官名为“泉府”的掌管税收，西汉时期有私营高利贷机构“子钱家”。唐朝之后，金融业有了进一步的发展。到了明末清初，以票号、钱庄为代表的旧式金融业已十分发达。但数千年的封建制度使我国的商品经济发展十分缓慢，内生的金融需求少，当西方资本主义国家先后建立起现代的金融机构体系时，我国的典当行、钱庄、票号等仍停留在高利贷性质的旧式金融机构。

19 世纪中叶，我国东南沿海门户被打开，资本主义大工业生产经营方式在我国被推进，票号、钱庄等旧式的金融业已不能适应生产方式发展的需要。1845 年英商东方银行在香港和广州设立分行和分理处，1847 年设立上海分行，成为我国第一家外商新式银行。1897 年，我国民族资本自建的第一家股份制银行——中国通商银行在上海设立，标志着中国现代银行信用制度的开端。1865 年华商设立了我国首家民族保险企业——义和公司保险行。1882 年，首家民族证券公司——上海平准股票公司成立。之后，各类现代金融机构陆续建立起来。

国民党统治时期，官僚资本开始了对我国刚刚发展的金融业的垄断，形成了以四大家族为垄断核心的金融机构体系——“四行二局一库”。“四行”是中央银行、中国银行、交通银行、中国农业银行；“二局”是中央信托局和邮政储金汇业局；“一库”是指中央合作金库。“四行二局一库”成为国民党政府实行金融垄断的重要工具。同期，中国共产党在各个革命根据地也建立了自己的金融机构。比如第一次国内革命战争时期在瑞金成立的中华苏维埃共和国国家银行，抗日战争时期在各抗日根据地成立的银行，如陕甘宁边区银行、华北银行等。

（二）新中国成立后的金融机构体系

新中国成立后的金融机构体系的建立和发展大致可分为以下几个阶段。

1. 1948—1953 年：初步形成阶段

1948 年 2 月 1 日，在原华北银行、北海银行、西北农民银行的基础上建立了中国人民银行，它标志着新中国金融机构体系的初步建立。

2. 1953—1978 年："大一统"的金融机构体系

1953 年，我国开始大规模、有计划地进行经济建设，在经济体制与管理方式上实行了高度集中统一的计划经济体制及计划管理方式。金融机构体系也不例外，这套模式的基本特征为：中国人民银行是全国唯一一家办理各项银行业务的金融机构，集中央银行和普通银行于一身，其内部实行高度集中管理，利润分配事项统收统支。

3. 1979—1983 年 8 月：初步改革和突破"大一统"金融机构

1979 年中国银行从中国人民银行中分离出来，作为外汇专业银行，负责管理外汇资金并经营对外金融业务；同年，恢复中国农业银行负责管理和经营农业资金的业务；1980 年中国建设银行从财政部分设处理，专门负责管理基本建设资金，1983 年开始经营一般银行业务。

4. 1983 年 9 月—1993 年：多样化的金融机构体系初步形成

1983 年 9 月，国务院决定中国人民银行专门行使中央银行职能；1984 年 1 月，单独成立中国工商银行，承担原由人民银行办理的工商信贷和储蓄业务；1986 年以后，增设了全国性综合银行如交通银行、中信实业银行等，还设立了区域性银行如广东发展银行、招商银行等；同时批准成立了一些非银行金融机构，如中国人民保险公司、光大金融公司、中国投资银行、各类财务公司、城乡信用合作社及金融租赁公司等。同时，允许部分合格的营业性外资金融机构在我国开立，使我国金融机构体系从封闭走向开放。

5. 1994 年至今：建设和完善社会主义市场金融机构体系的阶段

1994 年国务院决定进一步改革金融体制。改革的目标之一是建立在中央银行宏观调控下的政策性金融与商业性金融分离、以国有商业银行为主体的多种金融机构并存的金融机构体系。为此，1994 年以来金融机构体系改革的主要目标是：分离政策性金融机构与商业性金融机构，成立三大政策性银行；国家四大专业银行向国有商业银行转化；建立以国有商业银行为主体的多层次商业银行体系。1995 年组建第一家民营商业银行——中国民生银行；同年在整顿和规范已有的城市信用社基础上，开始组建城市合作银行，1998 年更名为城市商业银行；大力发展证券投资基金等非银行金融机构；不断深化金融业的对外开放。

经过近 40 年的改革开放，我国的金融机构体系结构日臻完善，形成了以中央银行为领导的，大中小型商业银行为主体，多种非银行金融机构为辅的层次丰富、种类较为齐全、服务功能比较完备的金融机构体系。

二、中央银行

（一）中央银行的含义

中央银行（central bank），又叫货币当局，是一国最高的货币金融管理机构，在各国金融体系中均居于主导地位。各国的中央银行都发挥着宏观调控、保障金融安全与稳定及提供金融服务的作用等。

（二）我国中央银行的建立和发展

1. 我国中央银行的建立

1931 年 11 月 7 日，在江西瑞金召开的中华苏维埃第一次代表大会上，决定成立中华苏维埃共和国国家银行。1932 年 2 月 1 日，中华苏维埃共和国国家银行正式成立，这是中国共产党领导下的最早的中央银行。

1948 年 12 月 1 日，在合并解放区的华北银行、北海银行和西北农民银行的基础上，政府在石家庄成立了中国人民银行，同时统一了人民币的发行。1949 年 2 月，中国人民银行将总行迁往北京。

2. 我国中央银行的两次变革

中国人民银行从 1948 年成立到 1978 年间，其制度与我国高度集中管理的计划体制相适应，那时我国金融制度采取的是高度集中管理、以行政管理为主的“大一统”金融管理体制，中央人民银行是唯一的国家银行，其分支机构按照行政区域设置。中国人民银行集中央银行与商业银行职能于一身，既是货币发行和金融管理的政府机关，同时又是从事信贷、储蓄、结算等金融业务的经济组织；实行统一的银行转账结算，取消多种信用工具；实行指令性的计划行政管理。

（1）第一次变革（1979—1982 年）。其他银行从中国人民银行中独立出来。1979—1982 年间，随着改革开放的进行，金融体制改革也相继展开，随着各专业银行的相继恢复和建立，中国农业银行、中国银行先后从中国人民银行中独立出来。

（2）第二次变革（1983—1998 年）。中国人民银行专门行使中央银行的职能。1983 年 9 月 17 日，国务院决定自 1984 年 1 月 1 日起由中国人民银行专门行使中央银行职能，不再兼办工商信贷和储蓄业务。1984 年 1 月 1 日，中国工商银行正式成立，承接了过去由中国人民银行办理的金融经营业务。

1998 年以后，中国人民银行及其分支机构在全国范围内进行改组，撤销中国人民银行省级分行，在全国设立 9 个跨省、自治区、直辖市的一级分行，重点加强对辖区内金融业的监管管理。一个以中央银行为领导，以商业银行为主体，多种金融机构并存、分工协作的有中国特色的金融体系已经形成。目前，这一体系仍在完善中。

（三）世界各国中央银行的性质

世界上的中央银行从所有权性质进行分类，可分为三种：国有，部分国有和私有。

世界上大多数中央银行都是国家拥有所有权，比如英格兰银行；日本银行是典型公司合营即部分国有，政府占 55% 的股份，民间资本占 45%；美联储其全部股份由参加体系的各家商业银行认购所有，政府并不参股，属于私有。

中央银行的详细内容见第八章。

三、商业银行

（一）商业银行的含义

商业银行（commercial bank），是间接融资领域最主要的金融机构，通过存款、贷款、汇兑、储蓄等业务，承担信用中介，提供多种支付清算服务，并以利润最大化为主要经营目标的金融机构。无论在哪个国家，商业银行都是最重要的一种金融中介机构，它们所拥有的总资产最多，提供的金融服务也最全面。

（二）我国商业银行的性质

我国的商业银行按照资产性质分有国有控股商业银行和其他股份制商业银行两大类。

在我国，国有控股商业银行处于整个金融机构体系的主体地位，它们分别是：中国工商银行、中国农业银行、中国银行和中国建设银行。它们成立之初完全是国有性质，即国有独资商业银行。进入21世纪以来，国有商业银行进行了股份制改革，成为国有控股的股份制商业银行。除此以外，我国对一些其他性质的银行类金融机构进行了改革，先后建立了其他类型的股份制商业银行，如交通银行、中信银行、中国光大银行、华夏银行、中国民生银行、广东发展银行、招商银行、兴业银行、上海浦东发展银行、城市商业银行和农村商业银行等。

商业银行的详细内容见第七章。

四、政策性金融机构

政策性金融机构（policy - based financial institution）是指由政府创立、参股或保证的，不以利润最大化为经营目的，在特定的业务领域内从事政策性融资活动，以贯彻和配合政府产业政策意图的银行金融机构。

政策性金融机构的主要特点是：①不以追求利润最大化为目的；②服务于特定的业务领域；③组织方式上受政府控制；④不吸收居民储蓄存款，以财政拨款和发行金融债券为主要筹资方式。

政策性金融机构的产生主要是一国政府为了提升经济发展水平和实现社会经济发展战略或产业结构调整的政策要求。通常，对于经济欠发达国家，由于国家财力有限，不能满足基础设施建设和战略性资源开发所需的巨额、长期投资需求，最需要建立政策性金融机构；另外，国家需要进行战略性经济结构调整或升级，需要重点扶持或强力推进一些薄弱部门和行业时也会设立政策性金融机构。以其特殊的融资机制，将政府和社会资金引导到重点部门、行业和企业。

为了适应经济发展的需要，我国于1994年相继建立了经济开发政策性金融机构、进出口政策性金融机构和农业政策性金融机构三家政策性金融机构。

1. 经济开发政策性金融机构

经济开发政策性金融机构，是由一国政府出资设立的专门为经济发展提供长期投资或贷款的政策性金融机构。这类机构多以促进工业化、配合国家经济发展振兴计划或产业振兴战略为目的，贷款和投资方向主要是基础设施、基础产业、支柱产业的大中型基本建设项目和重点企业。机构多以“开发银行”“复兴银行”“开发金融公司”“开发投资公司”等称谓命名，如：日本开发银行、德国复兴信贷银行、美国复兴金融公司、加拿大联邦实业开发银行、意大利工业复兴公司、印度开发银行、亚洲开发银行、中国国家开发银行等。

我国的经济开发政策性金融机构是于1994年3月17日正式成立的中国国家开发银行，总部设在北京，在国内若干城市设有分行或代表处，其主要资金来源是发行政策性金融债券。经国务院批准，国家开发银行于2008年12月11日整体改制为国家开发银行股份有限公司（以下简称“股份公司”）。2015年3月，国务院明确国家开发银行定位为开发性金融机构。直属国务院领导，目前在中国内地设有37家一级分行和3家二级分行，境外设有香港分行和开罗、莫斯科、里约热内卢、加拉加斯、伦敦、万象6家代表处。全行员工近9 000人。旗下有国家开发银行金融、国家开发银行证券、国家银行租赁和中非基金等子公司。2017年，组织形式变更为有限责任公司。

2. 进出口政策性金融机构

进出口政策性金融机构，是指一国为促进进出口贸易，促进国际收支平衡，通过提供优惠的进出口信贷来增强本国企业的进出口竞争力，为私人金融机构提供出口信贷保险及执行政府的对外援助计划等，尤其是支持和推动出口的政策性金融机构。如美国进出口银行、加拿大出口发展公司、英国出口信贷担保局、法国对外贸易银行、德国出口信贷银行、中国进出口银行、中国出口信用保险公司等。

我国目前的进出口政策性金融机构有中国进出口银行和中国出口信用保险公司。中国进出口银行于1994年7月1日成立，总行设在北京，直属国务院领导，是由国家出资设立、支持中国对外经济贸易投资发展与国际经济合作、具有独立法人地位的国有政策性银行。其主要资金来源是发行政策性金融债券，同时也从国际金融市场筹措资金。截至2016年年末，中国进出口银行在国内设有29家营业性分支机构和香港代表处；在海外设有巴黎分行、东南非代表处、圣彼得堡代表处、西北非代表处。为“一带一路”贷款的项目有1 000多个，分布于49个沿线国家，涵盖公路、铁路、港口、电力、通信等多个领域。

中国出口信用保险公司是另外一个关于进出口的政策性金融机构，成立于2001年12月，是我国唯一承办出口信用保险业务的政策性保险公司，资本来源于出口信用保险风险基金，由国家财政预算安排。中国出口信用保险公司的主要任务是：积极配合国家外交、外贸、产业、财政、金融等政策，通过政策性出口信用保险手段，为货物、技术和服务等出口，特别是高科技、附加值大的机电产品等资本性货物出口提供信用保险，支持中国企业向海外投资，为企业开拓海外市场提供收汇风险的保障，并在出口融资、信息咨询、应收账款管理等方面为外经贸企业提供快捷、完善的服务。中国出口信用保险承保风险包括国家风险和买方风险。国家风险包括买方国家收汇的管制、政府征收、国有化和战争等风险；买方风险包括买方的信用风险（如拖欠货款、拒付货款和破产等）以及买方银行风险（开证行和保兑行不履行合约的风险等）。中国出口信用保险公司总部设在北京，现有15个职能部门，营业机构包括总公司营业部、18个分公司和6个营业管理部，已形成覆盖全国的服务网络，并在英国伦敦设有代表处，向俄罗斯、巴西、南非和迪拜等派驻了工作组。

3. 农业政策性金融机构

农业政策性金融机构，是指以贯彻和配合国家农业扶持和保护政策为目的，专门向农业提供中长期低息信贷的政策性金融机构。

世界许多国家专门设立了以支持农业发展为主要职责的银行，如美国的联邦土地银行、法国的农业信贷银行、德国的农业抵押银行及日本的农林渔业金融公库等。这些金融机构的资金来源主要有：政府拨款、发行政府担保的债券、吸收特定存款等。贷款和投资多用于支持农业生产经营者的资金需要、改善农业结构、兴建农业基础设施、支持农产品价格、稳定和提高农民收入等。

中国农业发展银行成立于1994年11月，总行设在北京。直属国务院领导，是我国唯一的一家农业政策性银行，其资金主要来源是中国人民银行的再贷款，同时发行少量的政策性金融债券。在各省、自治区和直辖市和计划单列市设立一级分行35个，在各地级市（地区）设立二级分行302个，目前暂未在西藏自治区设立分支机构。

随着社会主义新农村建设的全面推进和农村金融体制改革的不断深化，中国农业发展银行进入重要的发展机遇期。

表6-1　三家政策性银行的资金来源和主要资金运用

名称	资金来源	主要资金运用
国家开发银行	主要靠向国内外金融机构发行金融债券	制约经济发展的“瓶颈”项目，增强综合国力的支柱产业重大项目，高新技术在经济领域应用的重大项目，跨地区的大政策性项目等
中国进出口银行	以发行政策性金融债券为主，从国际金融市场筹措资金	为机电产品和成套设备等资本性货物出口提供出口信贷，办理与机电产品出口有关的各种贷款以及出口信息保险和担保业务，办理进出口信用保险、出口信贷担保等
中国农业发展银行	以中国人民银行的再贷款为主，同时发行少量政策性金融债券	办理粮食、棉花、油料等主要农副产品的国家专项储备和收购贷款，办理扶贫贷款和农业综合开发贷款以及小型农、林、牧、水基本建设和技术改造贷款

第三节　非银行金融中介

一、保险公司

保险公司（insurance company）是承担各类可保风险，进行风险管理的专业性非银行金融机构。保险公司以收取保费的形式建立起保险基金，并将集中起来的保险资金除用于理赔给付等各项准备金外，其余部分只限于银行存款、买卖政府债券、金融债券及证券投资基金等方面的投资。这一系统之所以被列入金融体系，是由于大量保费收入，通常都用于各项金融投资。

英国是保险业的发源地，早在1668年英国就有了海上保险业务，到1871年，英国议会通过了一项特别法令，成立了“劳埃德保险社”简称“劳合社”，从此，保险机构取得了法人资格，以劳合社为代表的英国保险业一直居世界保险业前列。除了英国之外，美国、加拿大等国家的保险业也很发达，美国拥有世界最大的人寿保险公司。

西方国家的保险公司是各国最重要的非银行类金融机构，保险覆盖的领域很广。西方的保险公司按业务分类主要有两种：人寿保险公司及财产和意外灾害保险公司。在绝大多数国家，人寿保险公司都相当于储蓄机构。因为从总体上来看，人口死亡率是相对比较稳定的，因此，人寿保险公司一般能够准确地计算出未来需要从所收取的保险费当中需要支付的保险金数额，从而基本能够确定稳定的可支配的款项，这些款项主要投资于收益较高的公司股票、债券、抵押贷款等长期性金融工具。财产和意外灾害保险公司主要是对火灾、盗窃、车祸、自然灾害等各种事件造成的财产损失进行经济上的补偿。由于这部分损失的不可测性，因此它们的保险赔偿金额不能像人寿保险公司那样可以准确地加以预算，所以财产险向客户所收取的保险费更多地投资于中央政府债券、市政债券等稳定收益金融项目，以保持必要的资产流动性。

由于保险公司收取的保险费经常要远远超过其保险金额的支出，因此积聚了大量的货币资本，这些货币资本的稳定性是西方国家金融系统长期资本的重要来源。

在我国，保险公司按其保险标的不同分为两大类：人身保险公司和财产保险公司，同一保险人不得同时兼营财产保险业务和人身保险业务，保险公司的业务范围由金融监督管理部门核定，保险公司只能在被核定的业务范围内从事保险经营活动。其中，人身保险公司的规模最大，它兼有储蓄银行的性质，在保险业的发展中占有领先地位。

1995 年 10 月 1 日，新中国成立以来第一部保险法《中华人民共和国保险法》开始实施。

在我国金融领域，保险市场的对外开放程度最大。从外资保险公司进入市场以来，中国境内的保险公司不断增加，目前外资保险公司也已经成为中国保险体系的重要组成部分。尽管我国保险业在近些年获得了快速发展，但是与世界发达国家相比，保险深度和保险密度仍处于较低的发展水平。

截至 2017 年 8 月，据中国保险监督管理委员会公布的数据显示，我国的保险集团控股公司一共有 12 家，经营人身险的保险公司共 89 家，经营财产险的保险公司共 84 家，再保险公司共 12 家，保险资产管理公司共 23 家，外资保险公司代表处共 190 家，其他共四家（数据来源：中国保险监督管理委员会网站）。

表 6－2　　2015 年保费规模、保险深度与保险密度的国际比较

国家	保费收入/百万美元	占世界市场比重/%	保险深度/%	保险密度/%
美国	1 316 271	28.90	7.3	4 096
日本	449 707	9.88	10.9	3 553
中国	386 500	8.49	3.6	280
英国	320 176	7.03	10.0	4 359
法国	230 545	5.06	9.3	3 392
德国	213 263	4.68	6.2	2 563

二、投资银行

1. 投资银行的概念及特点

投资银行（investment bank），是美国的称谓，是指依法批准成立的专门从事各种有价证券经营相关业务的金融企业。也就是说，投资银行是以证券业务为本源业务，主要发挥直接融资功能的金融机构，是国际金融体系中最重要的组成部分之一。投资银行的业务几乎涵盖了所有的资本市场业务，包括证券承销、证券交易、证券私募、资产证券化、收购与兼并、基金管理、风险资本投资、衍生金融工具的创造与交易和咨询服务等。

世界各国对投资银行的称谓各不相同，在英国称为商人银行，在日本称为证券公司，在法国称为实业银行，在美国称为投资银行。在我国，一般以证券公司命名，不以投资银行命名。表6-3说明了投资银行的特点。

表6-3 投资银行的特点

	投资银行
资金来源	以发行证券为主
主要业务	证券承销、交易，衍生金融工具的创造、交易，收购、兼并及相关服务和融资等
主要功能	直接融资
利润来源	佣金、费用收入及融资收益
监管机构	以证监业监管部门为主*

注：*目前，大多数国家对投资银行的监管由证券管理机构进行。在美国，投资银行业主要由SEC（Securities and Exchange Commission，证券交易委员会）负责监管。随着金融业混业经营趋势的出现，各国对投资银行的监管在内容和机构方面也已出现了一些变化。

2. 投资银行的分类

投资银行的业务几乎涉足所有的金融市场，其业务种类广泛，经营一切与证券相关的金融产品，但投资银行和其他行业一样有着规模差异和专业分工，并不是每一家投资银行都经营所有的投资银行业务。在投资银行业最发达的美国，按规模、信誉、业务范围、市场份额、客户基础等可将投资银行分为以下几类：

（1）超大型投资银行。这类投资银行在业务规模、信誉、市场份额、客户数目、客户实力等方面都领先于其他投资银行。这类超大型投资银行大致包括美国的高盛、摩根·史丹利、摩根大通、花旗集团的环球金融部。曾经在2008年因金融危机而倒闭的雷曼兄弟公司和在2008年经济危机中遭受损失后被美国银行收购的美林投资银行也属于此列。

英国实力最雄厚的著名投资银行有罗斯柴尔德集团、施罗德集团等。这些投资银行都来源于家族银行业，在很长时间里受制于家族势力的影响，业务发展落后于美国的投资银行，它们从最近几年才开始全方位开拓业务，实力和美国的大投资银行相比要逊色许多。

德国的德意志银行属于国际上大规模的超大型投资银行之一。

日本的投资银行一般被称为证券公司，目前在规模、资本金、业务范围、业务量和客户数目等各方面均居于日本证券公司前列，成为支柱的证券公司有野村证券公司和大和证券公司。

（2）大型投资银行。这类投资银行在规模、信誉、市场份额、市场实力方面比上述超大型投资银行略逊一筹。按资产规模来看，这类投资银行一般排在上述几个美国投资银行的后面。

（3）次级投资银行。这类投资银行是以本国金融中心为基地，专门为某些投资群体或较小的公司服务的投资银行。它们一般规模较小，在组织上常采用合伙制。

（4）地区性投资银行。地区性投资银行是指专门为（金融中心以外）某一地区的中小企业或地方政府机构服务的投资银行，其信誉和实力一般相对较薄弱。

（5）专业性投资银行。专业性投资银行是指专门在某一业务领域进行经营的投资银行，如包括经营和买卖某些行业证券（钢铁公司股票、高科技股票、银行债券等）或进行技术性承销的投资银行，还有以高质量投资风险和研究拓展延伸的研究性投资银行。

（6）商人银行。美国的商人银行是指专门从事兼并和收购等融资活动的投资银行。有时，投资银行用自身资金购买证券的活动也被称为商人银行业务。美国著名的商人银行有黑石集团。

美国的投资银行中，第一、第二类投资银行掌握着大量巨额资产，不仅对本国的金融市场和经济运行起着举足轻重的作用，在经济一体化、全球化的条件下，对全球经济的影响也越来越大。

3. 我国的投资银行

投资银行在我国实际上是指证券公司，具体而言是指证券公司的投资银行部门（IBN），其业务范围包括股票、可转债、国债、企业债券的承销及上市保荐、财务顾问等。从我国的实践看，投资银行业务最初是由商业银行来完成的，因为商业银行不仅是金融工具的主要发行者，也是掌管金融资产量最大的金融机构。20 世纪 80 年代中后期，随着中国开放证券流通市场，原有商业银行的证券业务被逐渐分离出来，各地先后成立了一批证券公司，形成了以证券公司为主的证券市场中介机构体系。在随后的十余年里，券商逐渐成为中国投资银行业务的主体。但是，除了专业的证券公司以外，还有一大批业务范围较为广泛的信托投资公司、金融投资公司、产权交易和经济机构、资产管理公司、财务咨询公司等也在从事投资银行的其他业务。这类公司绝大多数是从过去为客户提供管理咨询和投资顾问业务发展起来的，并具有一定的资本实力，在企业并购、项目融资和金融创新等方面具有很强的灵活性，也逐渐成为中国投资银行领域的又一支中坚力量。

中国现代投资银行的业务从发展到现在虽然取得了一定的成绩，但是因为发展时间较短，所以出现了各种问题，比如：规模过小、业务范围狭窄及界限不清、缺少高素质专业人才、过度竞争等问题。但中国的投资行业市场潜力很大，随着中国经济体制改革的迅速发展和不断深化，国有大中型企业在转换经营机制和民营企业谋求未来发展等方面越来越依赖资本市场的作用，整个社会经济生活中对投融资的需求日益旺盛。另外，随着国际经济全球化和市场竞争日益激烈，已形成多样化、国际化、专业化、集中化和混业经营的趋势，这些对于发展初期的中国投资银行业都是巨大的机遇和挑战。

中国证监会对2016年度129家证券公司会员经审计的经营数据及业务情况进行了统计排名，按照企业规模与经营绩效、风险管理与负债能力、客户基础及市场影响力三大类，共计49项指标，排出总资产前五的依次是中信证券、国泰君安证券、海通证券、广发证券、华泰证券公司，净资产排名前五的分别是中信证券、海通证券、国泰君安证券、华泰证券、广发证券公司。其中中信证券、海通证券、广发证券公司的组织架构中设有投资银行部门。

三、信用合作社

信用合作社（credit union），是规模较小的存款性金融机构，是指由个人集资联合组成，以互助为主要宗旨的合作金融组织。

信用合作社分为城市信用合作社和农村信用合作社。城市信用合作社是中国城市居民集资建立的合作金融组织。宗旨是通过信贷活动为城市集体企业、个体工商业户以及城市居民提供资金服务。农村信用合作社是由农民入股、由社员民主管理、为入股社员服务的农村集体金融组织。宗旨是为农村个人储蓄以及农户、个体经济户的存款、贷款和结算提供资金服务。

最早的信用合作社是1849年在德国莱茵河地区建立的农村信用合作社。美国在1980年后，银行管理法规甚至允许信用合作社提供支票存款，并提供除消费贷款以外的抵押贷款，使其成为重要的金融机构之一。信用合作社大多设在城市的社区或农村人口相对集中、交通相对便利的地方，和会员联系紧密。所以，信用合作社能起到弥补其他金融机构网点不足的作用，可以更好地动用资金，促进社会闲散资金的汇集。信用合作社的存在对其他金融机构也是一种挑战，有利于促进金融业的竞争。下面简单介绍一下我国城市信用合作社和农村信用合作社的情况。

1. 我国城市信用合作社

我国的城市信用合作社是在改革开放初期发展起来的。20世纪80年代中期，由于城市私营、个体经济的蓬勃兴起，为其提供金融服务的城市信用社也迅速发展。但由于城市信用社从一开始在经营中其合作性质就不明确，背离了合作制原则，且存在规模小，资金成本高、股权结构不合理、内控体制不健全等问题，经营风险日益显现和突出。

为了根本解决城市信用社的风险问题，1995年9月7日，国务院发布《关于组建城市合作银行的通知》，决定自1995年起在撤并城市信用社的基础上，在大中城市分期分批组建由城市企业、居民和地方财政投资入股的地方股份制性质的城市合作银行，并选择北京、天津、上海、深圳和石家庄5个城市作为试点。1995年3月以后，全国基本上完成停止了城市信用社的审批工作。1996年6月，经国务院同意，中国人民银行城市合作银行组建工作领导小组决定，城市合作银行的组建工作在35个大中城市和60个地级城市全面展开。1997年12月，根据95个城市合作银行的组建过程，国务院又批准在东莞等58个地级城市继续开展城市合作银行的组建工作。2012年3月29日，全国最后一家城市信用社——宁波象山县绿叶城市信用社改制为城市商业银行，即宁波东海银行股份有限公司（简称宁波东海银行），至此，我国的城市信用社正式退出历史舞台，全部由城市商业银行合并。

2. 我国农村信用合作社

我国的农村信用合作社是20世纪50年代中期在广大农村普遍组建起来的。大体经历了以下4个阶段：

1951—1959年，这是新中国农村信用合作社组建和发展的第一阶段。1951年5月，中国人民银行总行召开了第一次全国农村金融工作会议，决定大力发展农村信用合作社。到1957年年底，全国共有农村信用合作社88 368个。这一时期的农村信用合作社，资本金由农民入股，干部由社员选举，通过信贷活动为社员的生产、生活服务，基本保持了合作制的性质。

1959—1979年，这一阶段由于受“极左”路线的影响，农村信用合作社曾先后下放给人民公社、生产大队管理，后来又交给贫下中农管理，农村信用社基本成为基层大队的金融工具。

1979—1996年，农村信用合作社由农业银行进行管理。1984年，国务院批转了中国农业银行《关于改革信用社管理体制的报告》，提出把农村信用合作社真正办成群众性的合作金融组织，在遵守国家金融政策和接受农业银行领导、监督下，独立自主地开展存贷业务，成立了县级联社。这段时期农村信用合作社成了农业银行的“基层机构”，走上了“官办”的道路，贷款大量投放给了乡镇企业，农民对信用合作社的经营活动失去监督。

1996年开始，农村信用社由中国人民银行托管，银监会成立后由银监会监管。经过几年的一系列改革整顿和规范管理，取得了一定成效。但中国人民银行对农村信用合作社既是金融监管机构又是行业管理机构，这对农村信用合作社的长远发展是不利的，所以，2000年开始国家在江苏进行农村信用合作社的试点改革。2003年6月，国务院下发《国务院关于印发深化农村信用社改革试点方案的通知》；8月，国务院确定浙江、江苏、四川、贵州、山东、吉林、重庆、陕西和江西等为改革试点省（市）。2003年以后，各地农村信用合作社陆续改组为农村商业银行。目前，我国拥有的农村商业银行有384家。另外有1 424家农村信用社已经达到或基本达到农村商业银行组建条件。

四、信托投资公司

信托投资公司（investment&trust company），按国际惯例就是“受人之托，代人理财”，即非银行金融机构以受托人的身份代替客户进行财务管理并从中赚取手续费。

信托投资在国外已有3 800多年的历史，在国外将个人财产及金融资产委托给信托投资公司进行管理，已经成为一种非常普遍的现象。在发达的市场经济国家，信托投资也发展成为现代金融业的重要支柱之一，信托投资与银行、证券、保险并称为现代金融业的四大支柱。

英国是信托投资业的发源地，美国最早开办专业的信托投资公司。1822年在美国成立的纽约农业火险放款公司（后更名为农民放款信托投资公司），是世界上第一家信托投资公司。

中国的信托投资业始于20世纪初的上海。1921年8月，在上海成立了第一家专业信托投资机构——中国通商信托公司，1935年在上海成立了中央信托总局。新中国建立至

1979 年以前，信托投资在高度集中的计划经济管理体制下，没有能得到发展。1979 年 10 月，伴随着改革开放的步伐，国内第一家信托投资机构——中国国际信托投资公司宣告成立，此后，从中央银行到各专业银行及行业主管部门、地方政府纷纷办起各种形式的信托投资公司，到 1988 年达到最高峰时共有 1 000 多家，总资产达到 6 000 多亿，占当时金融总资产的 10%。这些信托投资公司在最初为经济部门提供金融服务等方面发挥了一定的积极作用，但是由于缺乏法律规范和管理经验，不少信托投资公司的业务超越了“代人理财”的范围，不仅取得国内外各种渠道的融资权，还相继拿到了进出口贸易、房地产开发、租赁等多项投资经营权，并向企业、政府提供贷款，其业务范围与“信托”两个字脱节。中国人民银行自 1999 年开始对信托业进行整顿。2002 年 10 月 1 日，中国第一部《信托投资公司管理办法》开始实施，这标志着中国通过立法确定了信托制度，也标志着逐渐规范信托业务。2004 年，央行和银监会对信托投资公司进行了新一轮的全面整顿。规范后的信托投资公司主要经营资金、动产、不动产信托，基金管理和兼并重组，企业财务顾问等业务。规范后的信托投资公司以手续费、佣金为主要收入来源，使信托业真正成为“受人之托、代人理财”的无风险金融机构。2004 年年底整顿完成之后，全国获得重新登记、领取金融许可证的信托投资公司有 59 家。2005 年银监会颁布了《信托投资公司信息披露管理暂行办法》，对信托业的规范治理提出了更高的要求。通过近年来的整顿，信托投资公司的业务得到了快速发展。目前，我国由银监会审批发放牌照的信托投资公司共计 68 家。其中，央企控股类信托投资公司 24 家，地方政府控股类信托投资公司 9 家，地方性国企控股类信托公司 22 家，外资银行参股 6 家，民营 7 家。

五、财务公司

财务公司（finance company），通过发行债券、商业票据或从银行借款获得资金，经营部分银行业务的非银行金融机构，业务范围主要为企业技术改造、新产品开发以及产品销售提供金融服务。各国的名称不同，业务内容也有差异，但多数是商业银行的附属机构，主要吸收存款。

财务公司于 20 世纪初在发达国家开始兴起，主要有美国模式和英国模式两种类型。

美国模式财务公司又称为销售财务公司，由一些大型零售商或制造商设立、旨在以提供消费信贷方式促进企业产品销售的非银行金融机构，主要分布在美国、加拿大和德国。美国财务公司产业的总资产规模超过 8 000 亿美元，财务公司在流通领域的金融服务几乎涉及从汽车、家电、住房到各种工业设备的所有商品，对促进商品流通起到了非常重要的作用。

英国模式财务公司基本上都依附于商业银行，其组建的目的在于规避政府对商业银行的监管，从而进行某些业务的开展。因为政府规定，商业银行不得从事证券投资业务，而财务公司不属于银行，所以不受此限制，这种类型的财务公司主要分布在英国、日本和中国香港。

我国的财务公司在组织结构上不属于商业银行的附属集团，也不是销售财务公司，而是隶属于大型集团的非银行金融机构，由企业集团内部集资建立。其宗旨是为本企业集团内部各企业筹资和融资，促进其技术改造和技术进步，如华能集团财务公司、中国化工进出口财务公司。

中国银监会2004年7月27日颁布的《企业集团财务公司管理办法》规定了财务公司的经营范围，主要有：①为成员单位办理财务和融资顾问、信用鉴证及相关的咨询、代理业务；②协助成员单位实现交易款项的收付；③经批准的保险代理业务；④为成员单位提供担保；⑤办理成员单位之间的委托贷款及委托投资；⑥为成员单位办理票据承兑及贴现；⑦办理成员单位之间的内部转账结算及相应的结算、清算方案设计；⑧吸收成员单位的存款；⑨为成员单位办理贷款及融资租赁；⑩从事同业拆借；⑪银监会批准的其他业务。

在我国财务公司从事以上经营范围内的每一项业务都需要获得银监会的许可。

六、投资公司

1. 投资公司的内涵

投资公司（investment company）是一种金融中介公司，它通常将个人投资者的资本汇集起来进行专业性投资管理，投资于众多证券或其他资产之中，以此分散风险、获取收益。

广义的投资公司是指将众多资金汇集起来并按照投资目标进行合理组合的一种企业组织，既包括信托投资公司、财务公司、投资银行、基金公司、商业银行和保险公司的投资部门等金融机构，也包括涉足证券投资和产权投资的各类企业。资金来源主要是发行自己的债券、基金单位或股票，从其他银行取得贷款，接受委托存款等。业务范围包括购买企业的股票和债券、参加企业的创建和经营活动、提供中长期贷款、经营本国及外国政府债券、基金管理等。

狭义的投资公司是指依法组成的以营利为目的的股份有限公司，投资者通过购买公司股份成为股东，由股东大会选择某一投资管理公司来管理该公司的财产。

2. 投资公司的主要功能

（1）记录保存与管理。投资公司每个阶段会出具管理情况报告，记录资本的分配、股利、投资以及本金赎买等情况；同时，可以替投资者对利息及股利收入进行再投资。

（2）多样化可分割性。通过资产的集中和投资，投资公司可以使投资者持有市场上一部分证券，使个人投资者能够拥有大投资者拥有的投资项目，这样的投资效果不是个人投资者能够独自实现的。

（3）专业化管理。大部分投资公司拥有专职的专业投资人士，能够对投资者的资产进行合理化配置和投资，可以获取最优的投资效果。

（4）低成本交易。投资公司投资的一般都是大宗交易，因此在经纪费用和佣金方面可以获得一定的优惠，减少支出，节省成本，扩大收益，最终反馈给投资者。

七、租赁公司

这里的租赁公司（leasing company）指的是“金融租赁公司”，是指以经营融资租赁业务为主的非银行金融机构。所谓融资租赁是指设备需求者（承租人）需要添置技术设备但缺乏资金或不愿意占用资金购买设备，则由出租人代其购进或租进所需设备并出租给其使用，按期收取租金，待租赁期满，承租人可以选择退回、续租或者以象征性的价款购买租进设备的一种把金融、贸易和技术更新结合起来的租赁方式。

世界第一家金融租赁公司于1952年在美国成立，开启了现代金融租赁业的发展进程。在我国，金融租赁公司专指经中国人民银行批准的从事融资租赁业务的非银行金融机构，而非对外经济贸易合作部和贸易局批准成立的融资租赁公司。1981年，中国国际信托投资公司组建了东方国际租赁有限公司和中国租赁有限公司。2000年7月25日，中国人民银行颁布了《金融租赁公司管理办法》，标志着我国金融租赁业进入正规发展轨道。

我国金融租赁公司的主要业务有：①直接租赁、回租、转租赁、委托租赁等融资性租赁业务；②吸收股东1年期（含）以上定期存款；③接受承租人的租赁保证金；④向承租人提供租赁项下的流动资金贷款；⑤有价证券投资、金融机构股权投资；⑥经中国人民银行批准发行金融债券；⑦向金融机构借款；⑧境外外汇借款；⑨同业拆借业务；⑩租赁物品残值变卖及处理业务；⑪经济咨询和担保。

目前，我国从事融资租赁业务的机构主要有三类：第一类是由中国人民银行批准专营融资租赁业务和兼营融资租赁业务的机构。这些机构都不同程度地开展了融资租赁业务，同时兼营机构还从事中国人民银行批准的信托、债券、投资等其他金融业务；第二类是由对外经济贸易合作部审批成立的专门从事融资租赁业务的中外合资租赁公司。这类公司作为引进外资的窗口，其营运资金的来源主要是国外股东或外资金融机构，它们不从事任何其他金融业务；第三类是由国内贸易局批准开展融资租赁业务试点的部分租赁公司。这类公司原直接依托制造商开展经营租赁业务，不能开展融资租赁业务。

当前，我国从事融资租赁业务的公司众多，但由于多头管理、体系不健全、税制不合理、产业链不完整、观念陈旧等原因，我国的金融租赁公司、中外合资租赁公司及众多内资厂商类租赁公司，往往只能达到收支平衡，远远还没有形成品牌效应和核心竞争力。

延伸阅读

互联网时代的保险中介

自从互联网被广泛利用在各个领域后，很多保险公司互联网化后，使用互联网技术直接对线下客户进行精准营销，并且快速地促成线上交易，降低了交易成本，削弱了传统中介机构的作用。据《2016中国互联网保险行业研究报告》，在车险领域，原来由保险中介强势把控的车险业务，2015年通过互联网收入了500多亿元的车险保费；人身险领域，保险企业通过官网、微信、第三方平台等渠道引导了大量客户自主购买，连续几年保费收入增速超过100%，传统的保险中介面临着巨大的挑战。

然而，也有保险经纪和代理公司开始利用互联网进行创新。保险经纪代理公司在互联网方向的创新涵盖了很多方面，包括销售环节中的在线直销、产品比价、电子计划书演示、O2O等保险超市平台；投保服务环节中的代理人展业工具、理赔协助服务工具以及保单托管；根据具体情况、精准数据等进行创新产品的开发。其中在线超市类型的网站最多。中国保监会提供的数据显示，截至2015年年底，保险代理、经纪公司进行互联网保险备案的共计105家，在2015年有40家中介公司更新了自己的互联网业务备案。然而，在2 500多家保险中介机构中，积极布局互联网的中介公司目前只占4.2%，这意味着大部分中介公司还在延续传统业务。

保险中介大致可分为专业代理平台、兼业代理平台和第三方平台。专业代理平台属于垂直电商，通过集合各大保险公司的保险产品向消费者统一展现，以向保险公司官网引流或者直接完成交易，优势是保险产品丰富，可为消费者方便地对比产品。保险垂直电商可进一步分为B2C、B2C + O2O和C2C模式，车险、意外险、理财性质的年金险等简单险种多采用B2C模式，而寿险等较复杂的险种多采用O2O或C2C模式。兼业代理平台包括具有场景优势的平台和具有流量优势的电商平台或门户网站。前者因将保险销售嵌入场景需求中，以精准影响在细分险种领域具有重要影响力；后者因具备流量优势，在推动用户网购保险习惯方面功不可没。第三方平台分为综合销售类的保险超市或保险特卖平台，垂直类的销售平台、咨询平台和比价平台。

资料来源：互联网时代保险中介何去何从［J］. 金融时报，2016年4月19日，有改动。

第四节 国际金融机构体系

一、国际金融机构概述

（一）国际金融机构的概念

国际金融机构是指从事国际金融管理和国际金融活动的超国家性质的组织机构，是政府间的金融合作组织。国际金融机构在世界经济与金融、区域经济与金融方面作用重大，能够在重大的国际经济金融事件中协调各国的行为，提供短期资金缓解有关国家的国际收支困难，稳定汇率；提供长期资金促进各国经济发展。

（二）国际金融机构的产生和发展

1. 第二次世界大战前成立的国际清算银行

国际金融机构的发端可以追溯到1930年5月在瑞士巴塞尔成立的国际清算银行（bank for international settlements，BIS），由英国、法国、德国、意大利、比利时、日本等国的中央银行与代表美国银行界利益的摩根银行、纽约和芝加哥的花旗银行组成的银团，根据《海牙国际协定》共同组建。国际清算银行最初创办的目的是为了处理第一次世界大战后德国的赔偿支付及其有关的清算等业务问题。

2. 第二次世界大战后的布雷顿森林体系，建立了全球性国际金融机构

1944年，二战胜利者盟国在美国新罕布什尔州的布雷顿森林召开会议。此次会议签订了《布雷顿森林协议》，创立了国际货币基金组织（IMF）和世界银行（WB），从而建立起全球性国际金融机构。

3. 20 世纪 50 年代到 70 年代，区域性国际金融机构建立

1957 年开始到 20 世纪 70 年代，欧洲、亚洲、非洲、拉丁美洲和中东地区的国家为了发展本地区的经济，通过互助合作方式，先后建立一些区域性的国际金融机构，比如非洲开发银行、亚洲开发银行、泛美开发银行等。

二、国际货币基金组织

（一）国际货币基金组织的成立、宗旨和运营资金

国际货币基金组织（IMF）是根据 1944 年 7 月签订的《国际货币基金协定》，于 1945 年 12 月在华盛顿正式成立，与世界银行并列为世界两大金融机构之一。1947 年 11 月 15 日起成为联合国的一个专门机构，在经营上具有独立性。

国际货币基金组织的宗旨：促进国际货币合作；稳定国际汇率，避免竞争性的汇价贬值；协助成员国纠正国际收支的失调。

运营资金：国际货币基金组织的资金来源于各成员国认缴的份额。各成员国的份额由该组织根据各成员国的国民收入、黄金和外汇储备、进出口贸易额以及出口的波动性等经济指标确定。成员国享有提款权，即按所缴份额的一定比例借用外汇。

（二）国际货币基金组织的运营

IMF 的组织结构由理事会、执行董事会、总裁和常设职能部门等组成。

IMF 的最高权力机构是理事会，由各成员国派正、副理事各一名组成，一般由各成员国的财政部长或中央银行行长担任。执行董事会负责处理该组织的日常工作，行使董事会委托的一切权力。总裁由执行董事会推选，负责基金组织的业务工作，任期 5 年，可连任，另外还有三名副总裁协助负责该组织的运营。历任总裁按照惯例由欧洲人担任。

IMF 设有 16 个职能部门，负责经营业务活动。此外，IMF 还有 2 个永久性的海外业务机构，即欧洲办事处（设在巴黎）和日内瓦办事处。

1969 年，IMF 创立了特别提款权（special drawing rights，SDR），是国际货币组织分配给成员国的一种使用资金的账户资产，成员国所获得的特别提款权就成为本国的储备资产，可以用于成员国政府间的债务往来，不能用于贸易或非贸易的支付。特别提款权采用一揽子货币的定值方法。货币篮子每 5 年复审一次，确保篮子中的货币是国际交易中所使用的那些具有代表性的货币，各货币所占的权重反映了其在国际贸易和金融体系中的重要程度。

1945 年中国加入国际货币基金组织，成为创始国之一。1980 年 4 月 17 日，IMF 恢复了中国的代表权。1991 年，国际货币基金组织在北京设立了常驻代表处。2016 年 10 月 1 日开始，人民币正式成为 SDR 篮子中的五大货币之一，占比 10. 92%，仅次于美元的 41. 73% 和欧元的 30. 93%。

三、世界银行

（一）世界银行的成立和含义

世界银行和国际货币基金组织都是 1944 年布雷顿森林会议的产物，成立于 1945 年

12 月 27 日，1946 年 6 月正式营业。目前，世界银行的使命由创立之初的帮助二战中被破坏的国家重建已经转移到帮助发展中国家消除贫困、促进可持续发展为目的。

世界银行的含义有广义和狭义之分：从广义上讲，是世界银行集团的简称，由五个机构组成，包括国际复兴开发银行、国际开发协会、国际金融公司、多边投资担保机构和国际投资争端解决中心；从狭义上讲，世界银行是国际复兴开发银行的通称。

（二）世界银行的运营

世界银行的最高权力机构是理事会，由每个成员国任命的一名理事和副理事组成，该职位通常由成员国的财政部长、中央银行行长或级别相当的官员担任。理事和副理事任期五年，可以连任。执行董事会负责处理日常业务，美国是世界银行最大的股东，因此从成立以来，世界银行的行长一般由美国总统提名，并由美国人担任。中国经济学家林毅夫曾担任世界银行副行长兼首席经济学家。

世界银行的资金来源主要是：第一，各成员国缴纳的股金；第二，向国际金融市场的借款；第三，发行债券和收取贷款利息。

世界银行的设立遵循股份公司的原则。成立之初，法定资本为 100 亿美元，全部资本是 10 万股，每股 10 万美元。每个成员国都要认购其股份，认购股份的多少根据该国的经济实力，同时参照该国在 IMF 缴纳的份额大小决定。世界银行每一会员国拥有 250 票基本投票权，每认购 10 万美元的股本即增加一票。

1945 年中国加入世界银行，成为其创始国之一。1980 年 5 月 15 日，世界银行恢复了中国的合法席位。中国目前在世界银行的投票权为 4.42%，仅次于美国（15.85%）、日本（6.84%），成为世界银行第三大股东。

四、国际清算银行

（一）国际清算银行的创立和宗旨

国际清算银行是英、法、德、意、比、日等国的中央银行与代表美国银行界利益的摩根银行、纽约和芝加哥的花旗银行组成的银团，根据海牙国际协定于 1930 年成立，总部设在瑞士巴塞尔，是一个独立的国际金融组织，现成员国发展为 45 个。第二次世界大战以后，国际清算银行的业务内容从为了处理第二次世界大战后德国的赔偿支付及有关结算转移到了促进各国中央银行之间的合作，为国际金融业务提供便利，并接受委托或作为代理人办理国际清算业务等。

（二）国际清算银行的运营

国际清算银行的组织机构包括股东大会、董事会、办事机构。

国际清算银行的最高权力机关是股东大会，股东大会于每年 6 月份在巴塞尔召开。董事会是国际清算银行的经营管理机构，设主席 1 名，副主席若干名，每月召开一次例会，审议银行日常业务工作。董事会主席和行长由 1 人担任。董事会根据主席建议任命总经理和 1 名副总经理，负责银行的业务经营。

国际清算银行的资金主要来源于三个方面：第一，各成员国缴纳的股金；第二，向各成员国中央银行的借款，以补充该行自有资金的不足；第三，接受各国中央银行的黄金存款和商业银行的存款。

国际清算银行以各国中央银行、国际组织为服务对象，不办理私人业务。各国中央银行可以在该行存放外汇储备，货币种类可以转换，并随时提取无须声明理由。存放在国际清算银行的黄金储备是免费的，可以用做抵押、从国际清算银行取得黄金价值85%的现汇贷款。同时，国际清算银行还代理各国中央银行办理黄金购销业务，并负责保密，是各国中央银行之间进行合作的理想场所。

延伸阅读

2016年9月30日（华盛顿时间），国际货币基金组织（IMF）宣布纳入人民币的特别提款权（SDR），新货币篮子于10月1日正式生效。拉加德总裁发表声明称，这反映了人民币在国际货币体系中不断上升的地位，有利于建立一个更强劲的国际货币金融体系。

新的SDR货币篮子包含美元、欧元、人民币、日元和英镑5种货币，权重分别为41.73%、30.93%、10.92%、8.33%和8.09%，对应的货币数量分别为0.582 52、0.386 71、1.017 4、11.900、0.085 946。IMF每周计算SDR利率，并将于10月7日公布首次使用人民币代表性利率，即3个月国债收益率计算的新SDR利率。有关汇率的计算方法详见《人民币纳入特别提款权（SDR）背景问题》。

人民币纳入SDR是人民币国际化的里程碑，是对中国经济发展成就和金融业改革开放成果的肯定，有助于增强SDR的代表性、稳定性和吸引力，也有利于国际货币体系改革向前推进。我国以人民币入篮为契机，进一步深化金融改革，扩大金融开放，为促进全球经济增长、维护全球金融稳定和完善全球经济治理做出积极贡献。

资料来源：中国人民银行网站（http：//www.pbc.gov.cn/），有改动。

本章小结

1. 金融机构又称金融中介，是指专门从事货币信用活动的中介组织，包括银行、保险公司、证券公司、信托投资公司、财务公司等。

2. 我国的金融机构体系是以中央银行为核心、商业银行为主体的银行金融机构和非银行金融中介机构并存的金融机构体系。

3. 在我国的金融机构体系中，中国人民银行是最高的金融管理机构，四大国有商业银行中的中国工商银行、中国农业银行、中国银行、中国建设银行在整个金融机构中处于主体地位，政策性金融机构中的国家开发银行、中国进出口银行、中国农业发展银行由政府投资成立，专门从事政策性金融业务，处于调节的地位。其他非银行金融中介机构随着我国金融体制的改革和经济的发展及混业经营的趋势，正在经历着各种变革与发展。

4. 国际金融机构体系是从事国际金融管理以及国际融资业务的超国家性质的组织机构。在世界经济与金融、区域经济与金融方面起到非常重要的作用，其中最重要的三个金融机构是国际货币基金组织（IMF）、世界银行（IB）、国际清算银行（BIS）。

重点名词

金融机构　金融机构体系　政策性银行　保险公司　投资银行　投资公司　租赁公司　财务公司　信托投资公司　特别提款权

思考题

1. 下列（　）属于政策性金融机构的特点。

A. 追求经营利润的最大化
B. 服务于特定的业务领域
C. 组织方式上受政府控制
D. 以财政拨款和发行金融债券为主要筹资方式

2. 严格来讲，投资银行的业务主要包括（　）。

A. 证券承销、交易
B. 房地产经营买卖
C. 衍生金融工具的创造、交易
D. 收购、兼并及相关金融服务及融资

3. 世界银行的资金来源主要有哪些?

4. 国际货币基金组织的主要宗旨有哪些?

5. 分析自己的哪些行为涉及与金融机构的联系，并思考如何使自己在金融环境中更好地行动。

6. 简单描绘出中国的金融机构体系架构。

7. 在《哈姆雷特》（Hamlet）中，Polonius 给 Laertes 忠告："既不要向别人借钱，也不要借钱给别人。"这条忠告的两个方面，金融机构都违背了。思考并讨论：金融机构这样做对金融市场和社会经济起到了什么样的作用?

8. 选取我国一家大型证券公司和美国一家大型投行，通过查找资料分析比较目前其业务范围的相同处和不同处，并阐述其背后的原因。

第七章 商业银行

学习目标

- 了解商业银行的产生、发展，掌握商业银行的概念。
- 掌握商业银行的职能。
- 了解商业银行的主要业务。
- 理解并掌握商业银行的经营原则及其关系。
- 了解商业银行经营管理理论的发展及内容。

在各国金融体系中，商业银行都居于核心位置。商业银行的产生和发展与经济发展有着密切的联系。

第一节 商业银行的起源与发展

一、商业银行的起源

商业银行的历史非常久远。据考古学家在阿拉伯大沙漠发现的石碑证明，在公元前2000年以前，古巴比伦的寺院已在对外放款，而且“放款是采用由债务人开具类似本票的文书，交由寺院收执，且此项文书可以转让”。

当时的“银行”还不能称之为现代意义上的银行，而是在货币出现之后，随着经济发展出现的经营货币业务的货币兑换商。在当时的前资本主义社会，货币铸造分散，铸币的重量、成色不统一，必须进行货币兑换才能满足异地和国际贸易的需要。因此，就逐渐从商人中分离出一种专门从事货币兑换的商人。他们最初只是单纯办理铸币的兑换业务，从中收取手续费。随着商品交换的扩大，经常往来于各地的商人，为了避免长途携带货币和保存货币的风险，把货币交给兑换商人保管，并委托他们办理支付、结算和汇款。货币兑换商借此汇集了大量货币资金。

后来，货币兑换商发现多个委托保管人不会同时来支取存款，他们所保管的资金余额其实是相当稳定的。于是他们开始把汇兑业务中暂时闲置的资金以高利贷的形式贷放给社会上的资金需求者，获取高额利息收入。为了扩大利息收入，货币兑换商从原来被动地为客户保管货币转而变为积极主动地揽取货币保管业务，通过逐渐降低保管费吸收更多的货币资金。后来，货币兑换商不仅不收取保管费，还要给委托保管货币的客户一定好处，这时货币保管业务就演变为存款业务了，而货币保管业也就演变为集存款、贷款、汇兑、结算等业务于一身的早期银行。在中世纪国际贸易最发达的意大利出现的威尼斯银行、米兰银行等就是其中的代表。

随着世界商业中心向荷兰和欧洲北部的转移，银行的设立也逐渐扩展到欧洲其他地区。但在英国，银行业的发展却是从“金匠业”发展而来的。

在17世纪，一些平民通过经商致富，成为有钱的商人。为了财产安全，他们将钱存放在了国王的金库里（铸币厂）。但很快，他们就发现他们无法阻止国王动用铸币厂里的黄金，因为铸币厂是属于国王的。于是，商人们把钱存到了金匠那里。金匠为存钱的人开立凭证，商人们可以凭这张凭证取出黄金。

在美洲大陆被发现之后，大量的金银流入英国。拥有坚固保险柜和各种安全措施的金匠成为人们防止金银失盗的最佳选择。到17世纪中叶，英国的金匠业已经极为发达。他们受顾客委托代为保管金银货币，签发保管凭条。还可按顾客的书面要求，将其保管的金银划拨给第三者，省去顾客提现和支付的麻烦。同时，金匠业还利用自有资本发放贷款，以牟取高额利息。

1653年，英国建立了资本主义制度，英国的工商业迅速发展，工商业对货币的大量需求要求有可以提供大量融通资金的专门机构与之相适应。于是，英国的金匠业便在原来为统治者提供融资服务、债权经营、办理贴现等业务的基础上，以自己的信誉作为担保，开出代替金条（块）进入货币流通领域的融资票据，并得到人们的广泛接受。这种具有流通价值的信用票据就是最早的银行券。至此，更具有近代意义的银行便在英国产生了。

但早期的商业银行发放的贷款基本上都是高利贷，且基本面向政府等特权阶层而非工商业。因此，当时新兴的资产阶级根本无法得到足够的信用支持。为了抵制高利贷，新兴的资产阶级通过组织股份制银行的方式建立了资本主义银行，形成了现代银行制度。1694年成立的英格兰银行是历史上第一家股份制银行，它的成立也是现代银行业产生的标志。

我国早在11世纪就出现了“银行”一词，但其含义与今天的“银行”大相径庭。当时的“银行”指的是从事银器铸造与买卖的行业。与西方的银行相比较，中国的银行产生较晚。中国关于银钱业的记载，较早的是南北朝时的寺庙典当业，到了唐代出现了类似汇票的“飞钱”，这是我国最早的汇兑业务。北宋真宗时，由四川富商发行的“交子”成为我国早期的纸币。到了明清以后，当铺是中国主要的信用机构。明末，一些较大的经营银钱兑换业的钱铺发展成银庄。19世纪中叶，列强入侵中国，外国金融机构也开始侵入我国。由于我国长期以来使用白银作为货币材料，故人们将当时从事货币存放等信用业务的外国金融机构“bank”称为“银行”。1845年，英商东方银行进入中国，成为第一家进入中国的资本主义银行。其后，各资本主义国家纷纷来华设立银行。为了摆脱外国银行的支配，清政府于1897年在沪成立中国通商银行，标志着中国现代银行的产生。

二、商业银行的发展

虽然各国商业银行产生的条件不同，称谓也不一致，但商业银行的发展基本上遵循着两种模式，分业经营模式和混业经营模式。

（一）分业经营模式

通常所说的“分业”，是指银行、证券和保险三个子行业的分离，这是按照分业管制的要求进行划分的。分业经营模式，是指在国家以法律的形式规定金融机构只能分别专营某种金融业务的情况下，商业银行主要经营短期工商信贷业务和支票存款业务的模式。在这种经营模式下，商业银行业务主要是发放短期贷款，从事短期工商信贷业务。长期信贷业务、证券投资业务、保险业务等则由专业性银行或非银行金融机构来经营。这种经营模式以英国为代表。按照分业经营模式经营的商业银行也称为职能分工型商业银行。

分业经营模式的优点在于：第一，有利于阻止商业银行将过多的资金用在高风险的活动，保证商业银行自身的清偿能力，经营的安全性较高；第二，有利于提供专业化的业务及培养专业化的管理人才；第三，有利于银行业内部协调管理。

分业经营模式的不足之处在于：第一，限制了银行业的发展；第二，不利于金融业的充分竞争。以法律形式规定的各类业务相分离的运行系统，使得各类金融机构难以开展业务竞争；第三，不利于金融业资源共享。比如在分业经营模式下，证券业难以利用、依托商业银行的资金优势和网络优势，商业银行也不能借助证券公司的业务来推动其本源业务的发展。

（二）混业经营模式

广义的金融混业经营是指银行、证券公司、保险公司等机构的业务互相渗透、交叉，而不是仅仅局限于自身分营业务的范围。狭义的金融混业经营则是指银行业与证券业的交叉经营，这也是通常所说的混业经营范畴。混业经营模式下的银行被称为“全能型”银行，以德国为代表。

全能型商业银行，是指银行可以经营全面的金融业务，包括贷款业务、证券业务、信托业务等。与分业经营模式的商业银行相比，全能式的商业银行除了提供短期商业性贷款以外，还提供长期贷款，甚至可以直接投资股票和债券、帮助公司包销证券、参与企业的决策和发展，并为企业提供必要的财务支持和咨询服务。

混业经营模式的优势在于：第一，规模经济。混业经营的商业银行共享不同业务部门或机构的资源，其总体经营成本通常低于每一机构单独经营时的成本总和；第二，分散风险。混业经营的商业银行同时从事不同领域的业务，当其中一个部门或机构的业务因某种原因陷入低谷时，有其他部门或机构的收益冲抵，并可以随时进行内部调整，果断转入其他市场，不至于对混业经营的商业银行本身产生重大乃至致命的影响；第三，业务多样化，有利于提高竞争能力。混业经营的多种业务能为客户提供全方位、低价位的金融服务，有利于增强商业银行的竞争能力。

混业经营的不足表现在：第一，道德风险。道德风险是指由于信息不对称产生的人们将享有自己行为的利益，而将成本转嫁给他人，造成他人损失的可能性。由于金融行业的信息不对称程度相对于其他行业更高，因而金融行业更容易产生“负赢不负亏”的道德风险。这需要健全的金融监管体系来降低“道德风险”；第二，管理难度大。混业经营往往涉及多种业务，在一个业务领域和机构框架内同时管理、协调多类业务难度较大；第三，风险传递。如果经济形势恶化，投资者的投资信心会减退，大量股票被抛售，股票价值下跌，证券业会受到严重损失，影响到银行会发生信用危机，造成挤兑风潮，进而引发全社会的信用危机，金融危机爆发。如果在分业经营的专业性金融机构之间，这种风险传递是较为容易避免的。

随着社会经济的发展、银行业竞争的加剧，商业银行的业务范围不断扩大，越来越多的商业银行开始向综合性的“全能型”银行发展，特别是在混业经营已成为金融业发展趋势的今天，商业银行逐渐成为多功能、综合性的“金融百货公司”。

第二节 商业银行的职能和组织制度

一、商业银行的职能

商业银行是以追求利润为目标、以经营金融资产和负债为对象的综合性多功能金融企业。商业银行是国民经济中间接融资的主体，是现代经济的核心和国民经济的命脉，具有不可替代的重要作用，商业银行具有以下职能。

1. 信用中介

信用中介是商业银行最基本，也是最能反映其经营活动特征的职能。信用职能是指商业银行将社会上各阶层的闲置资金以储蓄的形式汇集起来，转换成可以用来从事生产和经营活动的资本。商业银行作为货币资本的贷出者和借入者实现货币资本的融通，这一过程即商业银行通过信用中介职能实现资本盈余与短缺之间调剂的过程。这个调剂过程并不改变货币资本的所有权，而只改变资金的使用权。商业银行发挥信用中介职能，突破了借贷资本在数量、期限等方面的局限性，使货币资本得到了充分有效的运用，促进了生产的扩大。

商业银行汇集的闲置资金主要来源于：第一，再生产过程中游离出来的闲置资金。这部分资金再投入生产过程，没有改变社会资本总量，但改变了社会资本的使用量；第二，没有用于消费的收入结余。这部分非资本转化为资本，加大了社会资本总量，促进了经济增长；第三，国家财政暂时尚未使用的部分收入。当小额的货币资金通过银行汇集在一起，就形成了巨大的货币力量。这种收集小金额的活动是银行制度的特殊作用。

2. 支付中介

商业银行广泛吸收存款，通过存款在账户上的转移代理客户支付，在存款的基础上为客户兑付现款，是其客户的货币保管者、出纳者和支付代理人。整个社会也因此形成了以商业银行为中心的支付链条和债权债务关系。当商业银行成为其客户的“出纳”和“账房”时，执行的是支付中介的职能。支付中介职能的发挥，大大减少了现金的使用，节约了社会流通费用，加速了结算过程和货币资金周转，促进了经济发展。

商业银行执行支付职能，也是商业银行执行传统的货币经营者的职能。支付中介职能从逻辑上先于信用中介职能。这是因为，最早的货币经营者执行支付职能积聚了大量货币，从而产生了为获得高额利息收入的贷款业务，但信用中介职能促进了支付中介职能的发展。因为只有在客户保存一定存款余额的基础上，才能办理支付。当存款余额不足时，客户会要求银行贷款，而贷款又转化为新的客户存款，又需办理支付。可见，支付中介职能和信用中介职能是相互联系、相互促进的，两者的互动构成了银行借贷资本的整体运动。

3. 信用创造

信用创造职能，是指商业银行所具有的创造信用流通工具，并借助信用流通工具流通可以超过自有资金和吸收资金的总额而扩大放款和投资的信用能力的过程。商业银行的信用创造职能是在信用中介与支付中介职能的基础上产生的。

商业银行创造的信用流通工具——支票是由客户签发，要求银行从其活期存款账户按一定金额付款的凭证，是银行的一种债务证券。支票进入流通后，可以代替很大一部分金属货币的流通。这样，既节约了流通费用，又提供了经济发展中需要增加的流通手段和支付手段。

商业银行在支票流通和转账结算的基础上，利用吸收的存款发放贷款，贷款又转化为派生存款。在这种存款不提现或不完全提现的情况下，就增加了商业银行的资金来源，银行又可据此发放贷款。如果借款人以转账形式支取，它又会变成另一家银行的资金来源。银行在缴足法定准备金之后，又可发放贷款并形成新的存款。如此继续下去，最后整个银行体系就会形成数倍于原始存款的派生存款。这样，借助于支票流通，银行可以超出自有资本和吸收资本的总额而扩大信用。在不断创造派生存款的过程中，商业银行发挥着信用创造的职能。但其信用的扩大不是无限的，要受到银行本身现金准备状况和经济发展对信用的客观需要量的限制。

4. 金融服务

金融服务职能，是指商业银行利用所处的经济枢纽的特殊地位，为客户提供多方面的金融服务，赚取手续费。商业银行的金融服务职能是在市场经济不断发展，以及金融竞争不断加剧的情况下发展起来的。

随着经济的发展，各个经济单位之间的联系更加复杂，各金融中介机构之间的竞争也日益激烈，人们对财富的管理要求也相应提高，这些都要求商业银行不断拓展金融服务领域。商业银行的业务逐渐从传统的储蓄、支付、中介等业务内容发展到了现在包括信托、租赁、咨询、经纪人业务等多种业务在内的业务服务内容。

日趋多样化、综合化和全能化的商业银行金融服务体现了商业银行的金融服务职能。金融服务职能大大拓展了商业银行的业务范围，增加了商业银行的利润增长点，成为当代商业银行的重要职能。

5. 调节经济职能

商业银行是现代经济的核心和国民经济的命脉，在整个金融体系乃至整个国民经济中处于特殊的地位。商业银行可以把短期货币资本转化为长期货币资本，在利润原则的支配下，将货币资本从效益低的部门引向效益高的部门，形成对经济结构的调节。商业银行可以通过放款和投资引导资金流向，调节企业的生产经营活动；可以通过办理消费信贷来调节和引导消费，从而引导生产。商业银行还可以通过在国际市场上融资来调节本国的国际收支状况。

商业银行通过对中央银行货币政策的传递来调控社会信用量，从而调节经济，是中央银行宏观调控的主要环节，是国家调节经济的重要力量。中央银行将商业银行作为其宏观调控的主要环节，不仅因为商业银行在国民经济中所处的特殊地位，还在于商业银行对中央银行的调控手段反应最灵敏。中央银行的货币政策直接影响商业银行的经营和运作。在商业银行执行中央银行的宏观调控政策的同时，通过调整自身的经营和运作也间接发挥了宏观调控的作用，保证了中央银行货币政策的实施。

二、商业银行的组织制度

商业银行的组织制度，是指商业银行的运行机制和管理方式。商业银行按照效率的原则来确定组织形式，以充分发挥商业银行的功能。商业银行的组织制度可以从两个方面来看：外部组织形式和内部组织结构。

（一）商业银行的外部组织形式

商业银行的外部组织形式是指商业银行在社会经济生活中的存在形式。主要有以下三种类型。

1. 单一银行制

单一银行制也称独家银行制，即商业银行只有一个独立的银行机构，不设立或很少设立分支机构。目前只有美国还有这种银行制度。美国鼓励自由竞争，限制垄断。同时美国作为一个联邦制国家，各州的独立性很强。各州通过立法禁止或限制银行开设分支机构，尤其是跨州设立分支机构，从而达到反对金融权力集中，反对各州相互渗透的目的。

单一银行制的优点是：限制银行业垄断，有利于自由竞争；集中全力为所在地区服务，适合本地需要；独立性和自主性较大，经营灵活；管理层次少，有利于管理和控制。

单一银行制的不足是：不利于银行业的发展。由于单一银行制采用高新技术的成本较高，因而单一银行制限制了商业银行采用高新技术手段和工具为客户提供服务，限制了商业银行业务的发展和创新；不利于商业银行自身的发展。商业银行不设分支机构，与现代经济的横向发展、商品交换范围的不断扩大存在着矛盾，削弱了商业银行的竞争力；不利于抵御风险。银行业务多集中于某一地区、某一行业，容易受到经济发展状况波动的影响，经营风险大，而且单一银行制使得银行仅靠本身的实力也难以有效抵御风险；不利于取得规模经济效益。单一银行制的银行规模相对较小，经营成本高，不易取得规模经济效益。

2. 总分行制

总分行制，又称分支行制，是指法律允许银行机构除总行外，还在其他地区设立分支机构。这种制度以英国为代表。在这种制度下，分支行的业务和内部事务统一遵照总行的规章和指示办理。分支行制是目前世界上大多数国家商业银行采取的银行组织制度，我国也是实行总分行制。

总分行制的优点在于：有利于提高银行的安全性。总分行制的商业银行分支机构多、分布广、业务分散，易于吸收存款、调剂资金，可以充分利用资本，同时由于放款分散、风险分散，可以降低放款的平均风险，提高银行经营的安全性；有利于取得规模效益。总分行制银行规模较大，易于采用现代化设备，提供多种便利的金融服务，取得规模效益；有利于商业银行提高自身竞争力。总分行制商业银行分工较细，专业化水平高，有利于商业银行的竞争发展；有利于金融当局的宏观管理。总分行制的商业银行使得银行总数少，便于金融当局的宏观管理。

分行制的缺点在于：容易形成垄断，不利于自由竞争。总分行制容易造成大银行对小银行的吞并，形成垄断，妨碍竞争；银行规模过大，内部层次、机构较多，管理困难。

3. 银行控股公司制

银行控股公司制，也称集团银行制，是指由一个集团成立股权公司，再由该公司控制或收购两家以上银行的股票，从而使大银行通过持股公司把许多小银行置于自己的控制之下。在法律上，这些银行是独立的，但其业务与经营政策统属于同一股权公司所控制。这种银行制度内部可以实行单一银行制，也可以实行总分行制，是规避限制开设分行法规的一种策略。因此，这种商业银行的组织形式在美国最为流行。

银行控股公司有两种类型：一是非银行控股公司；二是银行控股公司。前者是由主要业务不在银行方面的大企业拥有某一银行股份组织起来的；后者是由一家大银行组织一个控股公司，其他小银行从属于这家大银行。

银行控股公司制的优点在于：有利于扩大商业银行资本总量，增强商业银行实力，提高竞争力；有利于商业银行提高抵御风险的能力；有利于获得稳定的资金来源和客户关系。由于银行控股公司制可以同时控制大量的非银行企业，也就为其控制的银行提供了稳定的资金来源和客户关系。

银行控股公司制的不足在于：容易形成银行业的集中和垄断，不利于商业银行之间的自由竞争；在一定程度上限制了商业银行的自主经营，不利于商业银行的业务创新。

（二）商业银行的内部组织结构

商业银行的内部组织结构是指就单个商业银行而言，银行各部门内部及各部门之间的相互关系、相互作用的组织管理系统。以股份制商业银行为例，商业银行内部组织机构一般分为三大机构：决策机构、监督机构和执行机构。

1. 决策机构

决策机构包括股东大会、董事会以及董事会下设的各委员会。

（1）股东大会。股东大会是商业银行最高权力和决策机构，由全体普通股东组成。商业银行的任何重大决策都需经过股东大会通过才有效。召开股东大会时，股东有权听取商业银行的一切业务报告，有权对商业银行的经营管理提出质询。股东大会通过法定的投票表决程序选择和罢免董事、赞成或否决决策事项，从而间接地影响商业银行的经营管理，实现其控制权。股东大会中每个股东的表决权是由其持有的股份决定的。因此，持有多数股份的大股东对商业银行的经营决策有决定性影响。

（2）董事会。董事会由股东大会选举董事组成，代表股东执行股东大会的决议。董事会的职责：一是确定商业银行的经营目标和经营政策，二是选聘商业银行的高级管理人员，三是设立各种委员会，以贯彻董事会的决议，监督银行的业务经营活动并为银行开拓业务。

（3）各常设委员会。常设委员会由董事会设立，主要职责是协调银行各部门之间的关系，也是各部门之间互通信息的媒介，定期或经常性地召开会议处理某些问题。

2. 监督机构

商业银行的监督机构就是董事会下设的监事会。

监事会由股东大会选举产生，代表股东大会对商业银行全部的经营管理活动进行监督和检查，其权威性大于董事会下设的稽核机构。监事会的职责除检查商业银行业务经营和内部管理外，还对董事会制定的经营方针和决策、规定、制度及其执行情况进行监督检查，对发现问题督促限期改正。

3. 执行机构

商业银行的执行机构包括行长（或总经理）、行长领导下的各委员会及各业务和职能部门。

（1）行长（或总经理）。行长是商业银行的行政总管，是商业银行内部的行政首脑。行长的职责是执行董事会的决议；组织商业银行的各种业务经营活动；组织经营管理班子；定期向董事会报告经营情况；对商业银行进行全面内部管理等。

（2）总稽核。商业银行的总稽核负责核对银行的日常账务项目，核查银行会计、信贷及其他业务是否符合当局的有关规定，是否按照董事会的方针、纪律和程序办事。目的在于防止篡改账目、挪用公款和浪费，以确保资金安全。总稽核是董事会代表，定期向董事会汇报工作，提出可行性意见和建议。

（3）业务部门。业务部门的职责是经办各项银行业务，直接面对客户提供服务。

（4）职能部门。职能部门的职责是实施内部管理，帮助各业务部门开展工作，为业务管理人员提供意见、咨询等，是业务部门的保障和支持部门。

（5）分支机构。分支机构是商业银行体系业务经营的基层单位。分支行的行政首脑是分支行行长。分支行也设有相应的职能部门和业务部门，以完成经营指标和任务。

典型的股份制商业银行组织结构如图 7－1 所示。

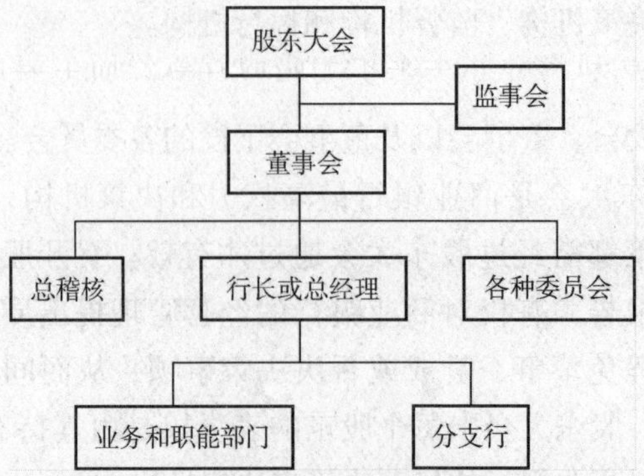

图 7－1　典型的股份制商业银行内部组织结构

第三节　商业银行的业务

一、商业银行的负债业务

商业银行的资金来源包括自有资金和外来资金两部分。自有资金主要包括股本、资本公积等内容；外来资金主要是商业银行的负债，包括存款负债、借入负债、中间业务负债等。商业银行的负债作为商业银行资金最主要的来源，是商业银行进行资产业务和中间业务的基础，决定着商业银行经营的规模和盈利。

（一）存款负债

商业银行的存款负债，又称为商业银行的“被动负债”，包括活期存款、定期存款和储蓄存款。

1. 活期存款

活期存款，是商业银行传统的存款业务，是指可由存款者随时存取和转让的存款。这种存款支用时一般须使用银行规定的支票，因此活期存款也称支票存款。这类存款存取频繁，银行需要付出较多的成本，因此大多数国家的商业银行对这类存款不支付利息，有些国家甚至收取客户的手续费。我国对于活期存款给付低息。

大多数客户开立活期存款账户的目的不是为了获得利息，而是为了通过银行进行各种交易和结算。虽然活期存款客户经常提取存款，但同时也经常有新存款补充进来，存取错综交替之中总会在商业银行形成一笔相当稳定、数量可观的余额，这是商业银行用于发放贷款的重要资金来源。

2. 定期存款

定期存款是指客户与银行预先约定存款期限的存款，到期后客户才能提取存款。定期存款的利率与存款的期限正相关，且高于活期存款。定期存款期限较长，是商业银行稳定的资金来源，因而商业银行特别注意吸收定期存款。提高利率是商业银行争取定期存款的有效手段之一。但在多数国家，货币当局都会限定存款利率的最高限额。因此，商业银行一般不会以提高利率的办法来扩大吸收存款，而主要以提供有效服务来吸收存款。

3. 储蓄存款

储蓄存款主要是针对居民个人积蓄货币和取得利息收入而开办的一种存款业务，也可分为活期储蓄存款和定期储蓄存款。储蓄存款一般凭存折或存单支取，但存折或存单不可转让流通。无论哪种储蓄存款，存期长短，商业银行都对储蓄存款给付利息，但利率高低会有所区别。

（二）借入负债

借入负债，是商业银行一种增加资金来源的手段，又被称为商业银行的“主动型负债”，包括银行同业借款、向中央银行借款、发行金融债券和从国际货币市场借款等内容。

1. 银行同业借款

（1）同业拆借。同业拆借是商业银行之间的短期资金融通活动。商业银行在每天营业结束或票据交换结算结束时，总会出现有的银行头寸不足，有的银行头寸多余的情况。为了实现资金平衡，保持资金正常周转，头寸不足的银行就需从头寸多余的银行临时拆入资金轧平头寸并支付利息，而头寸多余的银行也愿意将暂时盈余的资金拆出以获取利息，这样就发生了银行同业拆借活动。

商业银行同业拆借的主要目的是用于解决临时资金周转的需要，以维持资金正常周转，所以期限较短，甚至有半日拆借，上午借，下午还。同业拆借一般是商业银行通过其在中央银行的存款账户进行的，实际上是商业银行超额准备金的调剂。同业拆借期限短、数额大，利率水平一般不高，是商业银行的一项经常性资金来源。

（2）抵押、质押贷款。商业银行通过抵押、质押资产的方式向其他金融机构取得资金。作为抵押、质押的资产大部分是客户的担保资产。

（3）转贴现。商业银行将通过办理贴现买进的未到期的票据卖给其他商业银行或贴现机构以获取资金。

（4）同业存款。同业存款是银行和非银行金融机构，包括商业银行、信用社、财务公司、保险公司、信托公司等机构在商业银行开立账户办理的存款。同业存款的存款利率是双方协商确定的利率，且不交存款准备金。我国在 2014 年年底将部分同业存款纳入一般性存款管理，但暂时尚未要求这部分存款上缴存款准备金。

（5）回购协议。回购协议是双方在市场出售证券等金融资产时签订的协议，约定在一定期限后按约定价格购回所买证券，以获得即时可用资金。通常，协议中的回购价格为证券等金融资产的售价另加利息，这样就在事实上偿付了融资本息。

回购协议实质上是一种短期抵押融资方式，那笔被借款方先售出后又购回的金融资产即是融资抵押品或担保品。商业银行通过回购协议而融通到的资金可以不提交存款准备金，有利于借款实际成本的减少。与其他借款相比，回购协议是一种最容易确定和控制期限的短期借款。

2. 向中央银行借款

中央银行是商业银行的最后贷款人，负有向商业银行贷款的责任。通常情况下，各国中央银行对商业银行向中央银行的融资限制较严，一般只允许用于商业银行资金临时调剂的急需，而不能用于扩大银行资产规模。

商业银行向中央银行融通资金主要是通过再贴现和再贷款的方式进行的。再贴现和再贷款不仅是商业银行筹措短期资金的重要渠道，同时也是中央银行重要的货币政策工具。

（1）再贴现，是指商业银行办理贴现业务所取得的未到期票据，向中央银行贴付一定的利息，再将票据转让给中央银行的一种行为。

（2）再贷款，是商业银行向中央银行申请的直接贷款。既可以是信用贷款，也可以是商业银行以自己的资产作为抵押品向中央银行取得的抵押贷款。一般来说，中央银行为减少麻烦，较少采用抵押贷款方式。

3. 发行金融债券

金融债券，是指银行等金融机构作为筹资主体而面向社会发行的定期付息，到期还本的债务凭证。发行金融债券是商业银行筹集长期资金来源的重要途径。这种筹资方式的优点是可以及时、足额筹集资金，资金稳定程度高且不用缴纳存款准备金。

金融债券从发行目的来看，可分为资本性债券和一般性债券。一般性债券是商业银行为解决其中长期资金来源而发行的以其本身的财产做抵押的担保债券或以自身信用为保证发行的信用债券。资本性债券，也称为次级债券，是商业银行为解决其资本金不足而发行的。

4. 从国际货币市场借款

从国际货币市场上借款的方式主要有吸收存款、发行大额可转让定期存单（CD）、出售商业票据和发行金融债券等。

（三）其他负债

在商业银行办理中间业务和同业往来的过程中会出现临时占用的他人资金，形成商业银行的资金来源，包括结算中的负债和中间业务负债。

结算中的负债，是指商业银行在为客户办理代客收付结清债权债务关系时，由于结算单位必须把结算资金或结算中的在途资金集中在银行的存款账户上而形成的商业银行的资金来源，包括结算保证金、支票结算款项和联行汇差占用等内容。

中间业务负债，指商业银行在办理中间业务时，在收进款项和完成业务之间的这段时间内占用客户的资金形成的资金来源。虽然从每笔业务看，占用时间很短，金额也不大，但从周转总额来看则非常巨大，也是商业银行的一项重要资金来源。

二、商业银行的资产业务

商业银行的资产业务是商业银行运用资金的业务，是商业银行获取收益的主要途径，包括贷款业务和投资业务。

（一）贷款的概念和种类

贷款，又称为放款，是商业银行将其所筹集的资金按一定的利率贷放给客户并约定期限收回的业务。贷款包括贷款对象、条件、用途、期限、利率和方式等因素，是商业银行最重要的资产业务。按照不同的标准，贷款有不同的种类。

1. 按银行贷款的偿还期限不同，可分为活期贷款、定期贷款和透支三类

（1）活期贷款，是贷款期限未定，银行可以随时收回或借款人可以随时偿还的放款。活期贷款由银行发出通知收回贷款，故又称通知放款。

（2）定期贷款是指具有确定偿还期限的贷款。按照偿还期限的长短，定期贷款可分为短期贷款、中期贷款和长期贷款。短期贷款是指偿还期限在 1 年以内（含 1 年）的各项贷款，主要用于企业短期流动资金或季节性资金的需要；中期贷款是指偿还期限在 1 ~ 5 年（含 5 年）的各项贷款；长期贷款是指偿还期限在 5 年（不含 5 年）以上的各项贷款。中期贷款一般采取贷款期内分期偿付本息的方式，长期贷款主要是指商业银行发放的不动产抵押贷款。定期贷款有明确的还款期限，一般不能提前收回。

（3）透支，银行允许存款客户在规定的额度内，超过其存款余额继续签发支票，并予以兑现的一种放款。透支实际上是一种临时融通资金的贷款。透支放款有随时偿还的义务，利息按天计算。

2. 按银行贷款的保障条件来分类，可以分为信用贷款、担保贷款和票据贴现

（1）信用贷款是指银行完全凭借客户的信誉而无须提供抵押物或第三者保证而发放的贷款。这种贷款通常仅由借款人出具签字的书面凭证作为保证，贷款风险比较大。所以商业银行一般只向其熟悉并确信具有偿还能力的借款人提供信用贷款。

（2）担保贷款是指由借款人或第三方依法提供担保而发放的贷款。担保贷款由于有财产或第三者承诺作为还款的保证，所以贷款风险相对较小。根据还款保证的不同，担保贷款可分为抵押贷款、质押贷款和保证贷款。

抵押贷款是指以借款人或第三方的财产作为抵押物发放的贷款。债务人不履行债务时，债权人有权依照法律规定对该财产进行折价、拍卖或变卖处置，所得价款优先受偿。按照法律规定，可以用于抵押的财产主要有房屋、机器、土地等。

质押贷款是指以借款人或第三方的动产或权利作为质物发放的贷款。债务人不履行债务时，债权人有权依照法律规定对该动产或财产权利进行折价、拍卖或变卖的处置，所得价款优先受偿。可以质押的动产和财产权利主要有合格的商业票据、可转让股份和商标权、专利权等。

保证贷款是指银行、借款人和第三方签订一个保证协议，第三方作为保证人承诺在借款人不能偿还贷款时，按约定承担连带责任而发放的贷款。按照法律规定，具有代为清偿债务能力的人、组织或者公民可以作为保证人，但国家机关、以公益为目的的单位和社会团体不能作为保证人。

（3）票据贴现是指客户将未到期的票据卖给银行，由商业银行扣除自贴现日起到到期日为止的利息给付现款。票据到期时由贴现银行按票面额向票据的债务人收取款项。可以用于贴现的票据包括本票和汇票，按照付款人的不同，有银行票据和商业票据。银行票据的付款人是银行，信用程度比较高，贴现银行比较乐于接受。票据贴现是一种特殊形式的贷款，其实质是以票据为抵押的放款，也称“贴现贷款”。

3. 按贷款的质量（或风险程度）分类，可以分为正常贷款、关注贷款、次级贷款、可疑贷款和损失贷款

这种贷款分类是世界上通用的方式。我国从1999年开始也全面实行这种分类方法。

（1）正常贷款是指借款人能够履行合同，有充分把握按时足额偿还本息的贷款。

（2）关注贷款是指借款人目前有能力偿还贷款本息，但存在一些可能对偿还贷款产生不利影响因素的贷款。

（3）次级贷款是指借款人的还款能力出现明显的问题，依靠其正常经营收入已无法保证足额偿还本息的贷款。

（4）可疑贷款是指借款人无法足额偿还本息，即使执行抵押或担保，也肯定造成一部分损失的贷款。

（5）损失贷款是指银行在采取所有可能的措施和一切必要的法律程序之后，本息仍然无法收回，或只能收回极少部分的贷款。

4. 按照贷款的偿还方式划分，分为一次性还清贷款和分期偿还贷款

（1）一次性还清贷款是指借款人在贷款到期时一次性还清贷款的本息。这种还款方式一般适用于贷款金额较小、期限较短的贷款。

（2）分期偿还贷款是指借款人按贷款协议的规定在还款期内分次偿还贷款，还款期结束，贷款全部还清。这种还款方式适用于金额大、期限长的贷款项目。

除以上分类外，贷款还可按信贷资金的来源划分为自营贷款和委托贷款；按贷款发放的对象分为企业贷款和个人贷款；按行业划分为工业贷款、农业贷款、科技贷款和消费贷款；按具体用途划分为流动资金贷款和固定资金贷款；按贷款成本定价方法划分为固定利率贷款和浮动利率贷款等。

（二）投资业务

商业银行的投资业务与通常所说的投资有所不同。普通投资是指以资本从事工商业的经营活动，而商业银行的投资业务则是指银行购买有价证券的业务活动。商业银行进行证券投资，是因为商业银行的贷款虽然是商业银行的主要利润来源，但贷款流动性差，如果银行急需资金，贷款不易在到期日前收回或售出。同时，商业银行的贷款质量受经济形势波动影响大，违约率在银行各项资产中是最高的。因此，商业银行为了加强资产流动性、分散风险和获取收益而进行证券投资。

商业银行进行证券投资的主要对象是信用可靠、风险较小、流动性较强的政府及其所属机构的证券，如公债券、国库券和市政债券等。此外，一些财力雄厚、信誉较高的公司债券也是商业银行投资的对象。商业银行也可以投资股票，但在金融分业经营的国家，商业银行购买股票受到政府非常苛刻的限制。在金融混业经营的国家，政府也往往会限制商业银行在股票上的投资数量。

商业银行的投资与贷款相比，具有较强的主动性和独立性，不像贷款那样有时受到客观条件或人为因素的影响。而且由于投资证券的流动性较强，变现能力较强，且银行购买债券时，银行并不是唯一的债权人，所以风险较小。有价证券的投资，一方面为商业银行暂时多余的资金找到投资途径，从而取得收益；另一方面，商业银行需要资金时又可在证券市场上迅速售出变现，其灵活调度资金的性能大大优于贷款。

需要注意的是，证券投资的盈利有可能高于放款的收益，但其风险也较大。因此银行必须加强对证券投资的管理，并运用各种投资方式注意回避和分散投资的风险，以确保获取利润。

三、商业银行的中间业务

商业银行的中间业务是指不运用或不直接运用自己的资金，在资产和负债业务的基础上，为客户提供各种金融服务，以收取手续费的形式获取收入的业务。中间业务按照不同的标准有不同的划分，我们在此只了解我国中央银行对我国商业银行中间业务的规定。2001 年 7 月 4 日，中国人民银行颁布了《商业银行中间业务暂行规定》。在这个文件中，我国商业银行的中间业务按照业务的功能和形式，共分为九大类。

1. 支付结算类中间业务

支付结算类业务指商业银行为客户办理因债权债务关系引起的与货币支付、资金划

拨有关的收费业务。

2. 银行卡业务

银行卡是由经授权的金融机构（主要指商业银行）向社会发行的具有消费信用，转账结算，存取现金等全部或部分功能的信用支付工具，包括商业银行开展的借记卡、贷记卡和联名卡业务等。

3. 代理类中间业务

代理类中间业务是指商业银行接受客户委托，代为办理客户指定的经济事务，提供金融服务并收取一定费用的业务。

4. 担保类中间业务

担保类中间业务是指商业银行为客户的债务清偿能力提供担保，承担客户违约风险的业务，主要包括银行承兑汇票、备用信用证、各类保函等。

5. 承诺类中间业务

承诺类中间业务是指商业银行在未来某一日期按照事前约定的条件向客户提供约定信用的业务，主要指借款承诺，包括可撤销承诺和不可撤销承诺两种。可撤销承诺附有客户在取得借款前必须履行的特定条款。在银行承诺期内，如果客户没有履行条款，则银行可撤销承诺，比如撤销透支额度。不可撤销承诺是指商业银行不经客户允许不得随意撤销的借款承诺，具有法律约束力。不可撤销承诺包括备用信用额度、回购协议和票据发行便利等。

6. 交易类中间业务

交易类中间业务是指商业银行为满足客户保值或自身风险管理等方面的需要，利用各种金融工具进行的资金交易活动，主要包括金融衍生业务。

7. 基金托管业务

基金托管业务是指有托管资格的商业银行接受基金管理公司委托，安全保管所托管基金的全部资产，为所托管的基金办理基金资金清算款项划拨、会计核算、基金估值并监督管理人投资运作。商业银行作为基金托管人，为基金开设独立的银行存款账户，负责账户的管理、收取托管费。

8. 咨询顾问类业务

咨询顾问类业务是指商业银行依靠自身在信息、人才、信誉等方面的优势，收集和整理有关信息，并通过对这些信息以及银行和客户资金运动的记录及分析形成系统的资料和方案，然后提供给客户，以满足其业务经营管理和发展需要的服务活动。

9. 其他类中间业务

其他类中间业务包括保管箱以及其他不能归入以上八类的业务。

四、商业银行的表外业务

（一）表外业务的定义

商业银行的表外业务，是指商业银行所从事的，按通行会计准则不列入银行资产负债表内，不影响银行资产负债总额，但会改变银行当期损益的经营活动。表外业务的定义有狭义和广义之分。

1. 狭义的表外业务定义

狭义的表外业务，指那些没有列入资产负债表，不涉及资产负债表内金额的变动，但与资产项目和负债项目密切相关，并在一定条件下会转化为表内资产业务和负债业务的经营活动。通常所说的表外业务是狭义的表外业务。

2. 广义的表外业务定义

广义的表外业务是指所有不列入银行资产负债表的经营活动，除了包括狭义的表外业务，还包括商业银行从事的不需要列入资产负债表中的金融服务类表外业务。

（二）表外业务的分类

《巴塞尔协议》按照是否构成银行或有资产和或有负债，将表外业务分为两类。

1. 或有债权/债务类表外业务

或有债权/债务类表外业务在一定条件下可转化为表内资产和负债业务。这类表外业务主要包括贷款承诺、担保和金融衍生工具类业务。这类业务有风险，应当在会计报表的附注中予以揭示。

2. 金融服务类表外业务

银行通过这类业务向客户提供金融服务，以收取手续费为目的，不承担任何资金损失的风险，不构成商业银行的或有债权/债务。主要包括代理类、信托类、信息咨询类、结算支付类以及与贷款和进出口有关的服务等。

（三）表外业务与中间业务的联系与区别

1. 表外业务与中间业务的联系

（1）表外业务与中间业务都是收取手续费的业务。手续费是银行向客户提供各种服务所得的报酬，与银行通过信用活动获取的存贷利差收入不同。

（2）传统的中间业务都是表外业务，但表外业务不一定是中间业务。表外业务与中间业务之间有一些重合。如信用证业务属于中间业务，但就其内涵来说，信用证业务又具有担保业务的性质，因此信用证业务既是中间业务又是表外业务。

（3）表外业务与中间业务都是以接受委托的方式开展业务活动。商业银行在从事各类表外业务和中间业务时的主要特点是不直接作为信用活动的一方出现，一般情况下，不动用或较少动用自己可使用的资金，只是以中间人的身份提供各类金融服务或替客户办理收付和其他委托事项。

2. 表外业务与中间业务的区别

（1）中间人的身份不同。在中间业务中，如支付结算、信托、代理等业务，银行都是以交易双方当事人之外的第三者身份接受委托，扮演中间人的角色；而表外业务却在业务开展中可能发生银行中间人角色的移位，成为交易双方的一方。比如商业银行所从事的各种金融工具交易，除接受客户委托以中间人身份进行的代客交易外，还常常出于防范、转移风险的需要，及实现增加收入的目的，作为直接交易的一方出现。

（2）业务风险不同。商业银行的中间业务风险低，而表外业务风险要高于中间业务。比如对商业票据的担保，商业票据的发行人无力偿还债务时，银行要承担连带责任，因此对商业票据的承兑担保成为银行的一种或有负债。再比如商业银行为获取收益而从事的新兴的表外业务，包括外汇及股价指数等期权、期货交易，其风险度甚至超过了一般的信用业务。

（3）发展的时间长短不同。中间业务是商业银行传统的金融服务业务，而表外业务与国际业务的发展、国际金融市场及现代通信技术的发展紧密联系，是新兴的商业银行业务，发展时间短。

延伸阅读

表外业务的风险

根据“巴塞尔委员会”对于银行表外业务所提要求及定义，银行表外业务主要有以下十种经营风险。

1. 信用风险

信用风险通常是指因债务人还款能力出现问题而使债权人遭受资产损失的可能性。

2. 市场风险

市场风险一般是指因市场价格波动而使债权人遭受资产损失的可能性。

3. 国家风险

国家风险是指因债务人所在国的政治、经济与社会环境发生变化而使其不能正常履行合同义务，从而使债权人或者银行遭受资产损失的可能性。

4. 流动性风险

流动性风险是指银行在表外业务经营过程中，当金融市场环境发生比较大的变化或者发生金融动荡时，因其不能及时地并以合理的资金成本迅速增加负债或者变现资产来满足银行债务清偿的要求，被迫以比较高的价格吸收资金或者以比较低的价格出售资产而使银行遭受资产损失的可能性。

5. 融资风险

融资风险实际上是流动性风险的另外一种表现形式。它是指银行在表外业务到期时，因其自有资金不足，同时又没有其他可以动用的流动资金，更为关键的是无法及时地从外部融通资金，造成银行在交易合同到期日不能正常履约而使银行遭受资产损失的可能性。

6. 结算风险

结算风险是指由于银行本身技术操作失误或者客户债务清偿能力不足或者金融市场发生重大变故等原因，造成银行所经营的表外业务在交割期不能及时与正常地履约交割结算而使银行遭受资产损失的可能性。

7. 定价风险

定价风险是指银行在没有准确地或者完全地掌握表外业务所包含的内在风险前提下，由于不能对表外业务正确定价而使银行全部丧失或者部分丧失弥补或者抵御表外业务经营风险的能力并使银行遭受资产损失的可能性。

8. 信息风险

信息风险是指由于银行表外业务不列入资产负债表内，客观上造成银行会计处理困难并无法真实反映银行的财务状况，使得银行或者客户不能依据准确与及时的业务信息做出适当的投资决策而使银行遭受资产损失的可能性。

9. 经营风险

经营风险一般包括经营决策风险与经营管理风险。

经营决策风险是指由于银行经营决策失误，导致银行表外业务经营形成不合理的结构或者组合，而使银行业务收入大幅度下降或者遭受资产损失的可能性。

经营管理风险是指由于银行内部控制机制不健全，导致银行管理者对业务操作人员的授权管理失误或者银行业务管理人员工作失误，而使银行遭受资产损失的可能性。

10. 法律风险

法律风险是指由于各国金融法律不尽相同或者金融监管宽严程度不一致或者银行表外业务管理条例发生变化或者对于创新业务监管缺乏法律依据，造成银行不能正常地经营管理表外业务而使银行遭受资产损失的可能性。

第四节 商业银行的经营管理

一、经营管理原则

（一）经营管理原则的内容

1. 安全性

安全性原则是指商业银行资产免遭损失、保障安全的可靠性程度，是商业银行经营管理的首要原则。

商业银行的自有资本较少，资金主要来自于各种负债，经受不住较大的损失。最新《巴塞尔资本协议》的最低资本要求是8%的最低资本率，其中核心资本率仅是4%。资本金占资金来源的比率低使得银行面临更大的破产倒闭风险。

商业银行负债经营的特殊性，尤其需要强调其安全性。大量的负债是对商业银行还本付息的刚性约束。同时，商业银行作为现代经济社会的金融主体，与实体经济的联系非常紧密，商业银行出现问题会导致整个金融体系混乱，威胁到整个宏观经济的正常运行。

2. 流动性

流动性是指商业银行能随时应付顾客提取存款的支付能力。商业银行经营的流动性包括资产的流动性和负债的流动性两个方面。

资产的流动性，是指商业银行资产在不受损失的前提下随时变现的能力。商业银行资产的流动性，要求商业银行必须保持有足够的流动性资产，以便在必要时能迅速变现。负债的流动性是指商业银行能经常以合理的成本吸收各种存款和其他所需资金。商业银行负债的流动性要求商业银行要努力开拓尽可能多的低价获取资金的渠道，尽量以较低成本获取资金。

商业银行还要注意资产和负债流动性相匹配的问题，以免造成盈利能力不足和筹资成本上升的不利结果。

3. 营利性

营利性是指商业银行在经营过程中追求利润最大化的经营目标。营利性是商业银行经营的最终目标。

商业银行要达到利润最大化，必须努力提高自身的盈利能力。商业银行提高盈利能力，要在尽量扩大负债的规模基础上，尽量扩大资产规模，合理安排资产结构。在保持足够资产流动性的前提下，尽量减少非盈利资产，增加高盈利资产的比重，从贷款和投资中尽可能获取最大限度的收入。

（二）经营管理原则之间的关系

1. 统一性

从本质上讲，安全性、流动性和营利性三者是统一的，共同保证了商业银行经营活动的正常进行。其中，安全性是前提，只有保证了资金的安全，才能获得正常盈利；流动性是条件，只有保证了资金的流动性，商业银行各项业务活动才能顺利进行；营利性是目的，只有保证了安全性和流动性，商业银行才能达到盈利的目标。

2. 矛盾性

安全性、流动性和营利性之间存在一定的矛盾。安全性高，流动性强的资产，盈利水平低；而盈利水平高的资产，安全性差，流动性差。

二、商业银行经营管理理论

商业银行在其发展过程中，随着各个历史时期经营条件的变化，商业银行经营管理理论也在不断变化，大致顺序经历了三个阶段：资产管理理论、负债管理理论和资产负债管理理论。这个发展过程是商业银行的经营管理从单独的资产管理和负债管理到资产负债一体化管理的过程。

（一）资产管理理论

在20世纪60年代前，在商业银行经管管理理论中占有主导地位的是资产管理理论。资产管理理论认为商业银行的负债主要取决于客户的存款意愿，只能被动地接受负债。而银行的利润主要来源于资产业务，且资产的主动权掌握在银行手中，因此，商业银行经营管理的重点应是资产业务。资产管理理论产生于商业银行经营的初级阶段，与当时的经营环境相适应。在资产管理理论的发展过程中，先后出现了商业贷款理论、资产转移理论、预期收入理论和超货币供给理论等几个不同发展阶段。

1. 商业贷款理论

商业贷款理论也称真实票据理论。这一理论是在18世纪英国银行管理经验的基础上发展起来的。该理论认为银行资金来源主要是吸收流动性很强的活期存款。为满足客户兑现的要求，商业银行必须保持资产的高流动性才能避免因流动性不足而给银行带来的经营风险。银行的贷款应以真实的、有商品买卖内容的票据为担保发放，在借款人出售商品取得贷款后就能按期收回贷款。当时，这一做法被认为最符合银行资产流动性原则的要求，具有自偿性。这个自偿性是指借款人在购买货物或生产产品时所取得的贷款可以用生产出来的商品或商品销售收入来偿还。根据这一理论要求，商业银行只能发放与生产、商品联系的短期流动贷款，一般不能发放购买证券、不动产、消费品或长期农业贷款。对于确有稳妥的长期资产来源才能发放有针对性的长期贷款。

这一理论与当时经济尚不发达、商品交易限于现款交易、银行存款以短期为主、对贷款的需要仅限于短期的现实相适应。但是当借款人的商品卖不出去、或应收账款收不回来、或其他意外事故，贷款到期不能偿还的情况还是会发生的，自偿性就不能实现。随着经济发展，银行吸收存款不但数额庞大，其中定期存款所占比重也不断升高，如果银行贷款还仅限于自偿性的短期贷款，会导致资金周转不畅，不能满足经济对中、长期贷款的需要，也会影响银行的盈利水平。

2. 资产转移理论

资产转移理论在20世纪初流行于美国银行界。该理论认为银行保持流动性的关键在于资产的变现能力，因而不必将资产业务局限于短期贷款上，可将资金的一部分投资于具有转让条件的债券上。在需要时将证券兑换成现金，保持银行资产的流动性。随着金融市场的发展，银行可以选择将为了应付提存所持现金的一部分投资于具备转让条件的证券，作为第二准备金。这种证券只要信誉高、期限短、易于出售，银行就可以达到保持其资产的流动性的目的。根据这一理论，银行除继续发放短期贷款外，还可以投资于短期证券。另外银行也可以用活期存款和短期存款的沉淀额进行长期放款。资产与负债的期限没必要严格对称。

但这一做法的不足是，当各家银行竞相抛售证券的时候，有价证券将供大于求，持有证券的银行转让时将会受到损失，因而很难达到保持资产流动性的预期目标。资产与负债期限的不对称性也必须有一定的界限，而在实际工作中这一界限往往很难准确确定。

3. 预期收入理论

预期收入理论是在第二次世界大战后，美国学者普鲁克诺于1949年在《定期贷款与银行流动性理论》一书中提出的，它是在商业贷款理论和资产转移理论的基础上发展起来的。该理论认为贷款的偿还或证券的变现能力取决于将来的预期收入，只要预期收入有保证，商业银行不仅可以发放短期商业性贷款，还可以发放中长期贷款和非生产性消费贷款。预期收入理论认为无论贷款期限长短，只要借款人具有可靠的预期收入，资产的流动性就可得到保证。这种理论强调的是借款人是否确有用于还款的预期收入，而不是贷款能否自偿，担保品能否及时变现。基于这一理论，银行可以发放中长期设备贷款、个人消费贷款、房屋抵押贷款、设备租赁贷款等，使银行贷款结构发生了变化。

这种理论的主要缺陷在于银行把资产经营建立在对借款人未来收入的预测上，而这种预测不可能完全准确。而且借款人的经营情况可能发生变化，到时不一定具备清偿能力，这就增加了银行的风险，从而损害银行资产的流动性。

4. 超货币供给理论

这一新理论产生于20世纪60年代末。该理论认为，随着货币形式的多样化，不仅商业银行能够利用贷款方式提供货币，其他许许多多的非银行金融机构也可以提供货币，金融竞争加剧。竞争加剧的局面要求银行不仅能提供货币，还应该能提供各方面的服务。根据这种理论，银行在发放贷款和购买证券提供货币的同时，还应积极开展投资咨询、项目评估、市场调查、委托代理等多种服务，使银行资产管理更加深化。

该理论缺陷是银行在广泛扩展业务之后，增加了经营的风险，如果处理不当容易遭受损失。

（二）负债管理理论

商业银行的负债管理出现于20世纪60年代初期，是以负债为经营重点来保证流动性和营利性的经营管理理论。该理论的核心是主张用借入资金的办法来保持银行负债的流动性，从而增加资产业务，增加银行收益。负债管理理论为保持银行流动性开创了新的途径：由单纯依靠吸收存款的被动负债方式发展成拓展筹集渠道的主动负债方式。

负债管理理论顺序经过了传统的银行券理论、存款理论和现代的购买理论和销售理论阶段。

1. 负债管理的传统思想

（1）银行券理论。银行券理论是最古老的负债管理理论。该理论认为，商业银行应以贵金属做准备发行银行券，银行券数额与贵金属准备数额之间的比例应视经济形势而变动，以避免滥发造成严重后果。这一理论的核心是强调负债的适度性。

银行券理论存在于中央银行制度产生以前。当时的商业银行拥有货币发行权，银行券构成了商业银行早期的负债。商业银行保有一定的贵金属作为银行券发行准备，能够保证银行券价值的稳定性。在中央银行制度产生以后，这一理论就不复存在了。

（2）存款理论。存款理论产生于各国中央银行收回货币发行权后。该理论认为，存款作为商业银行最主要的资金来源，始终对商业银行经营获利具有决定性的意义。因此，商业银行应尽最大努力去扩大存款。而由于存款者最关心的是存款的安全，因此商业银行应注重稳健经营。

存款理论提出商业银行应努力扩大存款，但存款的扩大最终决定于存款人的意愿。因此，商业银行认为存款是一种“被动型负债”。

2. 负债管理的现代思想

存款理论与银行券理论一样都是一种消极的负债管理理论，侧重于银行的安全性和流动性。而现代负债管理理论强调银行可以积极主动地筹措资金。现代负债管理理论包括购买理论和销售理论。

（1）购买理论。购买理论认为，资金可以被视为产品，商业银行可以主动从外界购买资金作为增加流动性的手段。商业银行通过购买的方式增加资产的流动性，可以更加主动和灵活地进行经营。通常情况下，只要资产收益大于负债成本，商业银行就可以、也应该进行主动负债以获取利差收入。

（2）销售理论。销售理论是将商业银行自己发行的负债凭证作为产品，认为商业银行可以通过出售这类产品获取资金。销售理论强调银行可以推销其金融产品以获取资金。在这一理论的支配下，商业银行的理财产品迅速发展。

负债管理理论认为商业银行可以通过发展主动型负债的形式，扩大筹集资金的渠道和途径，保持银行资金的流动性。但主动负债可能会提高银行的融资成本，加大了经营风险，不利于银行稳健经营。

（三）资产负债管理理论

从20世纪70年代中期起，市场利率大幅上升，负债管理在负债成本及经营风险上的缺陷越来越突出，单纯的负债管理已经不能满足商业银行经营管理的需要。同时，随着西方各国对商业银行管制的放松和金融自由化浪潮的涌现，商业银行在金融市场上融资的能力增加了。银行经营管理的观念逐渐改变，由负债管理转向更高层次的系统管理——资产负债综合管理。

资产负债管理理论认为单靠资产管理或单靠负债管理都难以形成商业银行安全性、流动性和营利性的均衡。商业银行应通过资产和负债的共同调整，协调资产和负债项目在期限、利率、风险和流动性方面的搭配，尽可能使资产、负债达到均衡，以实现安全性、流动性和营利性的完美统一。资产负债管理理论要求商业银行对资产和负债进行全面管理。

由于资产负债管理理论是从资产和负债之间相互联系、相互制约的整体出发来研究管理方法，因而被认为是现代商业银行最为科学、合理的经营管理理论。

1. 资产负债管理理论的主要内容

（1）流动性问题。流动性问题是资产负债理论首要解决的核心问题。该理论要求从资产和负债两个方面去预测流动性问题，同时又要从这两个方面去寻找满足流动性需要的途径。

（2）风险控制问题。风险控制问题是指通过有效的资产和负债管理防范各种经营风险。商业银行必须保证安全经营，才能获得利润。该理论认为，在控制经营风险方面，要明确规定自有资本比例，根据不同的经营环境制定各类资产的风险度标准和控制风险的方法，以资产收益率和资本收益率作为考察商业银行收益性的主要评估标准。

（3）资产与负债的对称。资产与负债的对称，是指商业银行通过调整各类资产和负债的搭配，使资产规模与负债规模、资产结构与负债结构、资产与负债的偿还期限相互对称和统一平衡，保持一定的对称关系。这种对称是一种原则和方向上的对称，并不是要求资产和负债的逐笔对应。

2. 资产负债管理理论的重要意义

商业银行的资产负债管理是银行经营方式上的一次重大变革，它对商业银行、金融界和经济运行都产生了深远影响。

（1）资产负债管理理论的应用增加了银行抵御外界经济动荡的能力。资产负债管理从资产负债的总体上协调资产与负债的矛盾，使得银行在调整资产负债结构方面具有极大的灵活性和应变力，从而增加了银行对抗风险的能力。

（2）资产负债管理有助于减轻银行“借短放长”的矛盾。利率自由化引起筹资成本的提高，迫使商业银行减少冒险性、放弃性、进攻性的放款和投资策略，采取更为谨慎的态度对待放款和投资。

3. 资产负债管理理论的缺陷

（1）资产负债管理促使竞争更加剧烈，银行倒闭的可能性和数量增加。

（2）不利于货币监督机构对银行的监控。金融放松管制、技术进步促成新金融工具的涌现，使得银行业务日益多样化、复杂化。尤其是表外业务的迅速发展，使得货币监督机构在风险测定方面面临更多的困难。这一切都增大了货币监督机构的管理难度，提高了社会管理成本。

（3）商业银行存款利率自由化而引起的放款利率提高，使企业的投资成本提高，阻碍经济的发展。

本章小结

1. 商业银行是吸收公众存款、发放贷款、办理结算等业务的信用机构。商业银行是经济发展到一定阶段的产物。

2. 商业银行的职能主要是：信用中介、支付职能、信用创造、金融服务和调节经济。

3. 商业银行的业务根据资金的来源和运用不同，分成负债业务、资产业务和中间业务。

4. 商业银行的经营管理原则是：安全性、流动性和营利性，这三项原则既统一又矛盾。

5. 商业银行的经营管理理论顺序经历了资产管理理论、负债管理理论和资产负债管理理论三个阶段。

重点名词

商业银行　信用中介　负债业务　资产业务　中间业务　表外业务　担保　抵押　质押　金融债券　储蓄存款　资产管理理论　负债管理理论　资产负债管理理论

思考题

1. 英国式的商业银行提供资金融通的传统方式主要有（　）。

A. 短期为主　　B. 长期为主　　C. 债券　　D. 股票

2. 现代商业银行的发展方向是（　）。

A. 金融百货公司　　B. 贷款为主　　C. 吸收存款为主　　D. 表外业务为主

3. （　）是商业银行最基本也最能反映其经营活动特征的职能。

A. 信用中介　　B. 支付中介　　C. 清算中介　　D. 调节经济的职能

4. 商业银行发挥金融服务职能具有的作用是（　）。

A. 使商业银行持续拥有比较稳定的廉价资本来源

B. 可节约社会流通费用，增加生产资本投入

C. 扩大了社会联系面和市场份额

D. 银行取得不少费用收入，同时也加快了信息传播，提高了信息技术的利用价值

5. 商业银行信用创造的制约因素有（　）。

A. 商业银行信用创造，要以原始存款为基础

B. 商业银行信用创造要受中央银行法定存款准备率及现金漏损率的制约，创造能力与其成反比

C. 创造信用的条件，是要有贷款需求

D. 信用创造受公众流动性偏好制约

6. 什么是商业银行？简述商业银行的产生和发展。

7. 怎样理解商业银行的职能？

8. 商业银行的经营原则有哪些？相互关系如何？

9. 商业银行负债业务的重要意义是什么？商业银行的存款负债有哪些内容？商业银行借入资金的渠道有哪些？

10. 银行的投资与贷款有什么不同？

11. 商业银行的中间业务与资产、负债业务的根本区别是什么？我国的中间业务主要有哪些内容？

12. 试述商业银行的信用创造过程。

13. 商业银行资产负债管理理论的基本内容是什么？

14. 请描述股份制商业银行的内部组织结构。

第八章 中央银行

学习目标

- 掌握中央银行制度产生的原因。
- 掌握中央银行的职能。
- 掌握中央银行相对独立性的内容和分析。
- 掌握中央银行的业务内容。

中央银行，是指专门从事货币发行、专门办理对一般银行的业务以及专门执行国家货币政策的银行。中央银行是银行业发展到一定阶段之后的产物。

第一节 中央银行的产生和发展

现代商业银行是从货币兑换业发展而来的，而中央银行又是从现代商业银行中分离出来逐渐演变而成的。

一、中央银行的产生

（一）中央银行产生的背景

17 世纪中后期，资本主义经济发生深刻变化，商品经济迅猛发展，信用制度和银行普遍发展，出现了信用问题、银行券流通问题、票据交换问题以及金融监管问题等一系列问题。

1. 信用问题

在实行信用货币制度之前，标准的金本位制度下，任何一家商业银行只要能够保证自己所发行的银行券能够随时兑现，就可以发行自己的银行券。但是很多中小银行由于受到自身实力、信誉的限制，不能保证自己发行的银行券及时兑现。甚至有“野猫银行”有意将银行设到偏远地区，使人们难于向其兑现。在经济发生波动时，不少银行受到影响陷入流动性危机，不能兑现的情况变成了普遍的现象。这种情况下引起的挤兑风潮往往造成很多银行的破产倒闭，而银行的破产倒闭既不利于经济发展，也不利于社会稳定。

2. 银行券流通问题

商业银行各自发行自己的银行券，使得市场上流通的银行券五花八门。随着经济的发展，银行数量的增多，这种分散发行银行券的局面越来越暴露出明显的缺陷：一是许多银行分散发行，不能保证货币流通的稳定性；二是大量的中小银行信用能力有限，所发行的银行券只能在有限的地区流通，限制了商品跨地区流通，限制了经济的发展。

3. 票据交换问题

在银行业的发展初期，银行间的票据交换往往是由银行单独进行的。随着商品经济的发展，银行业务的不断扩大，银行间的债权债务关系日益复杂，每天都有大量的票据需要进行清算。这时候由各银行自行结算票据已经非常困难。而且各银行间自行结算票据，效率低下，还极不安全。

4. 金融监管问题

在经济发展的过程中，当银行经营不善或者受到经济危机影响而发生周转资金不足的时候，常常会发生破产倒闭，对经济和社会产生破坏作用。而经济危机的发生，也让人们意识到要有一个公平、有效和稳定的金融秩序的重要性。

由于以上问题的出现，客观上需要一个权威性的、全国的、统一的金融管理机构，来承担货币发行、票据清算、给予商业银行资金支持和进行金融管理的职能。由此，产生了中央银行。

（二）中央银行产生的途径

中央银行的产生途径有两条：一是政府通过赋予某家私人银行垄断货币发行的权利，使这家银行逐步改组演变为现代的中央银行；二是由政府直接设立。

1. 由商业银行演变而来

中央银行产生的第一条途径是，由资本实力雄厚、社会信誉卓著、与政府有特殊关系的大商业银行逐步发展演变而来。政府通过不断赋予这家大银行某些特权，使之逐步发展成为中央银行。英国的英格兰银行是其中的代表。

成立于1694年的英格兰银行，是一家较大的股份制银行。其成立的最初目的是为了筹集120英镑按年息8%贷款给英国国王威廉三世，以支持其欧洲大陆的军事行动。英国政府允许英格兰银行成为第一家无发行保证却能发行银行券的商业银行。1844年，英国国会更通过《英格兰银行特许条例》（通常简称《比尔条例》），规定英格兰银行具有独立的货币发行权。

英格兰银行发行的银行券流通范围最广，信誉最高，其他商业银行需要银行券只能从英格兰银行提取，所以必须在英格兰银行存款。由此，英格兰银行就集中了其他商业银行一部分准备金，其他商业银行可以利用这部分准备金来清算银行间的债权债务。英格兰银行逐步取得了清算银行的地位。

19世纪，英国的商业银行发生了多次银行危机。在1875年的银行危机中，英格兰银行积极采取行动帮助困难银行，开始充当最终贷款人的角色。

英格兰银行从成立之初，就始终与政府保持着密切的联系。英格兰银行为政府融资、代理国库并全权管理国家金库，成为国家的银行。

1946年2月，英国颁布《英格兰银行法》，将英格兰银行全部股本收归国有，英格兰银行从此成为国有的中央银行。该法案终止了英格兰银行名义上的独立性，使其成为国家机器的一个组成部分。

英格兰银行是最早真正发挥现代中央银行各项职能的金融机构，被称为中央银行的鼻祖，以后各国纷纷效仿英格兰银行。

2. 政府出面通过法律规定直接组建

中央银行产生的第二条途径是由政府出面通过法律规定直接组建一家银行作为一国的中央银行。在这方面的代表是成立于1913年的美国联邦储备体系。

美国联邦储备体系的成立经历了一个长期的摸索过程。此前，18—19世纪，美国先后成立过第一银行和第二银行，这两家银行都具有一定程度的中央银行性质，但自身经营目标不明确，均在20年经营期满后被迫停业。

1908年5月，美国国会建立了国家货币委员会，用以专门调查研究各国银行制度。1912年，美国国会决定成立兼顾各州利益又能满足银行业集中管理需要的联邦储备制度。1913年12月23日，美国国会通过了《联邦储备法》。决定联邦储备银行的主要任务是提供一种有弹性的货币（“最后贷款人”），为商业银行提供再贴现，实施对银行更有效的监管。联邦储备体系初步具有发行的银行、银行的银行和政府的银行的职能。

联邦储备体系的建立，标志着现代中央银行制度在美国的建立，也标志着中央银行制度在世界范围内基本确立。

（三）中央银行的发展阶段

中央银行伴随着资本主义银行业的发展，经历了三个阶段：萌芽和建立阶段、建立和普遍推广阶段和强化阶段。

1. 萌芽和建立阶段

中央银行的萌芽和建立阶段大约从1656年到1843年，这一阶段是中央银行自然演变的初创时期。这一阶段的中央银行具有以下特点：

（1）多为私人股份银行或私人与政府合股银行充当中央银行。

（2）多是基于政府的需要而设立的。这时候的中央银行还只是政府的银行和发行的银行，还没有履行银行的银行和管理金融的银行的功能。

（3）兼营商业银行业务。虽然履行中央银行的职责，但没有放弃商业银行业务，身兼二职。

（4）不具备完全调节与控制金融市场的能力。由于多方利益集团的博弈和技术的不足，以及货币制度的不完善，早期的中央银行不具备完全调节和控制金融市场、干预和调节国民经济的能力，金融危机时有发生。

2. 建立和普遍推广阶段

中央银行的建立和普遍推广阶段是从1844年到第二次世界大战结束时，这个阶段是政府力量推动中央银行的迅速创建时期。尤其是20世纪初到第二次世界大战结束时，是中央银行制度在历史上发展最快的一个时期。这主要归因于布鲁塞尔国际金融会议。1920年，布鲁塞尔国际金融会议决定：凡是还未成立中央银行的国家，应尽快成立中央银行，以改变第一次世界大战后期汇率和金融混乱的局面。1922年，日内瓦会议又一次建议各国，尤其是新成立的国家尽快成立中央银行。由此，中央银行制度在世界各国迅速发展。

这一时期的中央银行制度主要有以下特点：

（1）大部分中央银行是依靠政府的力量成立的。

（2）设立中央银行已经成为全球性的普遍现象。

（3）中央银行管理金融的职能得到加强。20 世纪 30 年代的大危机，让人们认识到必须要保持金融机构和金融体系的稳定性。中央银行管理金融的作用日益重要，职能逐步扩展。

3. 强化阶段

从第二次世界大战至今的发展时期，是政府对中央银行控制的加强和中央银行宏观经济调控职能进一步强化的时期。这是因为在第二次世界大战以后，很多国家的经济陷入困境，因而各国纷纷利用中央银行干预和调节经济，中央银行由此得到重大发展。

这一阶段的中央银行有以下特点：

（1）专门行使中央银行职能，不再办理商业银行业务。尤其是新成立的中央银行，从建立之初就不办理商业银行业务。

（2）中央银行实行国有化。行使中央银行职能的私人股份制银行，比如英格兰银行都被收归国有。

（3）中央银行干预和调节经济的功能得到加强。中央银行运用法定存款准备金率、再贴现率和公开市场业务等政策工具对经济金融进行宏观调控，中央银行的货币政策日益成为重要的宏观调控政策之一。

（4）各国中央银行加强国际合作。第二次世界大战后，成立了国际货币基金、世界银行、亚洲开发银行等国际性和区域性的金融组织，绝大多数国家的中央银行都代表本国政府参加了这些国际金融组织，各国中央银行之间的国际合作大大加强。

二、中央银行的类型

虽然各国在政治、经济体制，市场发育和金融传统等方面存在差异，从而造成中央银行的组织形式也不相同，但大致可分为以下四种类型。

（一）单一式中央银行制度

单一式中央银行制度，是指在全国只设独家中央银行，下设若干分支机构，组成一个中央银行的统一体。总行一般设在首都，分支行一般按经济或行政区划设立。分支行作为总行的派出机构，执行总行的货币政策。这种体制的特点是权力集中统一、职能齐全、业务多样、决策迅速及时，便于贯穿业务方针政策。世界上绝大多数国家采用这种中央银行制度，代表国家是英国的英格兰、法国的法兰西银行等。我国也是采用单一式中央银行制度。

（二）复合式中央银行制度

复合式中央银行制度，是指在全国设立中央一级和相对独立的地方一级中央银行机构，分别行使中央银行职能。中央一级和地方一级的机构共同构成一个中央银行体系。在这种体制下，地方的中央银行不是隶属于总行的分支机构。地方的中央银行除执行总行统一的货币政策外，在业务经营管理上具有较大的独立性。因此，复合式中央银行制度有利于适应地方的具体情况，但权力和职能相对分散。这种方式比较适合联邦制国家，故又称联邦式中央银行制。美国和德国是这一体制的代表。

（三）跨国中央银行制度

跨国中央银行制度是指某一货币联盟的成员国不设各自的中央银行，而是共同成立一家中央银行，由其在货币联盟范围内统一执行中央银行职能的制度。通常情况下，参加国地域上相邻，贸易联系紧密。跨国中央银行制度促进了地区经济发展，防止成员国通货膨胀，简化了组织机构。西非货币联盟、中非货币联盟和欧洲中央银行是其中的代表。

（四）准中央银行制度

准中央银行制度是指没有真正专业化的、具备完全职能的中央银行，而是由几个执行部分中央银行职能的机构共同组成中央银行的制度。这些机构由政府机构和政府授权的某个或某几个商业银行组成。比较典型的国家和地区是新加坡。新加坡没有中央银行，政府设立金融管理局和货币委员会。金融管理局负责制定货币政策和金融业的发展政策，执行除货币发行以外的中央银行的一切职能。货币委员会主要负责发行货币、保管发行准备金和维护新加坡货币的完整。

第二节 中央银行的性质和职能

一、中央银行的性质

中央银行是国家赋予其制定和执行货币政策，对国民经济进行宏观调控和管理监督的特殊的金融机构。中央银行既是特殊的金融机构，又是特殊的国家机关。

（一）中央银行是特殊的金融机构

作为金融机构，中央银行虽然具有银行（金融企业）的一般性质，但它和普通银行相比，又更多地体现出国家机关的性质。表现在：

（1）中央银行的业务经营目的不是营利。中央银行对政府财政存款和银行等金融机构的存款准备金不支付利息，代理财政收支不收费，其资产要保持较大的流动性。这和普通银行以营利为目的的经营原则是不同的。

（2）中央银行的经营对象与商业银行不同。中央银行不经营普通银行业务，其业务对象仅限于商业银行、其他金融机构以及政府等，与普通企业和个人没有业务往来。

（3）中央银行业务经营具有特权。比如货币发行、集中保管存款准备金、代理国库、管理国家金库和外汇储备以及维护支付清算系统的运行等。

（4）中央银行处于一个国家金融体系的中心环节，是全国货币金融的最高权力机构，是全国信用制度的枢纽和金融最高管理当局，对商业银行和其他金融机构等是管理与被管理、调控与被调控的关系。

（二）中央银行是特殊的国家机关

作为国家机关，中央银行具有银行的性质，体现出明显的特殊性。表现在：

（1）中央银行与一般政府机关相比，具有特殊的管理手段。中央银行不是只依靠行政手段对经济进行干预和管理，而主要是通过特有的经济手段，如货币供应量、利率、贷款等方式实现对经济的宏观调控。

（2）虽然是国家机关，但中央银行有着银行的属性，也办理金融业务。中央银行办理存款、贷款、再贴现、票据清算等业务；实行资产负债管理；有资本；有收益。在这点上，中央银行与完全靠国家财政拨付经费的政府机关有着显著不同。

（3）中央银行具有一定的独立性。中央银行一般都具有相对独立、超然的法律地位。这是中央银行职能的重要性和业务的特殊性决定的。中央银行在货币政策的制定和实施、人事任命、组织管理体制方面，都有比较特殊的规定，往往与立法机关直接建立监督制约关系。而一般政府机关则直接隶属于政府，对政府负责，是政府的组成部分之一。

二、中央银行的职能

中央银行的职能，是指中央银行作为特殊的国家金融监管机关应有的作用，是中央银行的性质的具体反映。

（一）发行的银行

发行的银行，是指中央银行垄断货币的发行权，是全国唯一的现钞发行机构。垄断货币发行权是中央银行最本质的特征，是中央银行可以执行其他中央银行职能的基础。

中央银行作为发行的银行，要承担两方面的责任：保持货币流通顺畅；有效控制货币发行量，稳定币值。

（二）银行的银行

银行的银行，是指中央银行只与商业银行等金融机构发生业务往来，集中商业银行的准备金并对它们提供信用。

中央银行作为银行的银行，其职能主要体现在：集中存款准备金；充当最后贷款人；组织全国清算。

（三）政府的银行

政府的银行，是指中央银行代表国家从事金融活动，将一国政府作为其直接的客户并为之提供金融服务，履行政府管理职能并运用货币政策实施金融监管。

中央银行作为政府的银行，其主要职能表现为：代理国库收支；代理政府债券的发行；为政府提供信用；充当政府的金融代理人，代办各种金融事务，参加国际金融组织会议和各种国际金融活动。

第三节 中央银行与政府的关系

一、中央银行的独立性

（一）中央银行独立性的含义

1. 中央银行独立性的定义

中央银行的独立性是指中央银行拥有不接受来自政府的命令的权力，在制定或者更改货币政策时，不必与政府交涉。

2. 中央银行保持独立性的必要性

（1）中央银行独立性强弱与通货膨胀呈反向变动关系。中央银行独立性的强弱对一国当局的货币政策行为有决定性的影响，从而对一国的宏观经济可能产生不可忽视的影响。国外的许多经济学家从1980年开始对中央银行独立性的测度以及其对宏观经济的影响做过了不少的研究，得出了中央银行的独立性强弱与通货膨胀率呈反向变动的关系，而与其他宏观经济变量，如经济增长率、经济增长波动率、通货膨胀的波动率、失业率无紧密关系。所以，一国中央银行的独立性的准确定位可以使得宏观经济得到更好的发展。

（2）保持中央银行独立性的必要性。保持中央银行的独立性，是避免出现政治性经济波动的需要、避免财政赤字货币化的需要、稳定经济和金融的需要和适应中央银行特殊地位与业务的需要。

3. 中央银行的独立性是相对的独立性

中央银行的独立性比较集中地反映在中央银行与政府（国家行政当局）的关系上，对此形成的共识是：中央银行应对政府保持一定的独立性，但这种独立性只能是相对的。

（1）中央银行应对政府保持一定的独立性。中央银行要对政府保持一定的独立性，主要是因为：

首先，中央银行的业务活动必须符合金融运行的客观规律和自身业务的特点，从这一点来看，中央银行只有对政府保持一定的独立性才可以更好地实行其业务活动。

其次，中央银行制定和实行货币政策，对金融实施监督管理，调控宏观经济运行和保持金融稳定，具有较强的专业性和技术性。虽然中央银行需要按照政府确定的目标和意图行事，但是由于其作用对象的特殊性，政府要给予中央银行一定的独立性。

最后，中央银行与政府两者所处的地位、行为目的、利益需求及制约因素都有所不同，如果中央银行完全按照政府的指示行事而缺少独立性，那么就有可能导致不良的情况。

（2）中央银行不能完全独立于政府之外。中央银行多多少少都要受到政府制约。事实上，哪怕是最为独立的中央银行也不可能在完全没有政府干预的情况下自行运作。这就是当代中央银行的相对独立性。

首先，中央银行为政府服务，是政府宏观经济政策的有力工具，是现代经济大系统中的一个子系统。这决定了中央银行不可以独立于政府之外。

其次，中央银行不能凌驾于政府机构之上，而应接受政府一定的监督和指导。

最后，中央银行作为特殊的政府机构，要与其他政府机构相互协作，密切配合才能更好地发挥宏观调控经济的职能。

（二）中央银行独立性的原则和内容

1. 遵循的原则

中央银行独立性要遵循的原则是：经济发展目标是中央银行活动的基本点，中央银行不仅要考虑自身所担负的任务和承担的责任，还要重视国家的利益。中央银行货币政策要符合金融活动的规律性。防止为特定政治需要而不顾必要性和可能性，牺牲货币政策的稳定性。

2. 中央银行独立性的内容

（1）组织机构和人事的独立性。主要表现为中央银行的组织机构的设立和主管人员的提名和任免是否由行政机关或政府部门决定。

（2）制定和执行政策的独立性。主要表现为中央银行制定和执行财政政策和货币政策的自主程度。

（3）经济的独立性。主要表现为中央银行的财政的独立性，即其是否依赖于政府的拨款和财政的支持。

（4）业务的独立性。主要指中央银行是否可以自主决定其业务的实施，办理业务时是否受政府机关的干预。

3. 影响中央银行独立性的因素

（1）最根本的因素是中央银行的法律地位。中央银行的活动必须是合法的，而法律是政府制定的，这就使得央行的独立性受限。

（2）中央银行对谁负责，这直接关系到央行是否要听命于谁，因而在衡量央行独立性的方面有着很重要的作用。

（3）中央银行的收入来源、决策机构的组成以及谁来监督中央银行等都会对央行的独立性产生影响。

（4）其他因素，包括国家历史、经济发展阶段、政治是否稳定、国民如何看待通货膨胀以及金融市场的发展状况等也会影响央行的独立性。

二、中央银行与政府的关系

（一）中央银行与政府关系的一般分析

（1）中央银行资本所有权有完全归政府所有的趋势，即使是资本属私股的中央银行，股东也无权干预和影响中央银行的货币政策和业务经营。因为对中央银行的管理监督权属于国家，所以资本所有权已成为无关紧要的问题。

（2）中央银行的总裁的任命多由政府部门或议会提名，国家元首任命，任期与政府任期接近。理事任期稍长于总裁，多数国家允许连任，与政府的任期错开。

（3）多数国家赋予中央银行法定职责，明确其制定或执行货币政策的相对独立性。中央银行在承担稳定货币金融的同时，作为政府在金融领域的代理人，接受政府的控制与督导。

（4）中央银行在一定的限度内有支持财政的义务，为财政直接提供贷款融通资金，为财政筹集资金创造有利条件。许多国家对融资的方式、额度与期限都从法律上加以严格限制，禁止财政部向中央银行透支。

（5）银行理事会中的政府代表问题。各国在实践和认识上对此都有分歧。反对者认为，中央银行的职能与政府不同，没有代表可以避免政府的直接干预，保障中央银行不受政府压力和政府偏见的影响。赞同者认为，有代表有利于沟通和纠正双方观点与认识上的偏差；理事会中可以有各经济部门的代表，就不能排斥政府的代表。

（二）中央银行与政府关系模式

1. 独立性较大的模式

中央银行直接对国会负责，可以独立制定货币政策及采取相应的措施，政府不得直接对它发布命令或指示，不得干涉货币政策。如果中央银行与政府发生矛盾，通过协商解决。美国和德国都属于这一模式。

2. 独立性稍次的模式

指中央银行名义上隶属于政府，而实际上保持着较大的独立性。有些国家法律规定财政部直辖中央银行，可以发布指令，事实上并不使用这种权力。中央银行可以独立地制定、执行货币政策。英格兰银行、日本银行属于这一模式。

3. 独立性较小的模式

中央银行接受政府的指令，货币政策的制定及采取的措施要经政府批准，政府有权停止、推迟中央银行决议的执行。这样模式的典型国家是意大利。

三、中国人民银行的独立性及有关问题

《中国人民银行法》（修正）第二条规定："中国人民银行是中华人民共和国的中央银行。中国人民银行在国务院领导下制定和实施货币政策，防范和化解金融风险，维护金融稳定。"该法第八条规定："中国人民银行的全部资本由国家出资，属于国家所有。"从这些规定可以看出，在性质上，人民银行是我国的中央银行，是特殊的国家机关。作为中央银行，人民银行在国务院领导下，制定和实施货币政策；拥有资本，可依法开展业务，行使发行的银行、政府的银行、银行的银行和金融调控的银行的职能。

经过多次改革，中国人民银行总行下设 9 个分行（包括 20 个金融监管办事处），2 个营业管理部，326 个中心支行，1 827 个县（市、旗）支行。中国人民银行各级机构的职责分工明确，货币政策权集中于总行，分行集中力量加强金融监管，金融服务面向基层。

（一）中国人民银行的产生与发展

1. 我国中央银行的产生

我国的中央银行萌芽于 20 世纪初。清政府为整理币制于光绪三十年（1904 年）由户部奏准设立官办银行大清户部银行，1905 年 8 月在北京正式开业。1908 年该银行依《大清银行则例》改名为大清银行，经理国库、发行纸币，初具中央银行职能。民国后，大清银行于 1912 年 1 月改名为中国银行，而后与交通银行一起受北洋政府的控制，部分地承担中央银行的职能。在南方，孙中山在广州成立中央政府时，曾设中央银行。1926 年北伐军攻克武汉，于 12 月在武汉成立中央银行。但因军事形势所限，这两家银行实际上未能履行中央银行的职能。1927 年南京国民党政府制定《中央银行条例》，于 1928 年 11 月成立中央银行。但在实际上该行和改组后的中国银行、交通银行及 1933 年成立的中国农民银行一起享有货币发行权。1937 年为适应战时需要，成立了"四联总处"，行使中央银行职能。1942 年货币发行权收归中央银行，同时集中黄金、外汇储备，统一管理全国的金融业。随着国民党腐朽政权在中国大陆统治的结束，该行也就退出了历史舞台。

新中国的中央银行是中国人民银行，但人民银行并非一开始就是专门的中央银行。人民银行是 1948 年 12 月 1 日在合并华北银行、北海银行和西北农民银行的基础上于石家

庄成立的，同一天还发行了该行的货币：人民币。1949 年年初，人民银行总行迁至北京。1949 年 10 月新中国成立后，又合并了东北银行、内蒙古人民银行等地区性银行，成为全国统一的国家银行。

2. 我国中央银行的发展

1950 年以后，中国人民银行按当时的行政区域设置了总行、区行、分行、支行四级机构，成为各级政权的组成部分。中国人民银行既是货币发行和执行金融管理职能的国家机关，又是办理信贷、储蓄、结算、外汇等具体业务经营活动的经济组织，具有中央银行和一般银行、国家机关和经济组织的双重性质，是全国的现金出纳中心、信贷中心和转账结算中心。这种大一统的银行体制一直沿袭到 1979 年。

改革开放以来，随着经济体制改革的深入发展，金融体制也开始了改革。人民银行的管理职能与经营具体金融业务的职能逐渐分开。中国人民银行从 1984 年 1 月 1 日起，专司中央银行职能，不再对企业和个人办理金融业务。1986 年 1 月 7 日国务院发布的《中华人民共和国银行管理暂行条例》更以行政法规的形式规定："中国人民银行是国务院领导和管理全国金融事业的国家机关，是国家的中央银行。"1993 年 12 月国务院发布的《关于金融体制改革的决定》，提出了我国金融体制改革的总体目标，明确指出要在我国"建立在国务院领导下独立执行货币政策的中央银行宏观调控体系，把中国人民银行办成真正的中央银行"。1995 年 3 月 18 日，第八届全国人大第三次会议表决通过的《中华人民共和国中国人民银行法》，以基本法律的形式明确规定了中国人民银行作为我国中央银行的地位，从而使我国人民银行的法制建设步入了一个新的时期。2003 年 12 月 27 日第十届全国人民代表大会常务委员会第六次会议《关于修改〈中华人民共和国中国人民银行法〉的决定》又对《中国人民银行法》做以修正，把人民银行对金融机构的监管职能分离给新成立的银监会，更突出了人民银行的制定和执行货币政策、防范和化解金融风险，维护金融稳定的职能。

（二）中国人民银行独立性的发展

中国人民银行成立至今，特别是在改革开放以来，在体制、职能、地位、作用等方面都发生了巨大而深刻的变革。在成立之初，中国人民政治协商会议决定把中国人民银行纳入政务院的直属单位系列，接受财政经济委员会指导，与财政部保持密切的联系，赋予其国家银行职能，承担发行国家货币、经理国家金库、管理国家金融、稳定金融市场、支持经济恢复和国家重建任务。由此可以看出，中国人民银行是受到政府的干预指导的，独立性是比较弱的。但是在不断地发展过程中，中央银行的独立性呈现出逐渐增强的趋势。

1. 货币政策自主权

1996 年颁布的《中国人民银行法》规定"中国人民银行依法独立执行货币政策，不受其他任何部门、地方的干涉"，这是中国人民银行成立 47 年来首次被确认其独立性。

2. 相对于财政部的独立性

这是衡量各国中央银行独立性的一个具体标志。中国人民银行与财政部的关系主要表现在两个方面：一个是在行政关系上，人民银行与财政部不存在隶属关系，这在组织上保证了人民银行对财政部的独立地位；另一个是在资金关系上，《中国人民银行法》第

27条规定：“中国人民银行不得对政府财政透支，不得直接认购、包销国债和其他政府债券”，这样从法律上基本割断了人民银行与财政部的直接融资关系。

3. 相对于政府其他部委的独立性

《中国人民银行法》规定：中国人民银行不得为各级政府管理部门提供贷款或担保；规定通过组建政策性银行解决政策性贷款问题，堵住了中央银行提供基础货币与政策性贷款的路子，堵住了政府各部委以“政策性贷款”向中央银行要贷款的路子；在法律上明确了人民银行统管全国金融机构的监管权。

4. 相对于地方政府的独立性

《中国人民银行法》规定：中国人民银行在国务院领导下依法独立执行货币政策，不受地方政府和其他行政机关、社会团体的干涉；中国人民银行对其分支机构实行集中统一领导和管理。人民银行负责本辖区的金融监管，各地人民银行不得向地方政府部门提供贷款。

（三）中国人民银行独立性的有关问题

中国人民银行的独立性的保证，集中在中国人民银行应隶属于国务院还是隶属于全国人民代表大会以及如何从立法上保证它的独立性问题。对此，主要有三种观点：

（1）中国实行的市场经济还带有一定计划性，国家具有组织、领导、管理经济的职能，国家经济发展的战略与总体目标由中央决定，全国经济工作的实施则是由国务院统一组织和领导的。在政府长远的总体经济目标与近期经济发展意图上，国务院和全国人民代表大会不会也不可能存在重大分歧，规定人民银行作为中央银行是国务院的组成部分，同财政部是平行的，直接受国务院领导，在中国社会主义制度下，不存在中央银行受不同党派和集团的利益所左右的问题。

（2）人民银行要对政府机构保持独立性，须直接隶属于全国人民代表大会（常务委员会），接受其管理和监督，在其指导下独立地制定和贯彻执行金融政策。这样会在某种程度上增强人民银行相对独立性，可以使人民银行不受政府短期经济政策的局限与随着短期经济政策摆动而摆动，减弱来自于外界对中央银行执行货币政策、控制货币供应和信贷规模的随意性。

（3）从中国国情出发，在政治体制未作相应改革的情况下，加强人民银行的独立性不在于人民银行是直接隶属于全国人民代表大会还是直接隶属于国务院，二者没有实质性的区别，重要的是任何人不得超越法律程序对中央银行进行干预。

第四节 中央银行的主要业务

一、中央银行的资产负债表

中央银行的资产负债表是中央银行在履行职能时的业务活动所形成的债权债务存量表。中央银行资产负债业务的种类、规模和结构都综合地反映在资产负债表上。

（一）中央银行资产负债表的格式

1. 国际通用格式

在经济全球化的背景下，为了使各国之间相互了解彼此的货币金融运行状况及分析它们之间的相互作用，对金融统计数据按相对统一的标准进行适当规范是很有必要的，国际货币基金组织定期编印《货币与金融统计手册》刊物，以相对统一的口径向人们提供各种成员国有关货币金融和经济发展的主要统计数据，中央银行的资产负债表就是其中之一，称作“货币当局资产负债表”。

表 8－1　　简化的货币当局资产负债表

资产	负债
国外资产	储备货币
对中央政府的债权	定期储备和外币存款
对各级地方政府的债权	发行债权
对存款货币银行的债权	进口抵押和限制存款
对非货币金融机构的债权	对外负债
对非金融政府企业的债权	中央政府存款
对特定机构的债权	对等基金
对私人部门的债权	政府贷款基金
	资本项目
	其他项目

2. 中国人民银行的资产负责表

我国中央银行，中国人民银行从 1994 年起根据 IMF《货币与金融统计手册》规定的基本格式，编制中国货币当局资产负债表并定期向社会公布。2000 年又按照 IMF 公布的货币金融统计制度进行了修订。

表 8－2　　中国人民银行的资产负债表

资产	负债
国外资产	储备货币
外汇	货币发行
货币黄金	金融性公司存款
其他国外资产	其他存款性公司
对政府债权	其他金融性公司
其中：中央政府	不计人储备货币的金融性公司存款
对其他存款性公司债权	
对其他金融性公司债权	发行债券
对非金融性公司债权	国外负债
其他资产	政府存款
	自有资金
	其他负债
总资产	总负债

（二）中央银行资产负债表主要项目的关系

1. 资产与负债的基本关系

中央银行资产负债之间的关系可用以下公式表示：

$$资产 = 负债 + 自有资本 \quad (8-1)$$

公式8-1说明，在自有资本一定的情况下，中央银行的资产持有额的增减，必然导致其负债的相应增减；同理，如果中央银行的负债总额增加了，则其必然扩大了等额的债权。

对中央银行而言，负债业务对其资产业务的约束不存在，而中央银行的资产业务对负债业务以及由此引致的货币供应有决定性作用。基础货币的投放是中央银行实施相应资产业务的结果。

这个公式体现的政策意义为：央行的资产业务对货币供应有决定性作用；由央行自有资本增加而相应扩大的资产业务，不会导致货币发行的增加。

2. 资产负债各主要项目之间的对应关系

（1）对金融机构债权和负债之间的关系。这两个项目反映了中央银行对金融系统的资金来源和运用的对应关系。两者相等时，不影响资产负债表的其他项目；当债券总额大于负债总额时，若其他项目不变，其差额部分通常会用货币发行来弥补；反之，会减少货币发行量。

（2）对政府债权和政府存款的关系。这两个项目属于财政收支的范畴，反映了中央银行对政府的资金来源和运用的对应关系。两者相等时，对货币供应影响不大；若因财政赤字过大而增加的中央银行对政府的债权大于政府存款时，在其他对应项目不变的情况下，会出现财政性的货币发行；反之，会消除来自财政方面的通货膨胀。

（3）国外资产和其他存款及自有资本的关系。若中央银行在增加国外资产的同时，相应增加债券发行或自有资本，一般不会引起中央银行货币发行的变化；反之，将导致货币发行的增减。

二、中央银行的负债业务

中央银行的负债业务是指金融机构、政府和其他部门持有的对中央银行的债权。中央银行负债业务主要是由货币发行业务、存款业务、其他负债业务和资本业务构成。

（一）货币发行业务

货币发行是中央银行最主要的负债业务，是中央银行与一般商业银行区别的重要的标志。

1. 中央银行垄断货币发行的原因

货币发行必须由中央银行来进行，原因在于：单一货币在全国范围内流通，不会造成币制混乱；便于政府进行监管；中央银行通过货币发行，不仅可以随时根据经济发展变化进行调节和控制，还可以掌握一定量的资金来源，增强金融实力，更好地发挥中央银行对经济的调控职能；由于中央银行相对独立的地位，可以抵制政府滥发货币的要求，使货币供应量适当。

2. 中央银行货币发行的原则

（1）垄断发行原则，即货币发行权应高度集中于中央银行。垄断发行才能避免货币流通混乱，才能使中央银行高效率调节流通中的货币量，使货币政策的制定和执行得以落实。

（2）信用保证原则，指货币发行需要有一定的外汇、黄金或有价证券等作保证，要有一定的发行保证制度。货币发行要适度，既保证经济发展的需要，又避免通货膨胀的威胁，从而确保国民对本国货币的信任。中央银行要有独立的发行体制，避免政治和外界的压力和影响，坚持根据国民经济发展进行适度经济发行，坚决防止为弥补国家财政赤字而引起财政发行。

（3）弹性发行原则，是指货币发行要具有一定的灵活性，即货币发行应动态地适应经济发展的需要。由于货币资产、金融资产、实物资产之间的高度的相互替代性和货币流通速度的自动调节作用，使货币供应量可以在一定程度上偏离货币需求量，而不至于引起货币贬值，物价上涨。

3. 货币发行渠道与程序

中央银行通过再贴现、贷款、购买证券、收购金银外汇等业务活动将货币投放市场，满足经济发展对货币的需要，也通过这些渠道进行货币回笼。

（二）存款业务

中央银行的存款一般可分为商业银行等金融机构的准备金存款、政府存款、非银行金融机构存款、外国存款、特定机构和私人部门存款和特种存款等几种。

1. 准备金存款

准备金存款是中央银行根据存款准备金制度对商业银行准备金进行集中而形成的负债。存款准备金制度是指中央银行依据法律所赋予的权力，根据宏观货币管理的需要，根据控制金融体系信贷额度的需要，以及维持金融机构资产流动性的需要，来规定商业银行等金融机构交存中央银行存款准备金的比率和结构，并根据货币政策的变动对既定比率和结构进行调整，借以间接地对社会货币供应量进行控制的制度。

通常情况下，中央银行对准备金存款不支付利息。存款准备金是中央银行低成本、稳定的资金来源。

2. 政府存款

政府存款一般是指各国中央政府在中央银行的存款，包括国库持有的现金、活期存款、定期存款和外币存款。中央银行作为“政府的银行”履行代理国库的职能，财政的收入和支出都由中央银行代理。

3. 非银行金融机构存款

非银行金融机构存款是指非银行金融机构在中央银行存放的法定存款准备金和支付准备金。这部分准备金的性质和范围与商业银行准备金存款基本相同。但通常情况下，中央银行对非银行金融机构确定的准备金上交比例与商业银行不同，且不具有强制性。

4. 外国存款

外国存款主要是外国银行或外国政府存放的用于贸易结算和清算业务的存款。

5. 特定机构和私人部门存款

特定机构和私人部门存款主要指的是非金融机构存款，包括对一些特殊机构，如军队的财政存款和用于特定目的的存款。

6. 特种存款

特种存款是指中央银行在货币政策工具发挥作用有限的情况下，采用存款方式集中商业银行、专业银行和其他银行金融机构的一定数量的资金。特种存款一般是为特殊经济形势下的特殊资金需要而集中的存款，具有非常规性、特殊性和强制性。这种存款一般不面向全部金融机构，具有特殊的资金集中范围，存款期限也比较短，一般为一年。中央银行确定利率和数量，商业银行必须及时按规定利率足额完成存款任务。

三、中央银行的资产业务

中央银行的资产业务是指中央银行运用其负债资金的业务活动，主要包括再贴现业务、贷款业务、证券买卖业务和黄金外汇储备业务。

1. 再贴现业务

再贴现是一种特殊的放款形式，也是中央银行传统的总量货币政策工具。中央银行可以配合政府的经济政策，通过调高或降低再贴现率，紧缩或扩张信用，影响并改变商业银行的放款和投资活动，影响商业银行和社会公众对中央银行政策的预期，从而达到调节经济的目的。

2. 贷款业务

贷款业务是中央银行的主要资产业务之一，主要包括对商业银行的再贷款业务和对政府贷款业务。

（1）对商业银行的再贷款。再贷款业务是指中央银行对商业银行和其他金融机构发放的贷款，主要是解决其临时性资金不足的问题，也包括在紧急情况下保证商业银行的最后清偿能力，防止出现金融恐慌，维护金融体系的安全。这时，中央银行发挥的是“最后的贷款人”的作用。再贷款业务一般贷款利率比较优惠，贷款期限较短。

（2）对政府贷款。中央银行对政府的贷款是政府弥补财政赤字的途径之一。但如果对这种贷款不加限制，则会从总量上削弱中央银行宏观金融控制的有效性。因此，各国中央银行法对此都做了明确的规定，不准或限制中央银行对政府的财政透支。

3. 证券买卖业务

中央银行证券买卖业务，是在金融市场买卖各种有价证券，主要是买卖政府发行的长期或短期债券的业务活动。证券买卖是中央银行的调控手段之一，证券买卖业务是各国中央银行一项经常性的资产业务。中央银行经营证券买卖业务的目的，不在于盈利，而是为了调节和控制市场货币供应量。

4. 黄金和外汇储备业务

黄金和外汇储备业务，也被称为储备资产业务，是指中央银行的金银、外汇买卖业务。黄金和外汇是各国国际储备的重要内容。黄金和外汇储备是各国进行国际支付和稳定国内货币币值的重要保证。中央银行都被各国政府赋予掌管国际储备的职责。中央银行通过这项特殊的资产业务来集中储备，调节资金结构，保持汇率稳定和国内货币流通稳定。

四、中央银行的支付清算业务

中央银行的清算业务是指中央银行集中票据交换及办理全国资金清算的业务活动。中央银行作为一国支付清算体系的参与者和管理者，通过一定的方式和途径，使金融机构之间的债权债务清偿和资金转移顺利完成。中央银行的清算业务实现了银行之间债权债务的非现金结算，免除了现款支付的麻烦，便利了异地间的资金转移。中央银行的清算业务服务对于加速资金的周转、提高资金的资源配置有着重要的意义。

（一）中央银行支付清算系统的构成

现代市场经济的运行以各种复杂的交易为基础，形成复杂的债权债务关系，由此形成的复杂的债权债务清算只能通过由中央银行建立的支付清算体系来完成。中央银行建立的支付清算体系包括清算机构、支付系统和清算制度等部分。

1. 清算机构

清算机构是指提供资金清算服务的中介机构，在不同国家里，清算机构具有不同的组织形式，例如票据交换所、清算中心、清算协会等。清算机构大多实行会员制度，会员缴纳会费并遵守清算机构的规章制度。一般情况下，中央银行是作为清算机构的成员直接参与支付清算业务的。

2. 支付系统

支付系统，是由提供支付清算业务的中间机构和实现支付指令传送及资金清算的专业技术手段共同组成，用以实现债权债务清偿和资金转移的一种金融安排。中央银行通常在支付系统中负责监督管理、控制支付系统所面临的各类风险。也有一些国家的中央银行直接拥有并经营大额支付系统，保证货币政策的有效传导和金融体系的健康运转。

3. 支付清算制度

支付清算制度，是对清算业务的规章制度、操作管理、实施范围、实施标准的规定和安排。支付清算制度是清算顺利进行、提高清算效率的保证。一般来说，中央银行要建立健全与本国国情相适应的资金清算制度、法规。同时，要按照制度监督管理商业银行的资金清算行为，防止银行间不执行资金清算的有关规定而不及时清算或相互拖欠、相互占用资金，甚至占用中央银行资金。

（二）中央银行主要支付清算业务内容

（1）集中办理票据交换。

（2）清算交换差额。

（3）办理异地资金转移。

（4）为金融衍生工具交易提供清算服务。

（5）为跨国交易的支付提供清算服务。

本章小结

1. 中央银行是经济、社会发展的特定产物，是适应统一银行券发行、统一票据交换清算、商业银行最后贷款人以及金融业监督管理的需要而产生的。

2. 中央银行是“发行的银行”“银行的银行”和“政府的银行”。

3. 中央银行相对于政府要保持相对独立性。

4. 中央银行的业务不同于商业银行，主要有负债业务、资产业务和清算业务。

重点名词

中央银行　中央银行的独立性　再贴现　中央银行的负债业务　中央银行的资产业务　中央银行的支付清算业务

思考题

1. 法定存款准备率工具应该属于中央银行的（　）业务范畴，它是决定法定存款准备金占商业银行所吸收存款比重、进而影响实际存款准备率的一个比率变量。

A. 负债　B. 资产　C. 支付清算　D. 中间业务

2. 最早的中央银行是（　）。

A. 阿姆斯特丹银行　B. 威尼斯银行　C. 米兰银行　D. 英格兰银行

3. 中央银行之所以成为中央银行，最基本、最重要的标志是（　）。

A. 集中存款准备金　B. 集中与垄断货币发行

C. 充当“最后贷款人”　D. 代理国库

4. 集中存款准备金的目的是（　）。

A. 保证商业银行和其他存款机构的支付和清偿能力

B. 调节信用规模

C. 控制货币供应量

D. 为政府融资

5. 中央银行制度的类型有（　）。

A. 单一式中央银行制度　B. 复合式中央银行制度

C. 准中央银行制度　D. 跨国式中央银行制度

E. 二元式中央银行制度

6. 简述中央银行的基本职能。

7. 中央银行货币发行的原则是什么？为什么？

8. 中央银行的资产业务包括哪些内容？

9. 什么是中央银行的独立性？

10. 中央银行的支付清算体系包括哪些部分？中央银行的支付清算业务包括哪些内容？

货币调控篇

第九章 货币需求

学习目标

- 了解货币需求的深层次含义。
- 掌握凯恩斯货币需求的三个动机。
- 深刻理解货币需求理论，掌握货币需求的主要决定因素。
- 掌握凯恩斯流动性偏好理论和弗里德曼现代货币数量理论的区别。

对货币需求理论的研究，是建立货币理论的起点。在货币需求这一章，所要研究和解决的有关问题是：什么是货币需求？决定货币需求的因素是什么？货币需求量是如何测量的？等等。

第一节 货币需求理论

一、货币需求的含义

货币是一般财富的代表。货币需求理论就是研究货币需求量由哪些因素构成，及在一定的时间内一个国家，以及一个经济单位（企业、家庭或个人）客观上需要多少货币量的问题。货币需求理论是货币理论的重要内容之一，是货币政策选择的理论依据。

根据货币需求的动机，货币需求可分为主观货币需求和客观货币需求。所谓主观货币需求是指一个经济单位（企业、家庭或个人）对货币的占有欲望，是在主观上"希望"自己拥有多少货币。客观货币需求是指一个国家或一个经济单位在一定时期内究竟需要多少货币才能满足生产和流通的需要。我们研究的对象是客观货币需求。

从微、宏观的角度考虑，客观货币需求又可分为微观货币需求和宏观货币需求。微观货币需求是从企业、家庭或个人的角度出发，研究在既定的收入水平、利率水平和其他经济条件下，保持多少货币最为合适，即机会成本最小、收益最大。宏观货币需求是从国家角度出发，研究在一定时期内，要满足经济发展和商品流通应需多少货币量，这种货币量既能保持经济平稳、健康地发展，又不会引发通货膨胀。

根据是否考虑价格因素，货币需求可分为名义货币需求和实际货币需求。所谓名义货币需求，是指一个国家或经济单位在不考虑价格变动时对货币的需求量。实际货币需求量是指扣除价格变动因素以后的货币需求量。若将名义货币需求用 M_d 表示，实际货币需求就可表示为 $\frac{M_d}{P}$。

二、货币需求理论

（一）马克思的货币需求理论

在马克思之前，许多经济学家已经开始研究货币需求问题，马克思在总结他们观点的基础上，在《资本论》等著作中提出了著名的货币流通规律公式，即

$$M = \frac{PT}{V}$$

其中，M 为执行流通手段职能的货币量；P 代表商品的价格水平；T 代表流通中商品的数量；V 代表货币的流通速度，即货币在一定时期内的流通次数。公式表明：货币需求量取决于商品的价格水平、流通的商品数量和货币的流通速度这三个因素。进一步说，货币的需求量与商品的价格水平、流通的商品的数量成正比，与货币的流通速度成反比。

马克思提出这一公式是以金币流通作为假设条件。他认为：①商品的价格取决于商品的价值和黄金的价值，商品的价值决定于生产过程中，所以商品是带着价格进入流通的；②商品的价格是多少，就需要有多少金币来实现它；比如值 3 克金的商品就需要 3 克金购买；③商品与金币交换后，商品退出流通，而金币却留在流通中继续使用，所以一定数量的金币流通几次就可以使相应几倍价格的商品出售。

在得出金币流通条件下货币需求量的公式以后，马克思进一步分析了在纸币流通条件下的货币需求量问题。他指出：纸币本身没有价值，之所以能流通是因为国家的强力支持。纸币一旦进入流通就不可能再退出流通。由于流通中所能吸收的金量是客观决定的，所以无论向流通中投入多少纸币，所能代表的也只能是客观所能吸收的金量。比如：在金币流通条件下，对金币的需求量为 10 万克金币，若改为投入 10 万张纸币，则每张纸币代表的含金量为 1 克；若投入 20 万张纸币，则每张纸币只能代表 0.5 克含金量。即同一价值的商品用纸币购买时价格上涨一倍。也就是说，在纸币流通条件下，纸币数量的增减成为价格水平的决定因素。而在金币流通条件下，货币数量是由商品的价格总额（即 PT）决定的。

（二）交易方程式

美国经济学家费雪（Irving Fisher，1867—1947）在其 1911 年出版的《货币购买力》一书中，对古典的货币数量论进行了总结和概括。他认为：人们需要货币并不是需要货币本身，而是因为货币可以用来交换商品和劳务，以满足人们的欲望。人们手中的货币，最终都将用于购买。因此，一定时期内社会所需要的货币总额必定等于同期内商品、劳务的货币价值总和。据此，费雪提出了著名的“交易方程式”：

$$MV = PT$$

式中，M 为一定时期内流通中货币的数量；V 为货币的流通速度；P 为一般物价水平；T 为该时期内商品和劳务的交易总量。

费雪理论的中心思想在于揭示了总的物价水平为什么会发生变化。他的贡献在于用

一个数学方程式把直接影响物价变化的各个因素连接在了一起。由 $MV = PT$ 可得：

$$P = \frac{MV}{T}$$

该式说明，物价决定于三个因素：流通中货币的数量、货币的流通速度、商品劳务的交易总量。进一步说，物价水平与货币数量 M、货币流通速度 V 和用货币进行交易的商品劳务总量 T 的关系是：①物价与货币流通数量 M 呈正比例变动；②物价与货币流通速度 V 呈正比例变动；③物价与用货币进行交易的商品劳务量 T 呈反比例变动。费雪认为：在这三个关系当中，第一个关系特别值得强调，正是这个关系构成货币数量学说。即：在货币的流通速度与商品劳务交易量不变的前提下，物价水平随流通的货币数量的变动而正比例变动。也就是说，货币是价格的主要决定因素。

在影响物价水平的三个因素中，费雪认为最主要的因素是货币数量 M；V 和 T 虽然也经常变动，但程度甚小，对物价的影响也就甚微，所以短期内可将 V、T 视为常数。“总之，是货币数量决定着物价水平，而不是物价水平决定着货币数量，也就是说，物价水平是结果而不是原因。”

费雪虽然更多地注意到了 M 对 P 的影响，但是反过来，从交易方程式中也可导出一定价格水平下的货币需求函数，即由 $MV = PT$ 得：

$$M = \frac{1}{V} \cdot PT$$

该公式表明，在给定的价格水平下，商品、劳务的总交易量与货币需求量具有一定的比例关系，这个比例就是 $1/V$。换言之，要使价格保持一定的水平，就必须使货币量与总交易量保持一定的比例关系。

（三）剑桥方程式

费雪方程式主要是从整个经济的角度考虑货币数量问题，而没有考虑微观主体动机对货币需求的影响。以英国经济学家马歇尔（A. Marshall）和庇古（A. C. Pigou）为首的剑桥学派从微观主体的角度着眼对货币需求进行了研究。他们认为，处于经济体系的微观主体对货币的需求，实质是选择以怎样的方式保持自己的资产问题。一般说来，人们可以三种形式持有财产和收入：一是以货币形式持有；二是直接进行消费；三是投资生产。人们常常将储存货币所得的便利与进行消费所得到的享受及投资生产所得到的收益进行比较，而决定其应持有的货币量。当人们手边持有的货币量增加时，整个社会的货币需求就会增加，货币流通速度就会减慢，物价就会下跌，币值就会上升；当货币需求减少时，货币流通速度加快，物价就会上涨，币值就会下跌。为了直观地表达这种关系，庇古提出了如下方程式：

$$P = \frac{KY}{M}$$

其中，P 为单位货币的币值；M 为货币供给数量；Y 为全部财富，即总收入；K 表示用货币形态保持的财富与总财富之间的比率，KY 是用货币形态保持的财富，即名义收入。

因为货币的币值与物价一般成反比变动，倘若将 P 定义为物价，则方程式就变为：

$$P = \frac{M}{KY}$$

后来罗伯逊对庇古的方程式进行了修正，使之变成：

$$M = KPY$$

这就是著名的剑桥方程式，又称现金余额数量方程式。

剑桥学派的经济学家假定，货币供给 M 和货币需求 M_d 会自动趋于均衡，所以有：

$$M_d = M = KPY$$

该式说明，在其他条件不变的情况下，对每个人来说，名义货币需求 M_d 与名义收入 PY 之间保持着一个较稳定的比例关系，这个比例是 K。

费雪方程式与剑桥方程式之间的区别主要体现在：①对货币需求分析的侧重点不同。费雪方程式强调货币的交易手段的职能，而剑桥方程式强调应把货币作为一种资产的职能。②剑桥方程式以微观货币需求作为考虑的出发点，自变量是收入 Y 而不是社会的交易量 T，相应的用一个新系数 K 代替 V。

（四）凯恩斯的货币需求理论

J. M. 凯恩斯是英国著名的经济学家，1936 年他发表了著作《就业、利息和货币通论》，在该书中他提出了自己的货币需求理论——流动性偏好理论。

凯恩斯对货币需求的突出贡献在于对货币需求动机的分析。他认为：人们持有货币有三个动机：交易动机、预防动机和投机动机。

1. 交易动机和预防动机

交易动机是指个人或企业为了应付日常交易需要而产生的持有货币的需要。预防动机是指为了应付可能遇到的意外支出而持有货币的动机。凯恩斯认为，交易动机和预防动机主要和货币的流通手段的职能有关，他把这两个动机合二为一，由这两种动机产生的货币需求统称为交易性货币需求。

收入增加会使开支增加，从而交易数量增加，必然会增加人们对货币的需求；而在一定的收入水平上，随着收入的上升，人们的意外支出也随之增加。所以凯恩斯将交易性货币需求看作是收入的递增函数，即 $L_1 = L_1^1(Y) + L_1^2(Y)$。

凯恩斯所指的货币是 M_1，即现金和活期存款，而当时在英国，活期存款是没有利息收入的，所以持有货币会损失利息收入，因而利率会影响到人们对货币的需求。但是交易性货币需求主要用于应付一些日常的、必不可少的交易，即使利率再高、损失再大，人们也要在身边保持一定的货币以保证日常交易的需要、保证有一定的货币量以备意外的支出，所以凯恩斯认为交易性货币需求对利率反应不敏感。

2. 投机动机

投机动机是凯恩斯的独创。投机动机是指个人或企业愿意持有多少货币以供投机的使用。由投机动机而产生的货币需求是投机性货币需求。

凯恩斯在复杂的经济中抽象出两种金融资产：货币和债券，假定人们只能在这两种资产中选择持有财富的形式。货币 M_1 具有极好的流动性，但不能产生利息收入；债券能带来利息收入但又缺乏流动性。因此，人们在选择持有资产的形式时，就需权衡货币所带来的效用和债券所带来的效用，将二者进行比较之后，才会决定是持有货币还是购买债券。

债券价格与市场利率呈反方向变化，即如果利率趋于上升，债券价格就要下跌；利率趋于下降，债券价格就要上升。当债券价格上升时，持有债券会带来收益；而当债券价格下跌，假若下跌幅度很大，使人们在债券价格方面的损失超出他们从债券中获得的利息收入时，持有债券的收益就为负。若持有债券的收益为负，说明持有非生利资产——货币就优于持有生利资产——债券，人们就会出售所持债券，增大对货币的需求。可见，投机性的货币需求主要取决于利率的高低。

如果人们认为当前利率水平高于正常值，这就说明他们预期利率水平会下降，从而债券价格会上升，在这种情况下人们宁愿购入债券而不愿持有货币，也就是说投机性的货币需求减少。反之，人们会增加对货币的需求。因此，货币的投机性需求是当前利率水平的递减函数，即 $L_2 = L_2(r)$。

货币的总需求就是交易性货币需求与投机性货币需求之和。交易性货币需求取决于收入，是收入的递增函数；投机性货币需求取决于利率，是利率的递减函数。因此，凯恩斯的货币需求函数如下：

$$M_d = L = L_1 + L_2 = L_1(Y) + L_2(r)$$

式中，L_1、L_2 代表“流动性偏好”，“流动性偏好”是指人们的货币需求行为。其中 L_1 是交易性货币需求，是收入 Y 的函数；L_2 是投机性货币需求，是利率 r 的函数，如图 9－1所示。

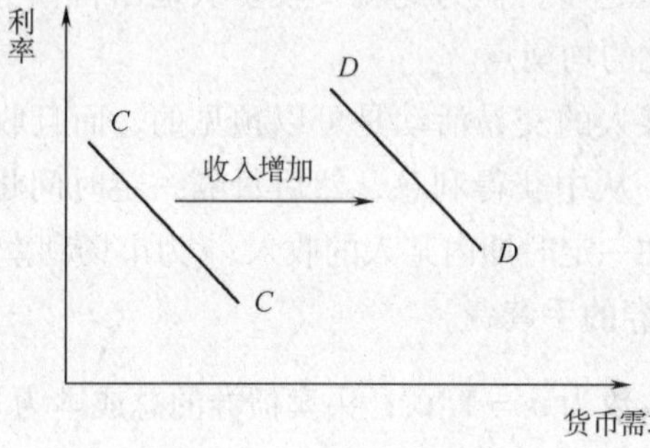

图 9－1 货币需求曲线

图 9－1 说明，货币需求随着持有货币的机会成本——利率的提高而下降；收入的增长使得货币需求曲线从 CC 移动到 DD。

凯恩斯在提出货币需求理论之后，又进一步提出了著名的“流动性陷阱”假说：当利率降低到不能再低时，人们就会产生利率上升而债券价格下跌的预期，货币需求就会变得无限大，即无论增加多少货币，都会被人们储存起来，此时，货币政策失效。

（五）凯恩斯学派的货币需求理论

在凯恩斯的货币理论中，货币需求分为两个部分：一部分是由交易动机和预防动机引起的货币需求，称为交易性货币需求，另一部分是由投机动机引起的货币需求，称为投机性货币需求。其中，交易性货币需求取决于收入，与利率无关；投机性货币需求取决于利率。20 世纪 50 年代后，一些凯恩斯学派的经济学家在深入研究和发展凯恩斯的货币理论时，认为交易性货币需求对利率也相当敏感，也是利率的函数。最早研究交易性货币需求与利率关系的是美国的经济学家鲍莫尔（William Baumol），他提出了著名的鲍莫尔模型，又称“平方根公式”。

对于投机性货币需求，凯恩斯认为投资者通过对利率的预期，只能在货币和债券两种资产之间任选其一，而不能两者兼有。一些学者对凯恩斯的这一理论提出了许多新的见解，并形成了以美国经济学家托宾为代表的资产组合理论。

在凯恩斯学派的货币需求理论中，最著名的就是鲍莫尔模型和资产组合理论，下面分别作一简单介绍。

1. 鲍莫尔模型

在凯恩斯的货币需求函数中，交易性货币需求取决于收入水平，而与利率无关。鲍莫尔从微观主体的持币行为入手分析，论证得出交易性货币需求同样也会受到利率的影响。

鲍莫尔认为，如果微观主体把他们准备用于交易的货币收入，直至全部用光之前始终以货币形态持有，那么这种交易性的货币需求自然只取决于收入。但事实是除了不生利的货币，还有生利资产——债券。于是人们就可以用一部分预定用于交易的货币购买债券以取得利息收入，当持有的货币用完时，再把债券卖出收回货币，以应付日常交易需要。因为买卖债券是有成本的，如手续费，而且卖出的次数越多成本越高，所以人们就要把买债券带来的收入与持有债券的成本做一比较。显然，用于交易的货币中，换成债券的比例越多，收入也就越多，但为此就要较多次地出售债券，导致成本越大。人们就会形成一个使收益最大化的均衡点。

假定在一定时期内，某人的交易活动是可以预见的，而且收支规律稳定。此人将所得的货币收入投资于债券，从中获得利息，然后每隔一定时间将债券出售收回货币，以应付日常交易。假设 Y 为在一定时期内某人的收入；r 为市场利率；C 为每次出售债券所得的货币量；b 为每次买卖债券的手续费。

那么此人出售债券的次数为 $n = Y/C$；买卖债券的总成本为 $nb = \frac{Y}{C} \cdot b$。假设每次出售债券后将所得货币都以稳定的速度将其支出，所以两次出售债券期间所持有的货币量为 $M = C/2$，其间由于持有货币丧失的利息收入即机会成本为 $r \cdot (C/2)$。所以此人持有货币的总成本为 $\frac{Y}{C} \cdot b + r \cdot \frac{C}{2}$。任何理性经济人都会尽量将总成本降至最小，为此用数学方法求出使总成本最小时的 C 值，求得 $C = \sqrt{\frac{2Yb}{r}}$。

所以，最适度的用于交易性货币需求的货币量为：

$$M = \frac{C}{2} = \sqrt{\frac{Yb}{2r}}$$

该式就是著名的鲍莫尔模型，又称“平方根公式”。该式说明，交易性货币需求是收入 Y 的函数，随着收入的提高，货币需求量随之增加。但 Y 的指数 1/2 又说明交易性货币需求随收入增加的幅度较小，即交易性货币需求有规模经济的特点。该式又同时表明交易性货币需求是利率 r 的函数，而 r 的指数 $-1/2$ 说明，交易性货币需求与利率呈反方向变动，变动幅度较利率变动幅度为小。

2. 资产组合理论

美国经济学家詹姆斯·托宾对凯恩斯货币需求理论中投机性货币需求进行了修正。凯恩斯认为，人们通过对利率的预期，依照收益最大化原则，在货币和债券之间选择能带来最大收益的资产。以托宾为首的一些经济学家认为，这与现实世界存在的情况是不符的。如果仍假定社会财富是以货币和债券两种形式存在，现实生活中，人们并不是只能任选其一，而是常常两者兼有——既持有货币，又持有债券，变动的只是两者的比例。

凯恩斯认为，人们是根据收益最大化原则进行资产选择的。而托宾认为，任何一种资产都具有收益和风险两个方面，人们在进行资产选择时，不仅要考虑收益，还要考虑风险。一般情况下，收益和风险是正相关的关系。例如，在存在许多不确定因素的情况下，既要考虑持有债券能够获得多少利息收入，同时也要考虑到要冒多大债券价格下跌的风险。持有债券的比例增加，预期收益也会增加，但同时意味着风险增大；持有货币的比例增加，意味着收益减少，但风险也减少。所以人们会根据自己的预期，找到持有货币和债券的最佳比例关系。托宾认为，由于风险的存在，人们进行投资的原则不再是收益最大化，而是效用最大化。

效用是指商品或服务满足人的欲望的能力，不同的人对效用的判断是不同的。一般说来，收益增加意味着效用增加，风险增加意味着效用减少。例如，某项资产 A 有 100% 的可能给投资者带来 1 000 元的收入；另一项资产 B 有 50% 的可能给投资者带来 1 500 元的收入，又有 50% 的可能给投资者带来 500 元的风险。这两项资产给投资者带来的预期收入是一样的，都为 1 000 元，但预期效用是不同的。由于 A 资产没有风险，B 资产有风险，所以 A 的效用比 B 大。

托宾认为，人们在现实生活中既持有货币，又持有债券，二者之间的比例取决于预期效用的大小，而预期效用又取决于预期收益和预期风险的大小。

由于人们对收益和风险的效用的主观评价不同，所以尽管他们都是从效用最大化原则出发，但他们的资产选择却往往差别很大。由此，托宾投资者分为三种类型：一是风险回避者，他们非常注重安全，尽可能避免冒险。只有当预期收益增加时，或收益增加要比风险增加的更快时，他们才会选择该资产。二是风险中立者，他们追求预期收益，也注重安全，当预期收益相等时，他们可以不考虑风险。三是风险爱好者。他们宁愿承担较大的风险，也不愿意放弃获得较多收益的机会。这三种投资者的预期效用的无差异曲线如图 9－2 所示。

托宾认为，人们绝大多数都是风险回避者，风险爱好者和风险中立者都只是极少数，所以，它以风险回避者作为研究对象。对于风险回避者来说，当其投资的资产中只有货币而没有债券时，他就会把一部分货币换成债券，因为由此将获得的利息收益的效用是很大的，而带来的风险的负效用却比较小。并且只要购买债券的正效用超过负效用，该投资者就会在他的资产构成中继续增加债券的比例，而减少货币的比例，直到新增加的债券给投资者带来的边际效用等于它所带来的边际负效用为止。反之，投资者也不会只持有债券，他会不断增加货币的持有比例，减少债券的持有比例，直到最后增加一单位货币带来的边际效用等于它所带来的边际负效用为止。此时，投资者的总效用达到最大值（图 9－3）。

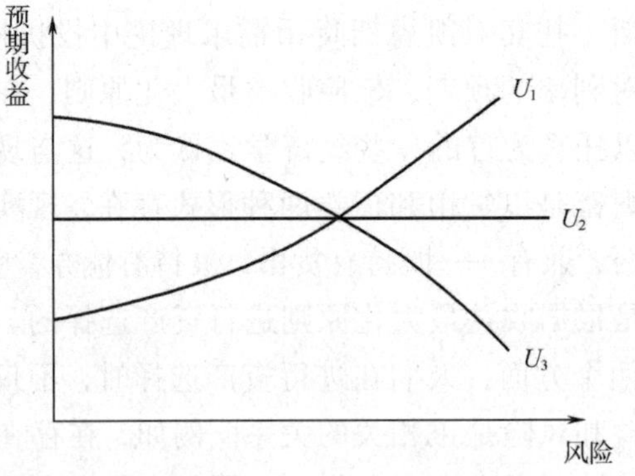

图9－2　投资者效用的无差异曲线

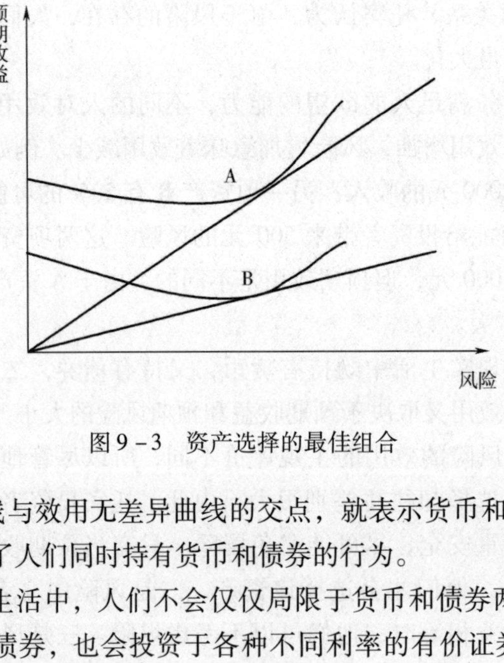

图9－3　资产选择的最佳组合

图9－3中机会直线与效用无差异曲线的交点，就表示货币和债券的最佳持有比例。托宾由此从理论上说明了人们同时持有货币和债券的行为。

托宾认为，在现实生活中，人们不会仅仅局限于货币和债券两种资产的投资，他们往往会同时持有货币和债券，也会投资于各种不同利率的有价证券。因为，收益和风险的不确定性使得谨慎的投资者要尽量想办法分散风险、分散投资。为了说明这个道理，托宾引用了一句谚语，即“不要把所有的鸡蛋放在一个篮子里”。

（六）货币主义的货币需求理论

货币主义也叫货币学派，是一个与凯恩斯主义对立的西方经济学流派，其代表人物是美国芝加哥大学教授弗里德曼。

货币主义同样以微观主体行为作为研究货币需求的对象，同时还吸收了包括凯恩斯在内的一些经济学家货币需求理论的研究成果，在对各种情况下人们持有多少货币的决定因素进行仔细分析后，建立了货币学派的货币需求函数：

$$\frac{M}{P}=f(Y,W;r_m,r_b,r_e,\frac{1}{P}\cdot\frac{\mathrm{d}p}{\mathrm{d}t};U)$$

式中，M 为个人货币持有量——名义货币量，P 为一般物价水平，M/P 为个人实际货币需求量；Y 为按不变价格计算的实际收入；W 为非人力财富占个人总财富的比例；r_m 为货币预期收益率；r_b 为固定收益的债券收益率；r_e 为非固定收益证券的收益率；$\frac{1}{P}\cdot\frac{\mathrm{d}p}{\mathrm{d}t}$ 为预期物价变动率；U 为货币的效用以及影响此效用的因素。

弗里德曼认为，人们的货币需求与消费者对商品的选择一样，同样会受到收入水平、机会成本和效用的影响，根据货币主义学派提出的货币需求函数，我们可知以下内容。

1. 收入或财富对货币需求的影响

弗里德曼认为，收入或财富是影响货币需求的重要因素。一般情况下，财富可以用收入表示，但不能用即期收入表示，因为即期收入受年度波动的影响，带有较大的片面性。弗里德曼就用平均长期收入或相对稳定的恒久性收入 Y 来表示财富。恒久性收入 Y 与货币需求是正相关关系。

弗里德曼进一步把财富分为人力财富和非人力财富。人力财富是指个人获得收入的能力，包括个人的才能与技术；非人力财富是指物质财富，包括动产、不动产等。一般说来，人力财富给人们带来的收入是不稳定的，比如，当一个人失业时，人力财富不会带来任何收入。弗里德曼认为，货币的持有主要与非人力财富而不是总财富有关，在人力财富转化为现实的非人力财富过程中，人们需持有一定量的货币，以应付突然需要。即人力财富占总财富的比例越大，货币需求就相对越大；也就是说，非人力财富占个人总财富的比例 W 与货币需求为负相关关系。

2. 机会成本对货币需求的影响

持有货币的机会成本就是货币与其他资产的预期收益率之差。凯恩斯所指的货币指的是 M_1，即现钞和企业的活期支票存款，是作为不生息的资产看待的，M_1 的货币收益率可视为零。而弗里德曼考察的货币已扩及 M_2，这类大口径的货币中相当部分是可以生息、有收益率的。用 r_m 表示货币的预期收益率，货币的预期收益率越高，对货币的需求就越大。若用 r_b 表示固定收益的债券收益率，r_e 表示非固定收益的证券（股票）的收益率，弗里德曼认为，在其他条件不变时，货币以外的其他资产如债券、股票收益率越高，货币需求量就越少。

$\frac{1}{P}\cdot\frac{\mathrm{d}p}{\mathrm{d}t}$ 是预期的物价变动率。当存在通货膨胀时，物价的上涨会给物质财富的持有者带来收益或损失。通货膨胀时，物价上涨就是持有货币的机会成本之一。在其他条件不变时，物价变动率越高，持有货币的机会成本越高，对货币的需求也就越少。

3. 对货币的影响

对于个人或企业来说，货币可以用于日常交易，可以应付意外开支，还可以用于投资获利，这些都是货币的效用。这些效用以及效用以外的因素，如主观偏好、风俗习惯及客观技术与制度等用 U 表示。

弗里德曼认为，货币需求解释变量中的四种资产——货币、债券、股票和非人力财富的总和就是人们持有的财富总额，其数值大致可以用恒久性收入 Y 作为代表性指标。强调恒久性收入对货币需求的影响是弗里德曼货币需求函数的一个特点。

弗里德曼还认为，如果忽略 Y、W 在分配上的影响，把 M 视为社会货币需求总量，Y

视为按不变价格计算的国民收入，W 视为社会中非人力财富占总财富的比率，则上式就可应用于对全社会的货币需求进行分析。

延伸阅读

关于社会融资成本问题的观察

一般而言，利率变化具有自动调节资金供求的作用，从需求方面看，若经济主体感到融资成本过高，融资需求就会下降，货币信贷增长放缓，利率会随之回落，进而形成新的均衡。从供给方面看，货币信贷供给增加会使利率水平下降，从而自发起到调节资金供求的作用。但值得注意的是，在当前部分企业反映“融资难、融资贵”问题更加突出的同时，货币信贷总量仍保持了较快增长，2014 年 6 月末 M_2 同比增速已超出二季度 GDP 名义增速达 5.7 个百分点，流动性总体充裕，全社会债务率仍在上升。这表明经济中可能存在影响供求平衡的结构性问题。从经济理论的基本框架看，意愿储蓄和意愿投资共同决定（实际）利率水平。近几年来我国储蓄率降幅明显超出投资率降幅，这就可能出现在投资增速总体趋缓的情况下（实际）利率反而上升的情况，这反映出全社会投资和债务需求相对储蓄供给过于旺盛，同时供给面的一些结构性因素也会对融资成本产生影响。

导致全社会债务融资贵有多方面原因。一是企业债务率较高，债务负担与融资需求相互推动。近几年来，我国整体债务率尤其是非金融企业债务上升较快，由于前期杠杆率较高和融资较多，会产生持续的融资需求并可能推高利率水平。二是“财务软约束”拉高了融资利率。一些部门对资金价格不敏感，部分低效率企业占用大量信贷资源，挤占了其他实体经济特别是小微企业的融资机会。而正因为有这些高承受力需求的存在，一定程度上使得银行及理财产品、互联网金融等创新业务有能力向客户支付高息，导致银行负债端成本提升。三是股本融资发展不足，企业对债务融资依赖较高。国际金融危机之前的几年，企业在资本市场上的股本融资相对较多，企业债务率总体是下降的。但近年来股本融资萎缩，2013 年企业境内股票市场融资仅为 2 219 亿元，企业对债务融资尤其是银行贷款的依赖明显上升。此外还应看到，部分地区金融供给和竞争不足、经济调整期加之小微企业和“三农”领域抗风险能力相对较弱等导致风险溢价提高、社会信用基础制度不完善、融资过程中存在一些不合理附加费用等也推高了企业融资成本。国外非常规货币政策回归常规的过程也产生了溢出影响。

综上所述，“融资难、融资贵”的成因非常复杂，既有宏观经济因素又有微观运行问题，既有实体经济因素又有金融问题，其中债务率较高及风险溢价上升是重要原因，这又与股本融资不足、部分主体存在财务软约束、经济增长对投资的依赖较大等体制机制性因素有关。解决“融资难、融资贵”问题要依靠全面深化改革，标本兼治。近日国务院常务会议就完善金融支持、多措并举缓解企业融资成本高问题进行了部署，这包括继续坚持稳健的货币政策，着力调整结构、优化信贷投向，抑制金融机构筹资成本不合理上升，缩短企业融资链条，清理整顿不合理收费，优化商业银行小微企业贷款管理，积极稳妥发展面向小微企业和“三农”的特色中小金融机构，增加金融供给，大力发展直接融资，完善商业银行考核评价体系，大力发展支持小微企业获得信贷服务的保险产品以及有序推进利率市场化改革等十方面举措。总体看，要通过进一步推动结构性改革和调整，深化金融体制改革，加强金融服务和监管，为做强实体经济、扩大就业和改善民生提供金融支持。

（资料来源：中国人民银行）

第二节　货币需求量的测算

对货币需求富有实际意义的是对其量的分析，符合经济发展的货币需求量既是货币政策的标的，又是货币政策调控的依据所在。

要把一定时期内经济体系的货币需求数量化，首先就要分析：货币需求是否是一个确定的量。如果只对前期经济运行的结果进行统计测算，那么，以往的货币需求肯定是一个确定的量值。例如，假定我们将 M_1 即现金加活期存款看成是对应经济体系运行的货币需求，如果前期经济中的货币供给与货币需求大体相等，则前期的狭义货币余额也就成了前期货币需求的具体测量值。也就是说，事后分析中的货币需求可以认定是一个确定的量值。如果要对本期或下期的货币需求进行测量计算，那么，经济生活中的不确定、不稳定和难以预期的因素很难使货币需求成为一个极其确定的量值。较为现实的思路是把货币需求看作是具有一定宽度的值域。

根据这一思路，我们来看一下西方国家和我国对货币需求的量的研究。

一、权变法和规则法

（一）权变法

权变法是凯恩斯及凯恩斯学派的经济学家们提出的，他们认为，应该根据经济周期的变动而确定货币需求量，从而确定货币供给量。具体说来，在经济过热时期，政府应采取紧缩的货币政策，减少货币供给量；在经济萧条时期，应采取扩张的货币政策，增加货币供给量。

权变法最大的优点在于一国政府可以根据经济的需要，根据货币需求量的变化来调节货币供给量。它的缺点是主观随意性太强，中央银行根据自己对当前形势的判断对货币供给量进行调控，若判断失误，措施就会失效。另外，很难测算一定时期的货币需求量，这就使权变法很难通过对货币供给量的调节达到促进经济增长的目的。

在 20 世纪 30 年代至 50 年代期间，西方国家政府依照权变法确定最适货币需求量的结果，使这些国家摆脱了经济危机的困扰，实现了经济的较快增长。但是，经济增长的同时也带来了严重的通货膨胀，加上周期性的经济危机不断发生，到了 20 世纪 60 年代末，西方许多国家出现了前所未有的“滞胀”局面。这是以经济学家弗里德曼为首的货币主义学派提出的规则法受到了各国政府的青睐。

（二）规则法

规则法认为在所有的经济变量中，货币最重要，主张“立法机关制定规则，指令货币当局使货币数量按照具体的比例增长”。他们认为，按照规则办事，可以促进经济的稳定，并且可以刺激经济的恢复。例如，在经济过热时期，固定的货币供应量增长率位于货币需求量增长率之下，这使得货币供应具有自动抑制经济过热的能力；在经济萧条时期，固定的货币供应量增长率位于货币需求量增长率之上，这使得货币供应具有促进经济增长的能力。

至于多大的货币供应增长率算合适，规则学派的经济学家没有一致的见解，各国应根据自己的具体情况而定。弗里德曼对美国经济的实证研究发现，就美国过去90年的经济情况而言，货币供应量的年增长率在4%较为合适。因为，美国长期的平均经济增长率为3%，而货币流通速度每年递减1%，所以货币供应量的增长率在4%的水平才能满足经济年增长3%的需要。

规则法的优点是简便易行，中央银行只需确定一个固定的货币供给量的增长率即可，至于这个增长率多大合适，规则法认为并不重要，只要有一个规则就行。规则法的缺点在于，没有根据货币需求量来确定货币供给量，因为货币需求量是一个由各种因素决定的内在变量，它的变动并没有一定的规则，也就是说，货币需求量的增长并没有按照一定比例增长，可是货币供给量却要按照一定的规则增长，这样造成的结果往往是货币供给量偏离货币需求量。按照弗里德曼等人的说法，货币供给量低于货币需求量时可以防止经济过度膨胀，但是货币供给量的严重不足常常会抑制经济应有的发展速度，抑制经济的合理增长。相反，在经济衰退时期，货币供给量超过货币需求量过多，也可能引发通货膨胀。所以说，简单按照规则法办事，常会不利于国民经济的宏观供求均衡。

二、中国货币需求量的测算方法

（一）“1：8”的经验数据

“1：8”是指每8元零售商品的供应需要1元人民币实现其流通。用公式表示为：社会商品零售总额/流通中的货币量。这是中国的经济学家根据马克思的货币需求量的公式导出的，其中的货币指的是现金。

“1：8”公式是中国的银行工作者根据对多年商品流通与货币流通之间的关系进行实证分析后得出的结论。在实践中，经常用“1：8”衡量货币流通是否正常，货币发行量是否适中，如果根据该公式计算出的值为8，说明货币流通正常，货币发行量适度；如果不是8，则说明货币供给超过货币需求或低于货币需求。

在中国过去的计划经济体制下，“1：8”的经验数据对分析中国的货币流通状况起到了积极的作用。例如，第一个五年计划期间货币流通比较正常，这个比值在这几年稍高于8；20世纪60年代初市场极度紧张，这个比值一度下降到5以下；1963年后，经济开始恢复增长，这个比值又回到8。十年动乱期间市场供应一直紧张，此时这个比值都低于8。但是随着中国经济的转型，改革开放的不断深入，经济体制、运作机制及其他因素的变化，使得这一经验数据失去了应用价值。比如，1982年，市场供求状况大为好转，但这个比值竟下降到1∶6以下，随后还继续下降。

“1∶8”公式的失效，使得中国的经济学家希望找到另一种度量货币需求量的方法，增长率测算法就是其中一个。

（二）增长率测算法

增长率测算法可用公式表示为：

$$M = Y + P$$

其中，M 表示名义货币需求增长率；Y 表示经济增长率；P 表示物价的预期上涨率。

增长率测算法是20世纪80年代中期提出的，与“1∶8”公式相比，该公式的思路要宽阔得多。主要体现在：①人们经常将增长率测算法中的 M 定义为 M_1 或更大口径货币的增长率，而“1∶8”公式中的货币仅指现金。②该公式中，用 Y 代表经济增长率，这比“1∶8”公式中的社会零售商品总额所包括的范围大得多。③该公式已经考虑到了物价上涨对名义货币需求的影响。

该公式提出后，也有人提出不同见解，其中最主要的意见是不应把物价上涨作为货币需求量的决定因素。他们认为，在价格放开的前提下，预期物价上涨率是一个不易解出的量，而且货币需求量是一个内生变量，除了受 Y 和 P 的影响外，还会受到其他许多因素的影响，这些因素往往使货币需求量的增长率距离 Y 和 P 的相加值很远。

延伸阅读

如何理解央行的“缩表”

近年来全球范围内对央行资产负债表的关注度上升，与国际金融危机后主要发达经济体央行较多运用资产负债表等非常规货币政策工具有关，尤其是在近期全球经济形势有所好转的大环境下，部分经济体逐步退出“量化宽松”货币政策，美联储也开始考虑“缩表”问题，各方面对央行资产负债表的关注度进一步上升。但较之发达经济体央行，影响我国央行资产负债表变化的因素更加复杂，不宜简单类比。

由于外汇储备很少、加之基本不使用准备金工具，发达经济体央行的资产负债表相对较为简单，其资产方主要是央行购买的政府债券等各类资产，负债方则主要是基础货币（法定准备金很少，多为超额准备金）。我国央行资产负债表则更为复杂，资产方不仅包括对其他存款性公司债权等，更大块头的是外汇占款；负债方除了基础货币（现金、法定准备金和超额准备金等），还有大量的政府存款等。由于资产负债表结构存在差异，发达经济体央行资产负债表的收缩和扩张，能够相对准确地反映银行体系流动性的变化，而我国央行资产负债表的变化则还受到外汇占款、不同货币政策工具选择、财政收支乃至春节等季节性因素的影响，且作为发展中经济体，金融改革和金融调控模式变化也会对央行资产负债表产生影响，不能简单与国外央行进行类比。

长期以来，人民银行资产负债表变化受外汇占款影响很大。2014年之前的较长一段时间，我国面临国际收支大额双顺差，央行外汇储备持续增加，并对应准备金以及央票的相应增长，人民银行资产负债表相应扩张较快。2014年下半年以来，随着国际收支更趋平衡，外汇占款总体呈现下降态势，央行“缩表”的情况也开始增多。2015 年人民银行资产负债表曾收缩约2 万亿元，2016 年3 月末较1 月末也收缩了约1.1 万亿元。这两次“缩表”，都是在外汇占款下降的大背景下发生的，同时也与降低准备金率有关。2015 年全年5 次普降准备金率，2016 年3 月份也曾降准。与开展公开市场操作等具有“扩表”作用不同，降准只改变基础货币结构不增加基础货币总量。但降准后商业银行法定准备金会转化为超额准备金，具有投放流动性的作用，随着商业银行动用这部分流动性，超额准备金也会相应下降，由此产生“缩表”效应。降准还容易引起预期变化从而加剧外汇流出。在外汇占款减少和降低准备金率相互叠加、互相强化的情况下，更容易出现央行“缩表”的现象。

2017 年第一季度央行再度出现“缩表”，2 月和3 月末人民银行资产负债表较1 月末分别下降了0.3 万亿元和1.1 万亿元。这一次的所谓“缩表”在外汇占款下降这一大背景不变的情况下，主要与现金投放的季节性变化及财政存款大幅变动有关。具体来看：

现金投放的季节性波动是2 月份“缩表”的重要原因。从机理上看，现金发行增加会减少银行体系流动性（超额备付金），需要央行相应给予补充，由于现金发行和超额备付都记在央行资产负债表中的基础货币项下，由此会导致央行“扩表”。节后现金回笼，会补充银行体系流动性，由此央行可以相应减少流动性投放，表现为其他存款性公司债权的减少，从而出现春节前央行“扩表”而节后“缩表”的现象。2017 年春节恰巧在1 月末，春节前现金大量投放，当月现金发行增加2.2 万亿元，若不考虑其他因素会导致央行相应“扩表”；春节后的2 月份现金回笼1.7 万亿元，若不考虑其他因素则会导致央行相应“缩表”。与往年不同的是，2017 年央行通过临时流动性便利（TLF）在春节前提供了部分流动性支持，TLF 工具在基础货币总量基本稳定的情况下，通过调整基础货币结构满足了现金需求。因此，2017 年1 月份基础货币扩张幅度不大，2 月份现金回笼的影响也相对较小，当月基础货币仅下降0.5 万亿元，加之2 月份财政存款增加了0.2 万亿元，部分对冲了现金回笼的影响，由此2 月份央行“缩表”仅0.3 万亿元。

财政支出加快是3 月份“缩表”的重要原因。2017 年3 月份财政支出加快，央行资产负债表上的政府存款减少0.8 万亿元，比上年同期多减0.6 万亿元。财政支出后会转化为银行体系的流动性，反映为央行资产负债表上政府存款下降、超额备付金上升，虽然静态看并不改变央行资产负债表的规模而仅影响其结构，但动态看由于央行会相应减少流动性投放，表现为其他存款性公司债权的减少，由此也会产生“缩表”效应。这一点从央行资产负债表上就能看出，虽然3 月份基础货币总量基本稳定，但央行主要因财政存款下降较多“缩表”了0.8 万亿元。

商业银行合理流动性水平的变化对资产负债表也有一定影响。近年来，随着对存款准备金实施双平均法考核以及公开市场操作频率提高至每日操作等，商业银行的预防性流动性需求总体趋于下降，在一定程度上也会对央行资产负债表产生影响。根据形势变化和供求因素，人民银行合理搭配工具组合，保持了流动性中性适度和基本稳定。这意味着央行资产负债表的变化与保持银行体系流动性基本稳定可以并行不悖，既不能用过去几年的情况来衡量目前的流动性松紧状况，也不能将某些季节性因素引致的央行资产负债表变化视作货币政策取向的变化。

总的来看，我国央行资产负债表的变化要受到外汇占款、调控工具选择、春节等季节性因素、财政收支以及金融改革和调控模式变化等更为复杂因素的影响，中国央行“缩表”并不一定意味着收紧银根，比如在资本流出背景下降准会产生“缩表”效应，但实际上可能是放松银根的，因此不宜简单与国外央行的“缩表”类比。对此应全面、客观看待，并做更深入、准确地分析。由于2017年第一季度“缩表”受季节性及财政收支等短期因素影响较大，从当时掌握的数据看，2017年4月份人民银行资产负债表已重新转为“扩表”。

（资料来源：中国人民银行）

本章小结

1. 根据流动性原则，货币可以划分为不同层次。把握和控制不同层次的货币量，对货币量的调节和国民经济的发展具有重要作用。

2. 货币需求理论研究的是货币需求量由哪些因素构成，及在一定的时间内一个国家或一个经济单位客观上需要多少货币量的问题。货币需求理论是货币理论的重要内容之一，是货币政策选择的理论依据。

3. 货币需求理论源远流长，主要有马克思货币需求理论、古典学派的货币需求理论（包括交易方程式和剑桥方程式）、凯恩斯及凯恩斯学派的货币需求理论、货币主义的货币需求理论。

4. 符合经济发展的货币需求量既是货币供给的标的，又是货币政策调控的依据所在，它的测算方法有待进一步探索。

重点名词

货币需求函数　狭义货币　广义货币　货币需求　名义货币需求　实际货币需求　流动性陷阱

思考题

1. 由交易方程式 $MV = PT$ 可以导出 $P = \frac{MV}{T}$，费雪认为该式中，（　）是价格的主要决定因素。

A. 货币流通数量 M　　B. 货币流通速度 V

C. 商品劳务交易量 T　　D. M、V、T 都是

2. 由凯恩斯的货币需求理论，我们可知（　）。

A. 交易性货币需求是收入的递增函数　　B. 交易性货币需求是收入的递减函数

C. 投机性货币需求是利率的递增函数　　D. 投机性货币需求是利率的递减函数

3. 弗里德曼认为：在其他条件不变时，货币以外的其他资产如债券、股票的收益率越高，货币需求量就（　）。

A. 越少　　B. 越多　　C. 不变　　D. 不受影响

4. 在其他因素不变的条件下，如果商品价格总额增加 1 倍，则流通中的货币需求量将会（　）。

A. 增加 2 倍　　B. 增加 1 倍　　C. 减少 1 倍　　D. 不变

5. 弗里德曼的货币需求函数非常强调（　）对货币需求的重要影响作用。

A. 货币数量　　B. 恒久性收入

C. 预期物价变动率　　D. 固定收益的债券利息

6. 简述马克思的货币需求理论。

7. 简述交易方程式与剑桥方程式的主要内容及其区别。

8. 简述凯恩斯的流动性偏好理论。

9. 简述弗里德曼的货币需求理论。

10. 简述权变法与规则法的内容并加以比较。

11. 简述中国传统的货币量测定方法“1∶8”的经验数据法。

12. 就现在所学到的理论，试考虑如何建立中国的货币需求函数。

第十章 货币供给

学习目标

- 熟悉货币供给含义及决定因素。
- 掌握基础货币与货币乘数的含义，基础货币的派发过程。
- 掌握存款货币多倍扩张和多倍收缩的过程、结果及影响因素。
- 掌握货币供给模型，熟练掌握货币供给决定机制的一般模型——乔顿模型。

货币供给理论是货币理论中与货币需求理论相对应的另一个理论。在货币理论中，货币需求理论比较完整和丰富，而货币供给曾一直被人们认为是只由货币当局控制的外生变量，20 世纪 60 年代，货币主义悄然兴起，货币政策日益受到人们的重视，货币供给理论的研究才开始发展起来。货币供给理论是研究货币供应量由什么因素决定以及如何决定的理论，研究发现，中央银行能够控制的只是基础货币，而基础货币对全部货币供给量的影响，还有赖于商业银行和公众的行为。因此货币供给的决定过程也是一个非常复杂的过程。

第一节 货币供给概述

一、货币供给的含义

货币供给是经济社会中所有货币的集合；是指在某一时点上，一国为经济的正常运行所服务的货币量。何种物品属于货币，以及如何准确地统计货币供给量，仍需借助货币层次的划分。正如前面所述，货币依照流通性可划分为 M_0、M_1、M_2、M_3 等几个层次。对于货币以及货币供给量，各国金融当局和经济学界并没有一个统一的认识，但是各国都根据本国的具体情况设计各项指标，并尽可能使公布的各项指标有利于货币当局对货币供给量的控制。

从表 10－1 可以看出，当前我国 M_2 增速比过去低一些。这与过去 M_2 增速高于名义 GDP 增速较多、住房等货币化密切相关，而目前住房商品化率已经很高，货币需求增长相应降低。再有，近些年同业、理财等业务发展较快，导致 M_2 增长较快。但金融深化进程并非是线性的，为了兴利除弊也会有一定起伏，近期 M_2 增速有所降低正是加强金融监管、缩短资金链条、减少多层嵌套的合理反映。预计随着去杠杆的深化和金融进一步回归为实体经济服务，比过去低一些的 M_2 增速可能成为新的常态。

表 10－1　　　　　　　　　我国各层次货币量　　　　　　　　单位：亿元人民币

货币量 / 年份	M_0	M_1	M_2
2011	50 748.46	289 847.70	851 590.90
2012	54 659.77	308 664.23	974 148.80
2013	58 574.44	337 291.05	1 106 524.98
2014	60 259.53	348 056.41	1 228 374.81
2015	63 216.58	400 953.44	1 392 278.11
2016	68 303.87	486 557.24	1 550 066.67

资料来源：中国人民银行。（说明：各年数据均以当年 12 月为准。）

注：自 2011 年 10 月起，货币供应量已包括住房公积金中心存款和非存款类金融机构在存款类金融机构的存款。

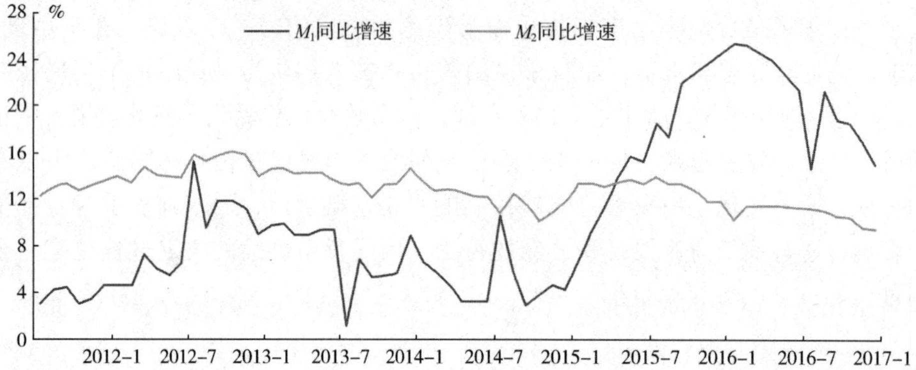

数据来源：中国人民银行。

图 10－1　我国货币供应量增速走势

研究货币供给理论的目的，是为了使实际提供的货币量能满足商品流通和经济发展对货币的正常需要。如果货币供给量过多，超过了经济发展的客观需要，就可能出现通货膨胀的现象；如果货币供给量过少，就会阻碍经济的正常发展，使经济增长速度放慢。所以，对货币供给而言，要重点研究合理的货币供给量是多少，而不是实际的货币供给量是多少。也就是说，由银行向社会实际投放的货币量应与社会对货币的正常需求量相一致。

二、内生变量和外生变量

货币供给是外生变量还是内生变量，是货币理论研究中具有较强政策含义的一个问题。如果认为货币供给是外生变量，那就是说，货币供给只能由货币当局的货币政策决定，而不受其他经济因素如收入、储蓄、投资、消费等因素的影响。如果认为货币供给是内生变量，就等于说，货币供给的变动不受货币当局的控制，货币供给决定于经济社会中其他经济主体的经济行为。

货币主义的创始人弗里德曼认为货币供给是一个外生变量。他认为，中央银行能够直接决定基础货币，而基础货币对商业银行和公众行为也有决定性影响。也就是说，中央银行只要控制或变动基础货币，就必然能够影响银行和公众行为，从而决定货币供给量的变动。

还有一些经济学家，比如后凯恩斯学派的代表人物托宾认为，货币供给是一个内生变量。他认为，商业银行和公众的行为并不是只受中央银行的影响，它们常常随着经济环境的变化而变动。就商业银行而言，它们的行为是相当独立的。商业银行以安全性、营利性和流动性为经营原则，因此，盈利率、风险偏好程度等因素是商业银行决定超额准备的重要决定因素，而正如下面分析的，超额准备的多少会影响到基础货币的扩张问题。当然，托宾并不否认货币当局通过调节基础货币来控制货币供给的重要作用。

那么货币供给能否既视为外生变量，又视为内生变量呢？为了说明货币供给问题本身的复杂性，我们首先将它作为外生变量，承认货币供给在很大程度上要受到货币当局的控制；然后将它作为内生变量，承认货币供给还要受到不为政策所左右的、除中央银行外的其他经济主体行为的影响。

第二节 货币供给的运行机制

信用创造是货币供给理论的基础。信用创造是指商业银行在吸收活期存款的前提下，通过发放贷款、从事投资等业务派生出更多的存款，从而扩大货币供给量的过程。

银行的功能在于能为社会创造信用。在一定的存款准备金率的前提下，商业银行通过吸收各种存款，并通过资金运用，把款项贷出，在支票流通和转账的基础上，贷款转化为新的存款；在这种存款不提现或不完全提现的基础上，银行又可用于发放贷款，贷款又会形成新的存款，这样，通过信用创造，银行可创造出几倍于最初存款的存款额，为社会创造出新的资本从而推动经济的发展。在整个银行体系中，除了开始吸收的存款为原始存款外，其余都是商业银行贷款创造出的派生存款。

必须指出，整个信用创造过程是在中央银行和商业银行的共同努力下完成的，中央银行直接控制基础货币的规模，而货币的派生是在商业银行体系内完成的。

一、基础货币

（一）基础货币的含义

基础货币（monetary base）又称高能货币（high—powered money），是商业银行创造更多货币的基础，可以产生数倍于自身的货币供给量。包括流通中的现金 C 和存款准备金 R，其中 R 包括商业银行在中央银行的法定存款准备金和超额存款准备金。用 B 代表基础货币（也可以用符号 H 代表），基础货币用公式表示为：

$$B = C + R$$

基础货币是中央银行的负债，是货币中最活跃的部分，持有者可以自主运用。基础货币的流通性很强，它的运动可以产生数倍于自身的货币量，中央银行通过控制基础货币控制货币供给。

表 10 - 2　　　　中央银行资产负债表

资　产	负　债
黄金、外汇及特别提款权 政府债券 对商业银行贷款、贴现 其他资产	流通中现金 商业银行存款 财政部存款 外国存款 其他负债
合计	合计

就整个银行体系而言，授信业务优于受信业务；就单个商业银行而言，受信业务优于授信业务。某个银行之所以能创造存款首先要能获得原始存款，而原始存款正是来源于中央银行创造和提供的基础货币：中央银行把通货投入流通，人们用通货向银行存款，这就可以增加商业银行新的原始存款；中央银行扩大信贷，可直接增加商业银行的准备金，也就相当于增加了原始存款。也就是说，中央银行提供的基础货币是商业银行创造存款货币的前提，商业银行作为货币的直接供给者，其进行存贷活动从而提供的货币数量均建立在基础货币的基础之上。中央银行通过控制基础货币来实现对货币供给的控制。

（二）基础货币的投放过程

基础货币是中央银行直接控制的，中央银行可以通过公开市场业务、调整再贴现率和存款准备金率来影响基础货币，进而影响货币的供给量。

1. 公开市场业务

这是指一国中央银行在金融市场上出售或购买有价证券（主要是短期国库券）的行为。一般来讲，发达国家的中央银行主要通过公开市场业务来控制基础货币。

当一国中央银行从金融市场上购入债券时，会导致基础货币的增加；反之，出售债券时，会导致基础货币的减少。

例如：（1）中央银行从某商业银行处购买 100 万元的债券，该银行把出售债券得到的 100 万元支票存入自己在央行的账户上，该行的储备增加 100 万元，央行和该商业银行的账户发生以下变化：

中央银行

资产	负债
证券 +100	储备 +100

商业银行

资产	负债
证券 -100 储备 +100	

（2）如果中央银行不是从商业银行处而是从个人处购买债券，当该人将所得以现金形式持有时，只会等额增加流通中的现金量，此时央行和个人的账户变化为：

中央银行

资产	负债
证券 +100	现金 +100

个人

资产	负债
证券 -100	
现金 +100	

如果中央银行从个人处购买债券后，该人将所得款项存入商业银行时，会等额增加商业银行的准备金，此时账户变化为：

中央银行

资产	负债
证券 +100	储备 +100

商业银行

资产	负债
准备金 +100	存款 +100

个人

资产	负债
证券 -100	
存款 +100	

通过分析我们可知：不管中央银行是从商业银行还是个人处购买债券，不管个人将出售所得款项以现金形式持有还是存入商业银行，都会使商业银行准备金或流通中现金等额增加，进而使基础货币等额增加。

反之，我们也可分析得知，若中央银行在金融市场上出售债券，不管购买者是商业银行还是个人，都会使基础货币等额减少。

2. 调整再贴现率

它是指中央银行通过调整再贴现率来影响贷款的数量，从而影响基础货币。中央银行调低贴现率，意味着商业银行从中央银行的借款成本降低，这会鼓励商业银行扩大贷款，从而使商业银行的准备金增加，扩大基础货币的投放量；反之，中央银行调高贴现率会使商业银行减少贷款数量，从而使商业银行准备金减少，基础货币投放量减少。

比如：中央银行向某商业银行办理再贴现贷款，数额为100万元，若该商业银行把100万元存入在中央银行的账户上，则中央银行与该商业银行的账户变化为：

中央银行

资产	负债
再贴现 +100	准备金 +100

商业银行

资产	负债
准备金 +100	借款 +100

结果是，贴现贷款使基础货币的投放量增加。

3. 调整法定存款准备金率

调整法定存款准备金率是控制货币供给的一项较为猛烈的工具。当中央银行调低法定存款准备金率时，法定存款准备金减少，商业银行的放款能力提高，货币供给量增加；反之，中央银行调高法定存款准备金率会使商业银行放款能力降低，货币供给量减少。

此外，当中央银行收购黄金、外汇或其他资产时，就像在金融市场上购入债券一样，会使基础货币投放量增加；反之，当中央银行出售这些资产时，会使基础货币投放量减少。

二、存款货币的创造

存款货币是由存款货币银行创造的，存款货币银行是指能经营活期存款业务并具有创造派生存款能力的金融机构，商业银行是其中的主要部分，为简化起见，常常以商业银行代替存款货币银行。商业银行以其所接受的现金存款为基础，在保持一定的存款准备金率的前提下进行投资或放款，所放出的款项转化为新的存款，在这种存款不提现或不完全提现的基础上，又可用于发放贷款，贷款又形成新的存款。

在整个银行体系中，最初吸收的存款为原始存款，其余都是商业银行创造出来的派生存款。所谓原始存款，是指商业银行所吸收的现金存款或中央银行对商业银行贷款所形成的存款。所谓派生存款，是指商业银行在原始存款的基础上发放贷款，由此导致的超过原始存款的那部分存款。例如，1 000 元的现金存款（原始存款），通过贷款、存款一系列运动过程，最终形成10 000 元的存款，这里，派生存款就是9 000 元。即：派生存款 = 存款总额 − 原始存款。

（一）存款货币创造的两个条件

1. 商业银行对存款保持部分准备金制度

国家规定商业银行在中央银行的存款占该银行所吸收存款总额的比率叫法定存款准备金率，这个比率是由国家规定的，商业银行按照该比率需保持一定的、不能用于放款盈利的数额，这部分款项属于法定准备金。另外，由于经营等原因，商业银行可能还持有一部分超过国家规定比率的、未动用的数额，这部分款项属于超额准备金。

部分准备金制度说明商业银行不需持有存款的100%的准备金，只需按照法定存款准备金率持有一定的准备金即可，其余款项可用于放款，也可用于投资。如果商业银行按照存款的100%持有准备金，银行也就没有资金用于投资或放款，从而就没有一系列存款的增加，也就谈不上存款货币的创造了。

2. 借款人部分提取现金

即借款人从银行获得贷款后马上把款项存入银行，不存在提现行为或不完全提现，此时才能进行存款货币的创造。比如；某人将1 000 元存入银行，当法定存款准备金率为10%时，银行在留有100 元准备金后可将剩余的900 元用于投资或贷款，如果得到此款项的人将900 元全部以现金的形式从银行提走，那么，这900 元就在银行系统之外流通，也就谈不上存款货币的创造了。

但在实际生活中，从商业银行得到款项后全部提现的情况很少见，一般来讲，都是通过银行间的转账来实现资金的转移。比如，银行发放一笔贷款，通常是该行直接把资金划入借款人的账户，同样，当借款人用这笔资金进行支付时，也会通过银行把资金划入收款人的账户。所以说，在不提现或不完全提现的前提下，贷款又转化为了存款，从而有了存款货币的创造过程。

（二）存款货币的创造过程

为了分析简便，我们假设：①所研究的银行体系由中央银行及至少两家以上的商业银行构成；②商业银行按照法定存款准备金率持有准备金，不存在超额准备金的情况；③银行客户将其货币所得全部存入银行的活期存款账户中，没有提现行为，结算采用非现金结算。下面我们以实例说明存款货币的多倍创造过程。

假设一家商业银行甲接受了一客户 1 000 元的现金存款，甲银行按照法定存款准备金率（假定为 10%）保留准备金 100 元（1 000 元 ×10%），其余 900 元全部用于放贷或投资，在这里我们假设用于放贷，贷于客户 A，此时甲银行的资产负债如下：

甲银行

资产	负债
存款准备金 +100	现金存款 +1 000
贷款 +900	

甲银行将 900 元贷给客户 A 后，A 客户将这 900 元存入自己在开户行乙的账户中，乙银行接到 900 元存款后，按照法定存款准备金率 10% 留下准备金 90 元，将其余 810 元全部用于放贷或投资，假设贷给了客户 B，此时乙银行的资产负债如下：

乙银行

资产	负债
存款准备金 +90	支票存款 +900
贷款 +810	

客户 B 得到 810 元贷款后，将款项全部存入自己在开户行丙的账户中，同样丙银行在留下准备金后将其余款项贷出，此时丙银行的资产负债如下：

丙银行

资产	负债
存款准备金 +81	支票存款 +810
贷款 +729	

……

如此类推，从甲银行开始，持续存款贷款，贷款存款，就会产生表 10－3 所示结果。

表 10－3　　存款货币的创造过程

商业银行	存款	法定准备金	贷款
甲	1 000	100	900
乙	900	90	810
丙	810	81	729
丁	729	72.9	656.1
⋮	⋮	⋮	⋮
总计	10 000	1 000	9 000

从表 10－3 我们可以看出，在支票存款转账的前提下，当法定存款准备金率是 10% 时，1 000 元的存款，可使有关银行共发放 9 000 元的贷款；包括最初的 1 000 元存款在

内，银行系统共吸收存款 10 000 元。其中，1 000 元是最初存款，我们称为原始存款；9 000元是在原始存款的基础上产生的，我们称为派生存款。

以上分析表明，在部分准备金制度和不存在提现的前提下，一笔原始存款在银行系统内运动的结果，产生了大于其若干倍的存款货币。扩张后存款总额的大小，主要取决于两个因素：一是原始存款的大小，原始存款越大，扩张后的存款总额也就越大；二是法定存款准备金率的高低，该比率越低，扩张后的存款总额就越大。假设原始存款为 A，经过派生后的存款总额为 D，法定存款准备金率为 r，则有：

$$D = \frac{A}{r}$$

银行体系信用扩张后的存款总额相对于原始存款的最大倍数称为派生倍数，一般说来，它是法定存款准备金率的倒数。若用 K 表示派生倍数，则

$$K = \frac{D}{A} = \frac{1}{r}$$

（三）影响存款货币创造的其他因素

在上面的分析中，我们假定了商业银行吸收存款后只保留法定存款准备金而将其余部分全部贷出；同时也假定客户得到贷款后将款项全部存入银行，不存在提现行为。在这种前提下，银行存款的扩张倍数只受法定存款准备金率的影响，两者成反比。但在现实生活中，现金的提取和商业银行持有超额准备金的情况是经常存在的，存款货币的扩张还要受到其他一些因素的影响。

1. 现金漏损对存款货币创造的影响

在存款货币的创造过程中，客户经常会从银行提取或多或少的现金，从而使一部分现金流出银行系统，出现所谓的现金漏损。由于现金的漏损，使得商业银行用于放款、投资的资金减少，因而减弱了银行体系创造存款货币的能力。假定现金的提取量与存款总额间存在较稳定的比率，并把这一比率称为现金漏损率，用 c 表示，则现金漏损率越大，存款货币的扩张倍数就越小，即

$$K = \frac{1}{r + c}$$

其中 K 代表存款货币的扩张倍数，r 代表法定存款准备金率。

2. 超额准备金对存款创造的影响

在实际经营过程中，商业银行总是多持有一些准备金，也就是说，银行在留足法定准备金后，并不把全部可贷资金贷出，这可能是考虑到存款人的提现，也可能是考虑到外界对贷款需求不足或银行一时找不到合适的投资对象等原因。不管是什么原因，在现实生活中，商业银行留有超额准备是一个普遍现象。

超额准备金的存在削弱了商业银行派生存款的能力。超额准备金与银行存款总额的比率称为超额准备率，用 q 表示。则

$$K = \frac{1}{r + c + q}$$

该式说明，超额准备率越大，意味着银行用于放贷、投资的资金越少，银行信用扩张的倍数就越小；反之，q 越小，银行信用扩张倍数就越大。

3. 不同存款结构对存款创造的影响

存款可以分为活期存款、定期存款和储蓄存款，对于不同的存款，通常规定不同的法定存款准备金率。当法定存款准备金率低的存款种类比重较大时，存款货币的派生能力就较大；反之，当法定存款准备金率高的存款种类比重较大时，存款货币的派生能力就较小。

4. 存款的派生次数

在理论公式中我们假设派生次数是无穷的，但在实际生活中这是不可能的。客户何时将资金存入银行，银行何时将资金运用出去，这些都会影响到存款的派生次数，存款的派生次数越多，存款扩张能力就越强；反之，就则越弱。

5. 客户对贷款的需求

在经济发展不景气时，即使银行想多发放贷款，客户可能对贷款的需求不大，从而使存款的派生规模受到影响。在分析存款货币的创造过程时，要充分考虑到各种因素的影响。

总之，一笔原始存款能够派生出多少存款货币，派生倍数是多少，除了取决于法定存款准备金率的大小外，还会受到现金漏损率、超额存款准备金率和不同存款结构等一些现实因素的影响。

（四）存款货币的多倍收缩过程

上面分析了由于银行原始存款增加使得存款货币多倍扩大，相反，原始存款的减少也会削减存款货币的过程。现举例说明如下：

客户 A 从商业银行甲处提取现金 1 000 元，甲银行的准备金就会减少 1 000 元。仍假定法定存款准备金率为 10%，对甲银行而言，法定准备金减少 100 元即可，但由于准备金已被转出 1 000 元，所以法定准备金不足——少 900 元。为了维持充足的准备金水平，甲银行必须收回一笔 900 元的贷款。此时，甲银行的资产负债为：

甲银行

资产	负债
法定准备金 -100 贷款 -900	活期存款 -1 000

而甲银行收回的 900 元贷款，是客户 B 从其开户行乙的账户上转入的，对乙银行而言，活期存款减少 900 元，准备金减少 90 元即可，但由于客户 B 转出 900 元，因此，准备金尚缺少 810 元，此时乙银行的资产负债如下：

乙银行

资产	负债
法定准备金 -90 贷款 -810	活期存款 -900

同样，乙银行收回 810 元的结果，也是以减少其他银行同等数额的活期存款，从而减少其准备金为条件的。以此类推，经过各银行的转账，银行系统的活期存款总额变化

如下：

$$-1\,000+(-900)+(-810)+\cdots=-10\,000(\text{元})$$

可见，存款货币的多倍收缩过程与多倍创造过程是对称的，原理是一样的。

延伸阅读

资产负债表是理解信用货币的创造与供给的基础

目前我国广义货币 M_2 已达到约150万亿元，从机制上梳理清楚这些货币的来源，是做好货币总量调控的前提。货币供给的源头在中央银行，央行通过向商业银行提供基础货币，构成商业银行进行资产扩张进而创造广义货币的基础。在复式记账下，商业银行（作为一个整体）的一系列资产扩张行为，如发放贷款、购买外汇、证券投资等，都会同时在其负债方派生出等额存款，由此增加全社会货币供给。全部的广义货币，都是银行体系通过扩张资产来增加负债的方式创造出来的。由此，银行体系成为现代经济运行的一个关键环节，银行资产负债的扩张或收缩会对实体经济造成明显的影响。过去一些评论人士认为银行存差大（即存款余额与贷款余额的差）是因为银行吸收存款多同时贷款发放少，实际上银行发放贷款会同时在负债方派生存款，因此存差不会因为多发放贷款而减少。产生存差的原因，并不是吸收的存款没有放出去，而是银行贷款之外的资产扩张（如购汇、购债等）派生出了更多的存款。因此，存差并不是衡量银行体系流动性状况的科学指标，尤其是随着银行资产逐步多元化，存差这一指标存在的问题也就更大，这也是取消存贷比考核的重要原因。同样，虽然商业银行缴纳的是“存款准备金”，但动用的并不是记在其资产负债表负债方的存款，而是将其资产方的超额准备金转为法定准备金，因此缴纳存款准备金并不会减少存款。由于商业银行是通过扩张资产来创造货币从而为实体经济提供融资的，因此在将差别准备金动态调整机制升级为宏观审慎评估（MPA）后，将包含商业银行更多资产扩张行为的广义信贷（包括贷款、证券投资等）纳入宏观审慎管理，有助于更全面地对全社会融资条件进行逆周期调节，促进金融体系稳健运行。上述分析的基础都是银行体系的资产负债表及复式记账的研究方法。

（资料来源：中国人民银行）

第三节 货币供给模型

一、货币供给和货币乘数的一般模型

基础货币是货币供给之源，它可以引起数倍于自身的货币供给量。货币供给之所以数倍于基础货币，是由于银行体系货币存款创造的缘故，货币供给量相对于基础货币的

倍数称为货币乘数，用 Ms 代表货币供给，B 代表基础货币，m 代表货币乘数，则：

$$Ms = m \cdot B$$

这就是货币供给理论的一般模型，所有的货币供给理论研究都是从 $Ms = m \cdot B$ 这个模型开始的。根据此公式可得货币乘数模型：

$$m = \frac{Ms}{B}$$

上述货币供给模型和货币乘数模型都是一般表达式，在实际运用中经常将它们具体化。

二、货币供给和货币乘数模型的具体应用

从上节我们可知，基础货币 B 由现金 C 和存款准备金 R 组成，即 $B = C + R$，其中 R 由两部分组成：法定存款准备金和超额准备金。用 r 表示法定存款准备金率，q 表示超额准备率，D 表示银行吸收的存款总额，则 $R = (r + q) \cdot D$。

（1）如果货币供给是指 M_1，则 M_1 为现金 C 与活期存款 D 之和，即 $M_1 = C + D$，此时货币乘数为：

$$\begin{aligned} m &= \frac{Ms}{B} = \frac{M_1}{B} = \frac{C + D}{C + R} \\ &= \left(\frac{C}{D} + \frac{D}{D}\right) \Big/ \left(\frac{C}{D} + \frac{R}{D}\right) \\ &= \frac{c + 1}{c + r + q} \end{aligned}$$

式中，c 为现金漏损率，r 为法定存款准备金率，q 为超额准备率。

测算出货币乘数，把它乘以基础货币，就可以求出某一时点上的货币供给量。

例：已知一国的法定存款准备金率为10%，超额准备率为1%，现金漏损率为30%，且该国目前流通中的现金为5 000亿元，问该国的货币乘数是多少？货币供给是多少？

由公式 $m = \dfrac{c + 1}{c + r + q}$ 可知：

$$\begin{aligned} m &= \frac{30\% + 1}{30\% + 10\% + 1\%} \\ &= 3.17 \end{aligned}$$

由于现金漏损率是现金与活期存款总额的比率，本题已知流通中的现金为5 000亿元，现金漏损率为30%，所以商业银行活期存款总额为5 000/30% =16 666.67亿元。

所以货币供给

$$\begin{aligned} Ms &= M_1 = C + D \\ &= 5\,000 + 16\,666.67 = 21\,666.67\text{（亿元）} \end{aligned}$$

（2）如果货币供给是指 M_2，则 M_2 为现金 C 与活期存款 D_d 和定期存款 D_t 之和，即 $M_2 = C + D_d + D_t$。令 r_t 为定期存款的法定准备金率，定期存款同活期存款之间的比例为 t，则此时货币乘数为：

$$m = \frac{Ms}{B} = \frac{M_2}{B} = \frac{(C + D_d + D_t)}{(C + R)}$$

$$= \frac{C + D_d + tD_d}{C + (r+q)D_d + r_t \cdot t \cdot D_d}$$

分子、分母同时除以 D_d，可得：

$$m = \frac{c + 1 + t}{c + r + q + r_t \cdot t}$$

式中，r 为活期存款的法定存款准备金率，c 为现金漏损率，q 为超额准备金率，r_t 为定期存款准备金率，t 为活期存款（可开支票的存款）转为定期存款的比例。

例如，当法定存款准备金率为10%，现金漏损率为30%，超额准备率为1%，定期存款准备金率为2%，活期存款转为定期存款的比例为20%，则货币乘数为：

$$m = \frac{30\% + 1 + 20\%}{10\% + 30\% + 1\% + 2\% \times 20\%} = 3.62$$

$m=3.62$ 说明，央行每投放1元的基础货币就会形成3.62元的货币供给。

三、货币供给模型的分析

由货币供给模型 $Ms = m \cdot B$ 可知，货币供给决定于基础货币和货币乘数两个因素（图10－2）。

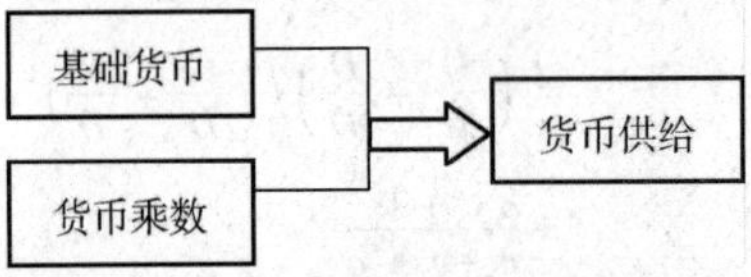

图10－2　货币供给的简单模型

在货币供给机制中，中央银行提供基础货币，通过其在银行体系中的派生作用产生出几倍于自身的存款，这部分存款与在存款派生过程中漏损的现金一起，构成了全社会的货币供给量。

（一）影响基础货币和货币乘数的几种经济主体

影响基础货币量的主要部门是中央银行，中央银行通过公开市场业务、办理再贴现等方式控制基础货币。当然，其他部门也会对基础货币产生影响，比如，商业银行可以控制超额准备金的数量，进而会影响基础货币；现金是由中央银行发行的，但其他非银行经济主体对现金的需求也会影响到基础货币（图10－3）。

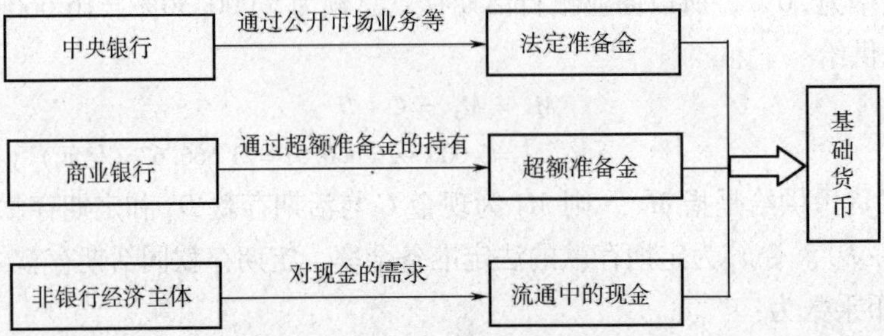

图10－3　影响基础货币的经济主体

基础货币的多少主要取决于中央银行的行为，中央银行如何调控基础货币从而达到调控货币供给的目的，这个问题我们在上节已做分析，在此不再赘述。

从货币乘数公式我们可以看出，影响货币乘数的因素很多：法定存款准备金率 r 取决于中央银行的行为；超额准备率 q 取决于商业银行的行为；现金漏损率 c 和定期存款比率 t 取决于非银行经济主体——包括个人与公司的行为。这几个经济主体的行为都会影响到货币乘数的大小，进而影响货币供给量。

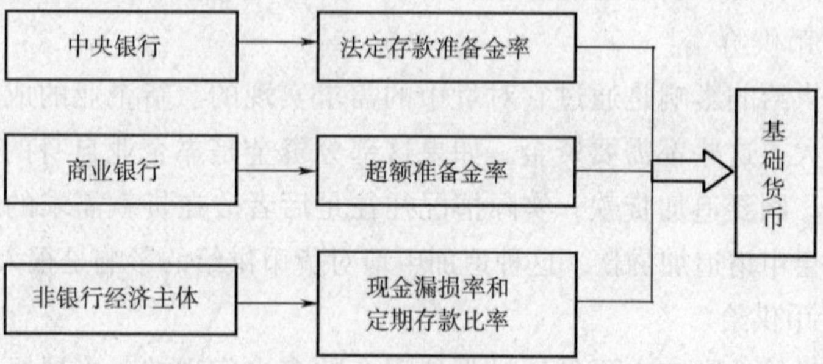

图 10－4 影响货币乘数的经济主体

（二）几种经济主体行为与货币供给的关系

1. 中央银行与货币供给

控制基础货币是中央银行一项基本而又重要的任务。从货币供给模型分析得知，影响货币供给量的不仅仅只有中央银行一个部门，其他一些经济主体的行为也会对货币供给产生影响，这说明中央银行扩大或缩小货币供给量的意图有可能因其他部门的参与而不能实现。中央银行要采取各种措施，努力使经济目标朝着自己希望的方向发展。一方面，中央银行可以运用法定存款准备金率、公开市场业务、再贴现率等货币政策工具调控基础货币，这在上节已介绍；另一方面，在货币政策失效时，中央银行可以通过变动利率、完善金融市场等手段使其他经济主体的行为朝既定目标发展。

总之，中央银行对货币供给的调控力度不仅仅取决于自身的完善程度、对工具的使用情况，还会受到许多其他经济主体行为的影响，虽然中央银行可运用多种手段作用于这些因素，但有时作用有限，这点要明确。

2. 商业银行与货币供给

由上面分析我们可知，商业银行主要是通过调节超额准备金的持有量来影响货币供给的。货币供给是基础货币与货币乘数的乘积，商业银行可以通过调节超额准备金影响基础货币、通过调节超额准备率影响货币乘数，进而影响货币供给。

一般情况下，商业银行持有准备金是没有利息的，而一笔资金用于贷款或投资则能获得收入，那么，为什么许多商业银行还要持有多于法定准备金的那部分超额准备呢？主要原因是商业银行考虑到贷款或投资的收益不确定性有可能带来一定的损失，损失来源于两个方面：一是若当前市场不景气，银行放贷或投资有可能出现贷款收不回、投资的证券价格下降等风险，于是银行就会本着“两利相权择其重，两害相衡择其轻”的原则，在持有超额准备与投资放贷之间选择前者。二是商业银行在日常经营过程中，可能会遇到客户提取大笔存款的情况，这时如果该行没有超额准备，就不得不采取诸如出售证券、借款等行为，这会增加成本，减少收益。如果提取存款额度过大而又无法采取措施补充资金，银行还可能面临倒闭的危险。为了避免这些情况出现，商业银行往往多持有一部分准备金，即超额准备金。

由货币乘数公式可以看出，在其他条件不变时，商业银行持有的超额准备金越多，货币乘数就越小，货币供给量也就越小。反之，若商业银行减少了超额准备金的持有量，货币乘数就会变大，货币供给也相应增加。

3. 企业与货币供给

企业对货币供给的影响是通过它对货币的需求实现的。新企业的成立、已成立企业规模的进一步扩大，这些都需要资金。如果这部分资金是靠企业自身的积累，则不需要增加贷款，反之，则要追加贷款，实际情况往往是后者。在贷款需求的压力下，商业银行对中央银行就会申请追加贷款，这种追加申请对货币供给的影响是很大的。

4. 居民与货币供给

居民对货币供给的影响主要是通过手持现金的多少实现的。当居民普遍增加现金持有量时，通货对活期存款的比率就会提高；反之，这个比率就会下降。由乘数公式我们可知，该比率与货币供给量是负相关的关系。影响居民现金持有量的因素主要有：

（1）公众收入与消费倾向。一般情况下，居民收入增加，现金的持有量也会增加。消费倾向则决定了收入在消费和储蓄之间的分配：如果消费倾向较高，人们用于消费性交易的现金持有量也会增加。

（2）利率的高低。利率提高，说明手持现金就会损失更大的利息收入，即持有现金的机会成本增加，此时人们就会把持有的一部分现金存入银行，以获取较高的利息收入。

（3）物价变动情况。一般情况下，当物价稳定时，人们手持现金是比较稳定的。但在物价不稳定时，尤其是出现较为严重的通货膨胀时，往往会出现提取存款、抢购商品的混乱状况，导致流通中的现金增加。

（4）信用工具的发达水平。当一国的信用工具较发达，出现一些可以替代现金进行结算的工具时，流通中的现金就会减少。

从上面的分析可以看出，虽然中央银行对基础货币具有决定性作用，但货币供给并不只受中央银行的控制。对货币供给产生影响的还有许多来自银行部门和非银行部门的因素，这些因素错综复杂、相互消长，货币供给的变化取决于这些因素的合力和消长作用。

综上所述，我们用图示给出货币供给模型（图 10－5）。

由此我们可以看出，中央银行利用货币政策进行宏观调控的效果除了取决于自身的完善和独立程度外，客观上还受许多其他经济主体行为的影响，这就增加了中央银行调控货币供给量的困难性和复杂性。中央银行只有客观准确地分析经济形势，采取有效措施，努力改变经济状况，才能使自己的意图得以实现。

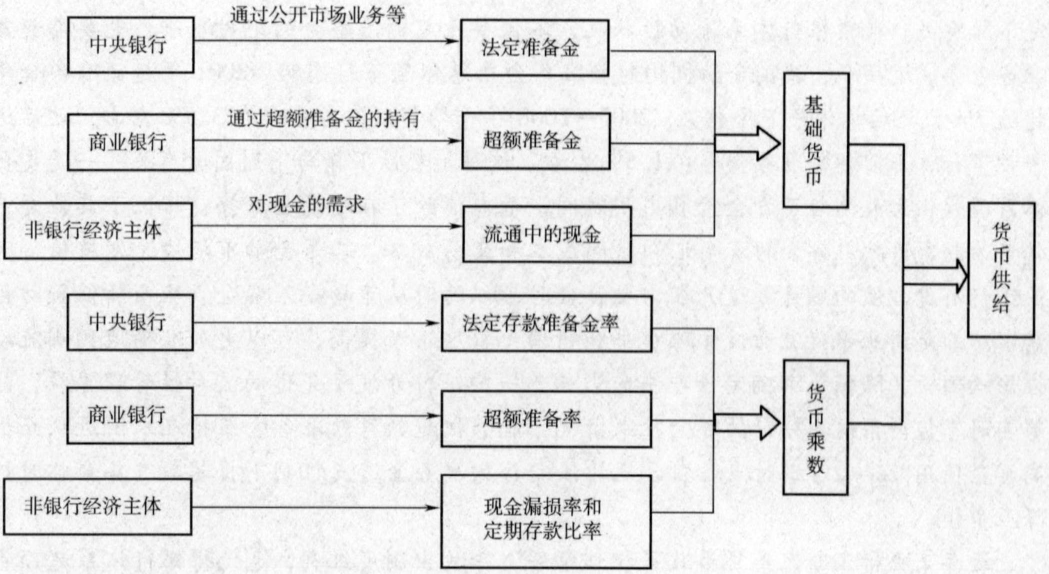

图 10－5　货币供给模型

延伸阅读

如何看待超额存款准备金率变化

超额存款准备金是基础货币的重要组成部分，也是金融机构流动性最强的资产，其数额和比率一定程度上可以反映金融机构流动性状况，对金融机构至关重要：一是在有法定存款准备金率的要求下，随着存款增加，银行需要把更多的流动性（超额准备金）转缴为法定准备金，若流动性不足则无法再进行资产扩张；二是从个体看，银行都有资金跨行流动、支付清算的需要，也需要保留必要的流动性。若货币市场扰动因素较多，支付技术发展不足，银行的预防性流动性需求就会更高。

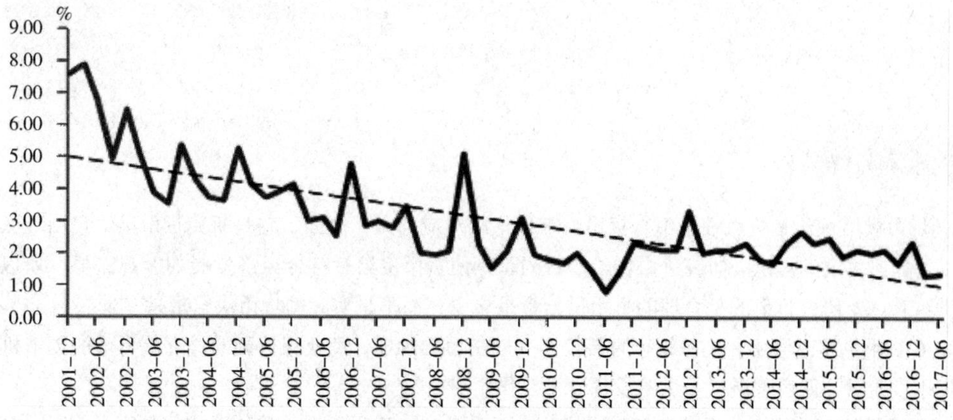

图 10－6　我国金融机构超额存款准备金率

2017年以来基础货币总量略有下降，从结构上看主要与超额存款准备金总量出现一定下降有关。观察银行体系流动性状况，不仅要看超额准备金的绝对水平，也要看超额准备金率。近年来，我国金融机构超额准备金率总体呈下行态势。2001年超额准备金率超过7%，之后总体呈下降态势，2003—2008年平均超额准备金率在3.5%左右，之后进一步下行，目前超额准备金率在1.5%左右。这种趋势性下降与下列因素有关：一是支付体系现代化大大缩短了资金清算占用时间，基本消除了在途资金摩擦，降低了其他资产转换为超额存款准备金的资金汇划时间成本和交易成本。二是金融市场快速发展使得商业银行有更方便的融资渠道，在需要资金时可以随时从市场融入资金，从而降低预防性需求。三是商业银行流动性管理水平和精细化程度不断提高，可以更加准确地预测流动性影响因素，降低了不确定性冲击的影响。一些银行开发了先进的流动性管理系统，能够实时掌握全系统各分行的资金往来情况，能够把超额存款准备金维持在零附近从而提高资金使用效率，个别时点还在合规的法定存款准备金透支机制下将超额准备金临时性降至负值。

近年来央行不断完善货币政策操作框架，释放出制度红利，也使得银行体系超额存款准备金需求明显降低。如双平均法考核存款准备金给予商业银行在考核期内更加灵活摆布流动性的空间，常备借贷便利工具和自动质押融资工具使得商业银行在短期流动性不足的时候可以合格资产为抵押从央行获得流动性支持，而公开市场操作频率从每周两次提高到每日操作，从制度上保障央行能够及时应对多种因素可能对流动性造成的冲击，及时释放政策信号引导和稳定市场预期，这些都有效降低了商业银行超额存款准备金预防性需求。显然，这种下降并不意味着银行体系流动性收紧和货币政策取向发生变化。还值得注意的是，我国金融机构超额准备金率存在比较明显的季节性波动。不仅季末月和非季末月存在差异，不同季末时点也有明显差别，如受到监管考核、财政集中支出、存款变化、银行财务核算等因素影响，年中、年末超额准备金率往往会临时“鼓肚子”，季节性因素消退后则明显回落。因此，不宜简单将不同时点的超额准备金率进行比较。

（资料来源：中国人民银行）

本章小结

1. 货币供给理论是货币理论中与货币需求理论相对应的另一侧面，它是研究货币供给量由什么因素决定以及如何决定的理论。研究货币供给的目的，是使货币供给量符合经济发展的客观需要，所以，对货币供给有重要研究价值的是合理的货币供给量是多少，而不是实际的货币供给量是多少。

2. 在货币供给过程中，中央银行直接控制基础货币的规模，商业银行则通过存款货币的创造机制来扩大货币供给量，两者都对货币供给发挥着重要作用。

3. 货币供给理论模型告诉我们，货币供给主要受基础货币和货币乘数的影响和制约，而影响基础货币和货币乘数的诸因素，则来自经济主体的多方面，这增加了中央银行调控货币量的复杂性和困难性。

重点名词

货币供给　基础货币　原始存款　派生存款　货币乘数　现金漏损率

思考题

1. 截止到2004年12月，我国准货币为154 831.78亿元，流通中现金 M_0 为21 468.49亿元，活期存款为74 502.52亿元，则广义货币 M_2 为（　）亿元。

A. 250 802.79　　B. 95 971.01　　C. 176 300.27　　D. 229 334.30

2. 在中央银行的资产负债表中，下列属于负债业务的是（　）。

A. 政府债券　　B. 流通中现金

C. 商业银行存款　　D. 对商业银行贷款、贴现

3. 央行收购外汇资产时，会导致（　）。

A. 基础货币投放量增加　　B. 基础货币投放量减少

C. 货币供给量增加　　D. 货币供给量减少

4. 基础货币等于（　）。

A. 商业银行准备金 + 流通中现金

B. 商业银行准备金 + 商业银行库存现金 + 流通中现金

C. 商业银行准备金 + 公众手持现金 + 商业银行库存现金

D. 商业银行法定准备金 + 流通中现金

5. 在下列针对中央银行负债的变动中，使银行体系准备金增加的是（　）。

A. 财政部在中央银行的存款增加　　B. 外国在中央银行的存款增加

C. 流通中的通货减少　　D. 流通中的通货增加

6. 下列导致基础货币增加的行为有（　）。

A. 降低再贴现率　　B. 提高发行存款准备金

C. 政府增税　　D. 央行在公开市场进行正回购

7. 在下列针对中央银行资产项目的变动中，导致准备金减少的是（　）。

A. 中央银行给存款机构贷款增加　　B. 中央银行出售证券

C. 向其他中央银行购买外国通货　　D. 中央银行代表财政部购买黄金，增加储备

8. 简述货币供给的一般模型。

9. 简述商业银行存款货币的多倍创造过程。

10. 简述原始存款和派生存款的关系。

11. 简述影响基础货币变动的因素。

12. 假设法定存款准备金率为7%，现金余额为2 000亿元，超额准备金率为3%，现金漏损率为20%。则：

（1）总准备金是多少？（不考虑法定定期存款准备金）

（2）货币供应量是多少？

（3）若提高法定存款准备金率一个百分点，准备金怎样变动？

第十一章 货币均衡

学习目标

- 掌握货币均衡的理论模型。
- 掌握货币失衡状态下的主要调整途径。

在货币需求和货币供给的基础上，本章将二者放在一起，重点讨论了货币均衡问题，并且联系市场商品的总供求进行分析。

第一节 货币均衡及其理论模型

一、货币均衡的含义

经济学中所指的均衡是指市场供求的一种对比状态，这里所指的货币均衡是指货币供给与货币需求的一种对比关系。如果货币供求相等，即 $M_s = M_d$，就称之为货币均衡；如果货币供求不相等，即 $M_s \neq M_d$，就称之为货币失衡。

需要注意的是，这里的“相等”并不是绝对意义上的相等，事实上，货币供给量和货币需求量绝对相等是不可能的。实际中，可能是货币需求过大，而货币供给相对短缺；也可能是相对货币需求，货币供给过多。一般来说，只要货币供给量和货币需求量大体相等，我们就认为货币均衡。

二、货币均衡的理论模型

（一）简单的货币均衡模型

1. 货币供给是外生变量时的货币均衡

凯恩斯认为，利率是货币市场的价格，是由货币供给和货币需求决定的。其中货币供给 M_s 是外生变量，完全由中央银行决定，利率、收入、储蓄、投资等经济因素不会影响货币供给，而且中央银行并不根据货币需求的变化调节货币供给，这样，货币供给就成了一条垂直于横轴的直线。货币需求 M_d 则是内生变量，它取决于公众的交易动机、预防动机和投机动机。其中，由交易动机和预防动机形成的交易性货币需求与收入成正比、与利率无关，由投机动机形成的货币需求与利率成反比，如图 11－1 所示。

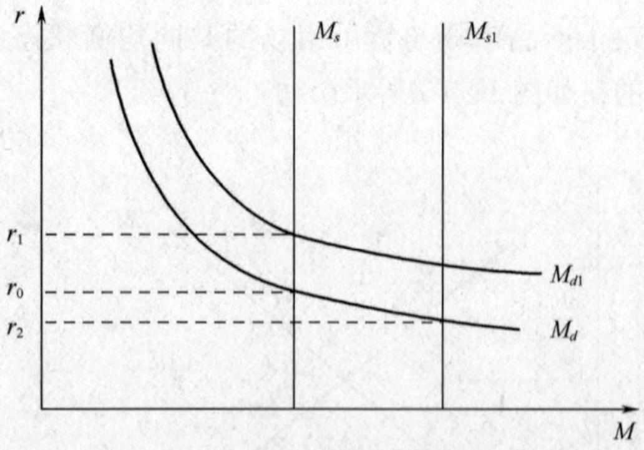

图 11－1 货币供给为外生变量时的货币均衡

由图 11－1 我们可以看出，当货币供给和货币需求处于均衡时，决定了货币市场的价格——利率。在货币供给不变的前提下，货币需求增大，则 M_d 移动到 M_{d1}，利率由 r_0 上升到 r_1；在货币需求不变的前提下，货币供给增大，则 M_s 移动到 M_{s1}，利率由 r_0 下降到 r_2。反之，货币需求的减小会使利率下降；货币供给的减小则使利率上升。

2. 货币供给是内生变量时的货币均衡

货币供给是内生变量，说明货币供给的变动取决于经济体系中实际变量以及微观主体的经济行为等因素，如消费、投资、储蓄、利率等；而中央银行是决定不了的。由前面知识可知，货币需求与利率呈负相关关系；而货币供给作为内生变量时，与利率呈正相关关系，如图 11－2 所示。

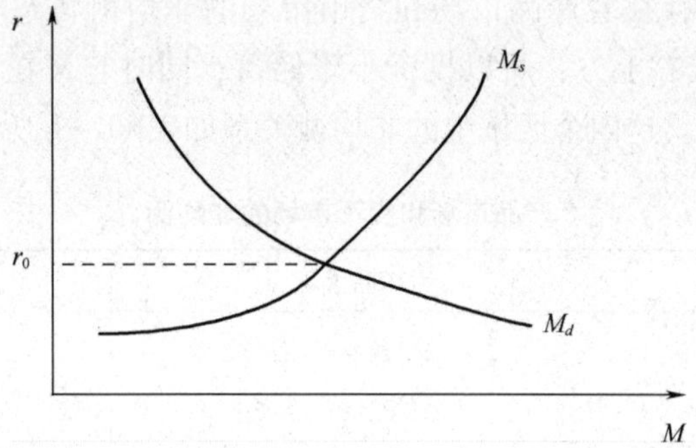

图 11－2 货币供给为内生变量时的货币均衡

由图 11－2 可知，货币供求的对比决定了均衡利率 r_0，反过来，利率对货币的供求也有调节作用：利率的下降会抑制货币供给，刺激货币需求；利率的上升会刺激货币供给，抑制货币需求。在均衡利率水平上，货币供给与货币需求达到均衡状态。而在凯恩斯的货币均衡理论中，利率的变动只会影响货币需求，而不会影响货币供给，因为货币供给是外生变量。

（二）*IS*－*LM* 模型

凯恩斯的后继者把产品市场和货币市场结合起来，建立了一个产品市场和货币市场的一般均衡模型，即 *IS* - *LM* 模型。该模型认为，在市场经济条件下，一国经济总供求均衡条件下的货币均衡反映了产品市场与货币市场的共同均衡状态，这种均衡是在利率与收入水平的组合下实现的，如图 11 - 3 所示。

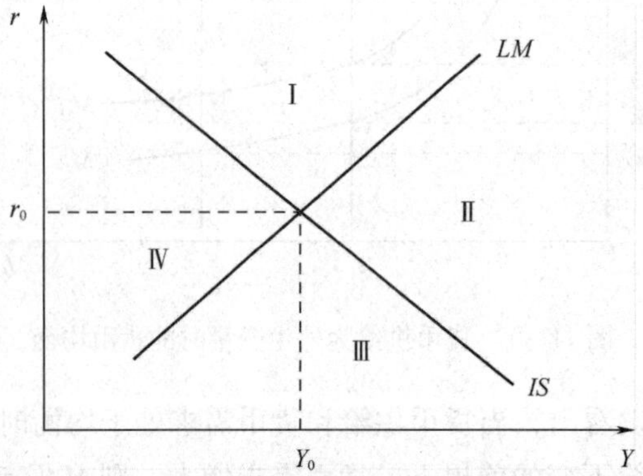

图 11 - 3　产品市场与货币市场的一般均衡：*IS* - *LM* 模型

图 11 - 3 中，*IS* 为产品市场均衡曲线，在 *IS* 曲线上，有一系列利率与收入的组合可使投资与储蓄相等，即产品市场均衡。*LM* 为货币市场均衡曲线，在 *LM* 曲线上，又有一系列利率和收入的组合可使货币供给与货币需求相等，即货币市场均衡。将 *IS* 曲线与 *LM* 曲线综合起来，就可以得出使产品市场和货币市场同时达到均衡的利率 r_0 和收入 Y_0。

从图 11 - 3 中可以看到，*IS* 曲线和 *LM* 曲线把坐标平面分成四个区域：Ⅰ、Ⅱ、Ⅲ、Ⅳ，在这四个区域中都存在着产品市场和货币市场的非均衡状态。例如，在Ⅰ区域中任何一点，因为在 *IS* 曲线右上方，所以投资小于储蓄；同时它又在 *LM* 曲线左上方，因此货币需求小于货币供给。这四个区域中的非均衡关系如表 11 - 1 所示。

表 11 - 1　　产品市场和货币市场的非均衡

区域	产品市场	货币市场
Ⅰ	产品供给 > 产品需求	货币供给 > 货币需求
Ⅱ	产品供给 > 产品需求	货币供给 < 货币需求
Ⅲ	产品供给 < 产品需求	货币供给 < 货币需求
Ⅳ	产品供给 < 产品需求	货币供给 > 货币需求

四个区域中存在的非均衡状态会得到调整。*IS* 非均衡会导致收入变动：投资大于储蓄导致收入上升，投资小于储蓄导致收入下降；*LM* 非均衡会导致利率变动：货币需求大于货币供给导致利率上升，货币需求小于货币供给导致利率下降。这种调整最终会趋向均衡利率和均衡收入。

第二节　货币均衡与社会总供求平衡

货币均衡指的是货币供求均衡，它描述的是货币供给与货币需求之间的一种对比关系；而社会总供求平衡是市场的总体平衡，它是社会总供给和社会总需求之间的一种对比关系。

如果以 M_s 表示货币供给、M_d 表示货币需求、AS 表示社会总供给、AD 表示社会总需求，它们之间的关系可由图 11－4 表示。

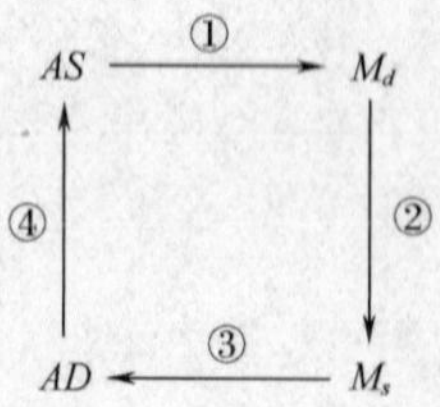

图 11－4　货币供求与社会总供求的关系

需要注意的是，货币供求与社会总供求之间的作用是相互的，箭头不过是表示其主导的方面。通过该图我们可看到：①社会总供给 AS 决定货币需求 M_d，有多少商品劳务供给，就必然有相应的货币需求量与之相对应。②货币需求 M_d 决定货币供给 M_s，货币供给必须以货币需求为基础。③货币供给成为总需求的载体。在市场经济条件下，任何需求只有通过货币的支付才能实现，因此，在其他条件不变的前提下，一定时期的货币供给水平也就决定了社会总需求水平。④总需求必须与总供给保持平衡，否则会对宏观经济的平稳运行产生不良影响。

一、社会总供给与货币需求

在市场经济条件下，任何商品、劳务都需要用货币来表现或衡量其价值量的大小，所以说，经济体系中有多少商品、劳务需要货币实现其流转，那么这个社会必然就需要相应的货币量与之相对应。这是社会总供给决定货币需求的基本理论出发点。另一方面，社会总供给决定收入，而收入是货币需求函数的决定性自变量，从这个角度出发，我们也可以说总供给决定货币需求。

然而，宏观的货币需求是通过微观主体对货币的需求体现出来的。企业如果有迫切的投资需求，当然就需要更多的货币，也就会去争取追加货币，从而对货币供给产生影响；同样，个人消费需求很旺盛，也就需要更多的货币实现其需求。反之，如果企业的投资需求较小或个人消费需求较小，他们也就不会需要更多货币，从而降低了对货币的需求。当然，无论是企业的货币需求还是个人的货币需求，总体上都取决于总供给。

二、货币需求与货币供给

就货币的供求关系而言，客观经济过程的货币需求决定了货币供给，货币的供给必须以货币的需求为前提条件。中央银行控制货币供给量的目的，就是要使货币供给量与货币需求量相适应，以维持货币供求的均衡。当然，在一定条件下，货币供给也可能改变货币需求。联系货币供给与货币需求的纽带就是国民收入和物价水平。

三、货币供给与社会总需求

社会总需求的变动，一般说来，首先来源于货币供给量的变动。货币供给量的增加，一般会刺激社会总需求，但增加后的总需求能否推动实际产出，则取决于经济体系中资源的利用状况，如图 11 –5 所示。

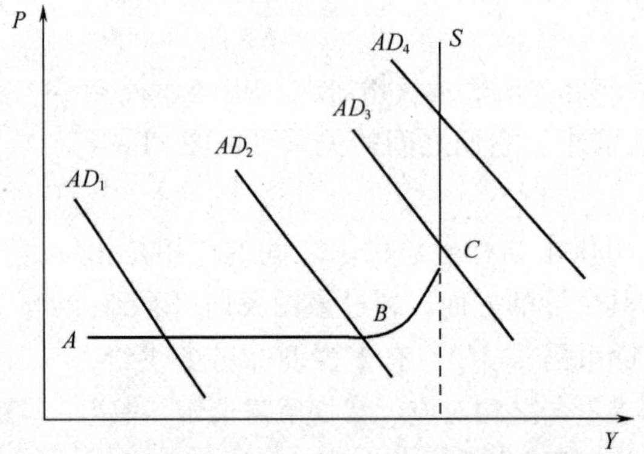

图 11 –5　货币供给对实际产出的作用

图中横坐标为实际产出 Y，纵坐标为价格总水平 P，AS 为社会总供给曲线，AD 为社会总需求曲线。由图 11 –5 可知：

（1）如果经济体系中存在着充足的未被利用的资源，即经济在总供给曲线的水平部分 AB 阶段运行，那么当增加货币供给后，增加的货币供给会使总需求曲线右移（如由 AD_1 移到 AD_2），这种移动将提高实际产出，增加收入，而不会推动价格水平的上涨。

（2）如果经济体系中资源的利用持续一段时间后，货币供给仍在继续增加，增加的货币供给使得总需求曲线右移（如由 AD_2 移到 AD_3），右移的结果是实际产出与价格水平都在提高。

（3）如果经济体系中潜在资源已被充分利用，但货币供给仍在增加，增加的货币供给也会使总需求曲线右移（如由 AD_3 移到 AD_4），但是这种移动只会促使价格总水平上涨，而实际产出不变。

当社会总需求大于社会总供给时，尤其是导致物价上涨时，可以通过压缩货币供给，进而减小总需求规模的方法去解决，这也是世界各国常用的一项政策。压缩货币供给、压缩总需求能对物价上涨起到明显的抑制作用，但也常常抑制了实际的经济增长。所以，在运用紧缩性的货币政策时，往往配合其他政策一起使用。

四、总需求与总供给

社会总需求与总供给要尽量保持平衡，这样宏观经济才能够平稳运行。总需求过大、过小，都会对总供给产生巨大的影响：总需求不足，则总供给不能充分实现；总需求过多，在一定条件下有可能会推动总供给增加，但不可能由此消除差额。如果总供给一定，在市场经济条件下，总需求与总供给失衡的结果会直接导致价格的变动：过大的总需求将会引起价格总水平的上涨；而总需求不足，会导致价格水平的下降。

在上面所述四者的关系中，货币供求的平衡是整个宏观经济平衡的关键。也就是说，如果货币供求不平衡，整个宏观经济不可能平衡。要使货币供求均衡，就需要中央银行控制货币供给，使货币供给与客观的货币需求相适应，以保证经济的发展有一个良好的货币金融环境，以此促进宏观经济均衡协调发展。

延伸阅读

供给侧结构性改革与总需求管理

在主流的经济理论框架中，总供给和总需求往往是被分割开的。短期看，由于存在价格黏性，供给曲线表现为水平线，国民收入由总需求决定。这也是凯恩斯理论的核心。此时总需求的扩张会体现为产出的增长，扩张需求的短期刺激效果最为明显。中期内，供给曲线开始有斜率，总需求扩张一方面会推动产出增长，另一方面也会导致价格上涨，两种效应大小取决于供给曲线的斜率。长期看，总供给曲线则会变为一条垂直线，需求扩张只会导致价格上涨（即货币中性），产出完全由总供给决定，资本、劳动、技术等成为推动经济长期增长的关键。此时，主流理论不再讲需求，其背后实际上是假定“供给自动创造需求”，这也就是所谓的“萨伊定律”。

主流的经济学框架通过引入价格刚性把需求和供给放在短期和长期分别研究，更加清晰，并容易模型化。但由此也可能存在一些问题：比如基本不涉及需求与供给之间的相互影响，而实际上需求曲线和供给曲线是相互作用和影响的，不能简单分开，例如投资在实施过程中是需求，但完成后则会形成供给；再如主流经济理论基本不讲过剩产能和供给不足，因为其假定价格的自由浮动即可实现市场出清。但现实中情况则更为复杂。例如，某些领域价格难以做到自由浮动；即使价格出现较大变化，由于存在软约束等因素，也难以有效出清（如一些过剩产能和“僵尸”企业）；而在有准入限制的情况下，市场难以提供某些领域（如医疗、教育领域等）的有效供给；一些地方存在地方保护主义也妨碍了统一大市场的形成。由此就容易导致供给端出现“供给过剩和供给不足并存”的结构性问题，需求端同样也会出现“需求不足和需求不能满足并存”的问题，从而表现为经济的结构性矛盾。

基于上述因素，我们需要充分考虑供给和需求的交互和动态影响。供给侧结构性改革的着力点就在于化解过剩产能和过度供给，同时弥补部分领域的供给不足，其核心是发挥市场在资源配置中的决定性作用。在供给侧改革过程中应更全面理解“总需求管理”的内涵，这不仅包括传统的财政政策和货币政策，还包括推进简政放权、鼓励竞争等供给改革来释放有效需求。

供给侧结构性改革短期可能会加大经济下行压力，需要做好相应的总需求管理，保持经济运行在合理区间。但也应看到，若过度依靠刺激需求以及基建和房地产投资会进一步推升债务和杠杆水平。因此，还须通过供给改革来释放有效需求。例如，20

世纪90年代中后期，我国通过改革促进了房地产和汽车产业的大发展，对摆脱亚洲金融危机后的经济低迷发挥了重要作用。1998年房改后，当年房地产开发投资增速从上年的-1.2%上升至13.7%，此后五年的平均增速达到19.8%；商品房销售面积增速从上年的14.1%升至35.2%，此后五年的平均增速为24.5%。加快汽车产业发展的一系列政策出台后，1999—2003年汽车产量平均增长22.8%，远高于1998年的2.9%。这充分表明了政策红利的重要性和潜藏的巨大需求空间。在经历了重化工业高速发展阶段之后，随着收入水平逐步提高，居民的消费需求会更多地转向医疗、教育、文化等服务领域，应进一步激发民间投资活力，通过改革补短板，释放有效需求。这方面空间还很大。

当前仍存在一些潜在需求巨大、但有效供给受到严重抑制的问题，如社保体制不完善和消费产品升级跟不上抑制了家庭消费增长，服务业受制于过度管制发展不足，市场优胜劣汰机制难以发挥作用，不利于资源优化配置和新动力的形成，民营经济发展和经济内生增长动力尚显不够。应该有针对性地推进结构性改革，释放有效需求。在新形势下运用新机制，发挥好地方政府的积极性和主动性；解决抑制新型城镇化进程中的体制机制问题；破解发展服务业中的“公立”和准入问题；健全社会保障体制，完善扩大消费的长效机制；化解过剩产能，补充企业资本，保持融资可持续；加快发展金融市场，推进金融改革，更好地发挥金融支持实体经济的作用。

（资料来源：中国人民银行）

本章小结

1. 货币均衡是指货币供给与货币需求的一种对比关系。如果货币供求相等，即 $M_s = M_d$，就称之为货币均衡；如果货币供求不相等，即 $M_s \neq M_d$，就称之为货币失衡。需要注意的是，这里的“相等”并不是绝对意义上的相等，一般来说，只要货币供给量和货币需求量大体相等，我们就认为货币均衡。

2. 货币均衡的理论模型告诉我们：货币供求的对比对于利率水平的高低具有决定作用：货币供给增加，利率下降；货币需求增加，利率上升。同时，利率对于货币供求也有调节作用：利率下降会抑制货币供给，刺激货币需求；利率上升会刺激货币供给，抑制货币需求。

3. 从货币供求与社会总供求的关系来看，总供给决定货币需求，货币需求引出货币供给，货币供给成为总需求的载体，总需求要与总供给保持均衡。在这一系列关系中，货币均衡是整个宏观经济平衡的关键。

重点名词

货币均衡　社会总需求　社会总供给　均衡利率

思考题

1. 在货币供给不变的前提下，货币需求增大，则利率一般会（　）。

A. 上升　　B. 下降　　C. 不变　　D. 不受影响

2. 当货币供给是内生变量时，说明（　）。

A. 货币供给的变动完全由中央银行决定

B. 货币供给的变动取决于经济社会中微观主体的经济行为等因素

C. 货币供给与利率呈正相关关系

D. 货币供给与利率呈负相关关系

3. 下列因素中（　）不影响可贷资金的供给。

A. 政府财政赤字　　B. 家庭储蓄

C. 中央银行的货币供给　　D. 利用外资

4. 由 *IS* – *LM* 模型可知，在 *IS* 曲线的右上方、*LM* 曲线的右下方的区域内，（　）。

A. 产品供给 > 产品需求，货币供给 > 货币需求

B. 产品供给 > 产品需求，货币供给 < 货币需求

C. 产品供给 < 产品需求，货币供给 < 货币需求

D. 产品供给 < 产品需求，货币供给 > 货币需求

5. 什么是货币均衡？它与社会总供求均衡有什么关系？

6. 货币供求与利率之间有何关系？试以 *IS* – *LM* 模型加以说明。

7. 试述从货币失衡到货币均衡的调整对策。

第十二章 货币政策

学习目标

- 熟悉货币政策的内容，明确货币政策的最终目标，了解个目标之间的主要关系。
- 掌握货币政策工具，尤其是一般性货币政策工具。
- 了解货币政策中介目标的选择标准。
- 熟练掌握货币政策的传导机制，尤其是凯恩斯货币政策传导机制和托宾的 Q 理论。
- 了解货币政策的时滞效应。

货币政策是指中央银行利用某些工具作用于某个经济变量，从而实现既定的宏观经济目标的制度和措施的总和。货币政策作为国家进行宏观调控的一项政策，它的正确实施将对国民经济产生重大影响。本章主要包括：货币政策目标、货币政策工具以及货币政策传导机制等。

第一节 货币政策目标

一、货币政策的含义

从广义上讲，货币政策是指政府、中央银行和其他有关部门所有的关于货币方面的规定和所采取的影响货币数量的一切措施。从广义上去理解，货币政策包括建立货币制度的规定；包括促进金融体系发展、促进运作效率的措施及其他一切影响货币供给的政策措施。

从狭义上讲，货币政策是指中央银行利用某些工具作用于某个经济变量，从而实现既定的宏观经济目标的制度和措施的总和。当代通常意义的货币政策指的是狭义的货币政策。一般说来，货币政策包括三部分内容：①货币政策工具；②货币政策中介目标；③货币政策的最终目标。中央银行运用货币政策工具作用于中介目标，进而实现货币政策的最终目标，如图 12－1 所示。

二、货币政策的最终目标

（一）货币政策最终目标的内容

一国货币政策的最终目标就是宏观经济目标，是一国央行通过实施货币政策希望实

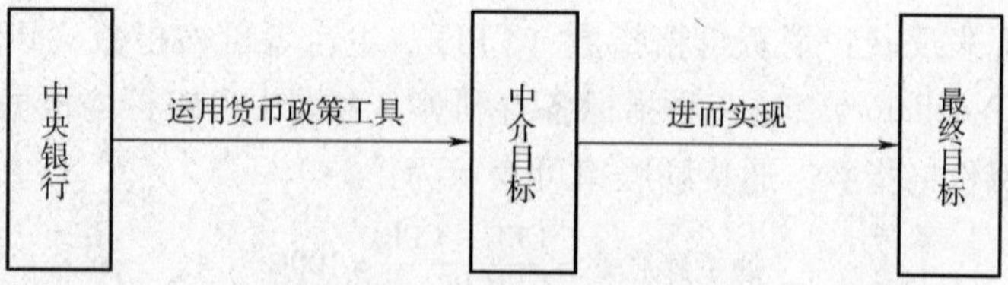

图 12－1　狭义货币政策内容

现的目标。宏观经济目标一般包括：物价稳定、充分就业、经济增长和国际收支平衡。在这四个目标中，哪一个目标摆在最重要的位置，不同的国家在不同的时期会有不同的选择，见表 12－1。

表 12－1　　20 世纪西方七国货币政策最终目标变化一览表（二战以后）

	50—60 年代	70 年代	80 年代	90 年代
美国	充分就业	稳定货币	稳定货币	稳定货币、经济增长
英国	充分就业 兼顾国际收支平衡	稳定货币	稳定货币	稳定货币
加拿大	充分就业 兼顾国际收支平衡	稳定货币 兼顾国际收支平衡	稳定货币 兼顾国际收支平衡	稳定货币 兼顾国际收支平衡
法国	经济增长、充分就业	稳定货币	经济增长、充分就业	经济增长、充分就业
意大利	经济增长、充分就业	稳定货币 兼顾国际收支平衡	稳定货币 兼顾国际收支平衡	稳定货币、经济增长、 充分就业
日本	稳定货币 兼顾国际收支平衡	稳定货币 兼顾国际收支平衡	稳定货币 兼顾国际收支平衡	稳定货币 兼顾国际收支平衡
德国	稳定货币 兼顾国际收支平衡	稳定货币 兼顾国际收支平衡	稳定货币 兼顾国际收支平衡	稳定货币 兼顾国际收支平衡

货币政策的四个最终目标的具体含义是什么呢？

1. 物价稳定

物价稳定也就是指币值稳定，就是要求既要防止物价上涨又要防止物价下跌。从许多国家的货币政策来看，物价稳定主要是防止物价上涨，即把通货膨胀控制在一定幅度之内。通货膨胀是指一般物价水平持续上涨的过程。物价稳定并不是说物价水平长期固定不变，物价水平长期固定不变在实践上是不可能的，同时对经济的发展也是不利的；物价稳定是物价的相对稳定，人们一般认为物价上涨率控制在 2%～4% 就算基本上实现了物价稳定的目标。这一通货膨胀率既在人们容忍范围之内，又有利于生产供给的增加从而有利于经济的增长。当然这一数值也不是一成不变的，不同国家在不同时期对物价稳定有着不同的标准，一般情况下，各国都根据该国对物价上涨的承受力作为物价上涨是否过快的标准。

一般情况下，我们用通货膨胀率即物价上涨率来反映物价水平的上涨程度。物价水平主要用三种指标来反映：消费价格指数（CPI）、生产者价格指数（PPI）、国民生产总值平减指数（GNP deflator）。这三种指标各有利弊，各国中央银行均根据本国实际情况来确定。若采用消费价格指数，通货膨胀率可表示为：

$$\text{通货膨胀率} = \frac{CPI_1 - CPI_0}{CPI_0} \times 100\%$$

需要说明的是，随着近几年全球性通货紧缩的出现，各国政府越来越重视通货紧缩，已将治理通货紧缩列为和治理通货膨胀同样重要的目标。通货紧缩是指一段时期内物价持续走低的现象，物价的持续走低会影响人们的消费、投资预期从而导致经济增长的停滞。所以现在所说的稳定物价包括抑制通货膨胀和避免通货紧缩两部分内容。

2. 充分就业

充分就业是指所有愿意工作且有能力工作的人都可以找到工作。对充分就业的衡量是用失业率这个指标完成的，失业率是失业人数占劳动力总数的比率。

$$\text{失业率} = \frac{\text{失业人数}}{\text{劳动力总数}} \times 100\%$$

一般来讲，失业率高的时期，往往是经济萧条时期和社会不安宁时期。我们所指的充分就业并不是要完全消除就业，而是允许存在一定比例的失业率。因为在正常情况下，摩擦性失业即由于季节性、技术性等结构性原因造成的临时性失业总是存在的；还有一种自愿性失业，即由于工作条件或其他原因而不愿找工作的人群的存在，所以说，失业率为零的情况是不存在的。但是将失业率控制在多少算合适，目前人们还没有达成共识，一般认为需在5%以内。其实不管失业率是多少，充分就业的目标就是努力使失业率降低到一个社会所能容忍的水平。

3. 经济增长

货币政策所追求的经济增长是指经济发展速度加快、结构优化与效率提高三者之间的统一。经济增长一般用一国的国民生产总值（GNP）增长率或国内生产总值（GDP）增长率来表示。因为GDP不考虑居民从国外获得的报酬或支付给国外居民的报酬，它是一国在国内实际生产的商品和劳务的测量值，比GNP更易测量，也更能反映一国国内就业情况，所以，目前世界大多数国家都使用GDP来反映经济的增长速度。

GDP又有名义GDP和实际GDP之分，未经过价格调整的GDP称为名义GDP，经过价格调整的称为实际GDP。用公式表示为：实际GDP = 名义GDP/价格水平，实际GDP是对一国实际产量的更为准确地测量。

例如，某国2015年实际GDP为9万亿美元，2016年上升到9.5万亿美元，那么2016年GDP的增长率为：

$$\text{GDP 增长率} = \frac{9.5-9}{9} \times 100\% = 5.6\%$$

4. 国际收支平衡

国际收支包括经常项目和资本项目，国际收支变动是众多项目综合变动的结果。从国际收支平衡表来看，复式记账原理使之永远平衡，但真正有价值的是经常项目和资本项目平衡与否。若国际收支出现巨额逆差，就可能会导致外汇市场波动，资本外逃，外汇储备下降，本币贬值，严重了会导致金融危机。而国际收支长期巨额顺差，会使大量外汇储备闲置，而且由于大量购买外汇而增发大量的本国货币，可能导致或加剧本国的通货膨胀。我们认为国际收支平衡是保持国际储备的适度增长，这一增长率要适应该国的进口需求和利用外资的需求。

（二）货币政策最终目标之间的关系

如果一国的货币政策能够同时实现四个目标，那是最好的了，但实际情况是这四个目标之间的关系比较复杂，除了充分就业与经济增长两者是正相关以外，其他几个目标之间都存在一定的矛盾。

首先，充分就业与经济增长。一般情况下，就业人数越多，经济发展越快，经济增长率就越高；反之，经济增长率越高，提供的就业机会越多，就业率越高。充分就业与经济增长两者之间是正相关的关系。

其次，物价稳定与充分就业。在分析物价稳定与充分就业之间的关系时，人们经常使用菲利普斯曲线方法。菲利普斯曲线是澳大利亚籍的英国经济学家菲利普斯，在研究了1861—1957年英国的失业率与工资物价变动关系后得到的一条曲线。该曲线说明：在失业率和物价上涨率之间存在着此消彼长的置换关系：当物价上涨率较低时，失业率往往很高；而失业率较低时，物价上涨率就较高，如图12-2所示。

图12-2 菲利普斯曲线

从图12-2我们可以看出，要降低物价上涨率，比如要将物价上涨指数控制在3%，就要采取紧缩性的货币政策，减少货币供给量以抑制社会总需求的增加，而总需求的减少会使失业率增加，比如增加到10%的水平。如果要降低失业率，比如把失业率控制在4%的水平上，就要采取扩张性的货币政策，增加货币供给量以刺激社会总需求的增加，而总需求的增加会使物价水平上涨，比如上涨到8%的水平。

也就是说，稳定物价与充分就业很难同时兼顾：要么是失业率高而通货膨胀率低；要么是失业率低而通货膨胀率高。为了降低通货膨胀率，经济必须承受更多的失业；为了减少失业，经济必须承受更高的通货膨胀率。一国的中央银行只能根据当时的社会经济条件，寻找物价上涨率和失业率之间的某一适当组合点，而不可能同时实现两者。

再次，物价稳定与经济增长。一般情况下，经济的增长往往伴随着物价上涨。因为经济的增长意味着社会总需求的增加，社会总需求的增加又会促使物价上涨率提高。所以说，一国中央银行只能在两者间进行协调：即在本国可接受的物价上涨率内发展经济，在不影响经济发展的前提下尽量稳定物价、降低物价上涨率。

要说明的是，有时物价稳定与经济增长并存，或经济停滞与物价上涨并存。前者是一国政府最希望看到的，而后者是最不希望看到的。这两种情况都是较极端的情况，物价稳定与经济增长并存，可能是由于经济增长取决于新生产要素的投入和劳动生产率的提高，而劳动生产率的提高会带来单位产品生产成本的下降，从而随着经济的增长物价趋于下降或稳定，这说明了稳定物价与经济增长的目标并不矛盾。经济停滞与物价上涨并存，可能是由于社会某一部门产品供不应求导致价格上涨，其他产品由于成本上升而不得不提价，最终导致社会总需求下降，经济增长速度减慢而物价上涨。

最后，国际收支平衡与其他目标之间。①经济增长与国际收支之间：当一个国家经济增长较快时，该国的经济实力也相应增长，这会增强一国的出口能力，从而使贸易收支趋于顺差；但另一方面，经济的增长意味着社会总需求的增加，这往往会增加进口，同时国内对本可以出口的产品需求增加，两方面作用的结果是，进口增长快于出口增长，导致贸易收支趋于逆差；还有，要促进经济增长，就要增加投资，在国内资金不足的前提下必须依靠外资，外资的流入会使资本项目趋于顺差。②物价稳定与国际收支之间：国内物价不稳，国际收支很难平衡。当国内物价上涨率较高时，必然会导致出口下降、进口增加，从而使贸易收支趋于逆差。反之，当国际收支因出口增长使一国外汇收入增加，而央行对外汇的购买导致外汇储备增加的同时货币供给也随之增加，这会导致一国出现通货膨胀或加剧通货膨胀。③充分就业与国际收支之间：一般情况下，充分就业可以促进经济增长，从而可以促进出口、抑制进口，改善国际收支逆差；但是为了追求充分就业，就要扩大生产，需要更多的生产资料，当国内满足不了时就要依靠进口来解决，这又会使国际收支趋于逆差。

总之，货币政策的诸目标间关系复杂，矛盾重重，中央银行就要统筹兼顾、力求协调，在复杂的关系中寻找适度的目标间的组合。

三、货币政策的中介目标

（一）货币政策中介目标的选择标准

货币政策中介目标是指中央银行为实现货币政策最终目标而选取的操作对象。中央银行不能控制和实现货币政策的最终目标，它只能运用货币政策工具控制货币政策中介目标，通过中介目标去实现货币政策的最终目标。因此，中介目标的选择就成为货币政策作用过程中一个十分重要的环节，它的选择是否正确以及选定后能否达到预期效果关系到货币政策最终目标能否实现。

通常，中介目标的选择要符合以下四个标准：①相关性。相关性是指中介目标应与货币政策最终目标之间具有稳定的、密切的联系，中介目标的变动应对最终目标产生可预测的影响。②可测性。可测性是指中央银行能够迅速获取有关中介目标的准确数据，并便于观察、分析和监测。③可控性。可控性要求中介目标必须是中央银行能够有效控制的指标，中央银行对中介指标的控制力越强，货币政策就越能达到预期效果。④抗干扰性。作为中介指标，应较少受外来因素的干扰，这样才能较正确地反映货币政策的效果。

当然，中介目标的选择还要符合当时的经济体制、金融体制等客观条件。

根据以上几个标准，在一般情况下，可作为中介目标的经济变量有货币供给量和利率。

（二）主要中介目标

1. 货币供给量

货币供给作为货币政策的中介目标有明显的优点：①货币供给量的变动能直接影响经济活动，比如：货币供给量增加能够刺激经济增长，货币供给量减少可抑制经济过热。这符合相关性原则。②在货币供给理论中，人们将货币划分为多个层次，如 M_0、M_1、M_2 等，这些层次的货币供给量都是可测的，符合可测性。③在经济出现衰退或过热时，中央银行可以通过控制基础货币控制货币供给量，对货币供给量的控制力较强。

以货币供给量作为中介目标也有其不足之处，主要表现在：①抗干扰性不强。货币供给量不仅受中央银行的控制，同时还受到商业银行和公众行为的影响。比如在经济萧条时期，中央银行可以增加货币供给量，但有时增加的货币量会被人们储存起来，人们并不去投资或消费，此时，货币政策意图没有实现。②从中央银行实施货币政策工具到货币供给量的变动常常存在一定的时滞。

由于货币供给量有层次的划分，所以作为中介目标，以哪一层次的货币供给量为准，目前还没有统一的说法。一般来说，随着金融市场发育程度的提高，中央银行对货币供给量的控制重点也从 M_0 到 M_1 再到 M_2。比如，从1949 年到20 世纪90 年代，中国把现金 M_0 作为控制货币供给量的重点；20 世纪 90 年代的初期和中期，随着中国金融业的逐步发展，中国把 M_1 作为控制重点；而从 20 世纪 90 年代末开始，中国又把控制的重点转为了 M_2。

2. 利率

利率作为货币政策中介目标也有一定的优点：①相关性。投资需求与消费需求都与利率有关，因而最终经济目标与利率有一定的稳定关系。②可测性。中央银行可以及时收集数据，随时观测利率水平的变化。③可控性。中央银行可以直接或间接控制利率水平。在市场经济较发达的前提下，中央银行一般是通过再贴现率或再抵押贷款利率来影响商业银行的融资成本，从而间接控制利率。

作为中介目标，利率的不足之处体现在：①金融市场利率种类繁多，有时经常变化，这给中央银行的控制造成一定难度。②利率的内生性与外生性之间的矛盾。利率的内生性表现在：经济繁荣时，投资需求增加，这使得利率水平上升；经济萧条时，投资需求减少，这使得利率水平下降。利率的外生性表现在：经济过热时，应提高利率；经济萧条时，应降低利率。这两者往往很难区分，比如，当经济萧条时，为了刺激经济应降低利率；但经济过程本身已经使得利率降低了，在这种情况下，中央银行很难判断实施的货币政策是否已达到了预期目的。

是选用货币供给量还是利率作为货币政策的中介目标，并没有确切的说法，选择哪一个要看本国的具体条件。20 世纪 70 年代后世界大部分国家都以货币供给量作为主要的中介目标，进入 20 世纪 90 年代以来，一些发达国家又纷纷将中介目标由货币供给量改为利率。这主要是因为随着金融市场的全球化、一体化，各层次货币供给量之间的界限越来越不易确定，货币总量同最终目标之间的关系也越来越复杂。中央银行对货币总量的控制力减弱，所以改为以利率作为中介目标。目前我国实行的是以计划利率为主的管理体制，所以还不能把利率作为中介目标，随着利率市场化的推进，利率作为中介目标的作用会越来越明显。

第二节 货币政策工具

货币政策的最终目标是通过货币政策工具的运用来实现的，货币政策工具是中央银行为实现货币政策目标而实行的各种策略手段。货币政策工具主要包括一般性货币政策工具和选择性货币政策工具。

一、一般性货币政策工具

一般性货币政策工具主要包括法定存款准备金率、再贴现率和公开市场业务，又被称为中央银行的三大法宝。一般性货币政策工具的使用会对整个金融系统的货币信用的扩张与收缩产生全面的影响。

（一）法定存款准备金率

法定存款准备金率是由中央银行规定的，商业银行等存款货币机构缴存中央银行的存款准备金占其吸收存款的比率，中央银行强制性地要求商业银行等存款货币机构按法定存款准备金率上缴存款准备金。英国是最早将存款准备金集中于中央银行的国家，但是以法律形式对此做出规定的则始于 1913 年美国的《联邦储备法》。法定存款准备金率建立的最初目的是想告诉银行，所吸收的存款不能都贷放出去，而要留下一部分以备存款人随时提取，这保证了存款人的利益以及银行本身的安全。后来，由于中央银行有权随时调整法定存款准备金率，因而现代银行实行法定存款准备金制度的目的已经不仅仅是应付支取和防范挤兑，而是中央银行控制货币供给的一项工具了。目前，实行中央银行制度的国家一般都实行了法定存款准备金制度。

法定存款准备金率是控制货币供给的一项重要工具。当中央银行提高法定存款准备金率时，比如从 8% 提高到 9% 时，商业银行的一部分超额准备金就会转化为法定准备金，说明商业银行的放款能力降低，货币扩张的倍数减小，货币供给收缩；相反，降低法定存款准备金率时，会出现相反的调节效果，货币供给扩大。

中央银行可以针对当前经济情况来调整法定存款准备金率，发挥其金融调节的作用。例如，在经济出现过热的前提下，中央银行可以提高法定存款准备金率，借以收缩货币供给量；如果经济处于萧条时期，中央银行则可以降低法定存款准备金率，使整个银行体系进一步扩张信用，进而增加货币供给量，达到刺激经济的目的。

对于不同的存款，许多国家都规定了不同的法定存款准备金率。一般来说，存款期限越短，法定存款准备金率越高。因此，活期存款准备率大多高于定期存款准备率；期限短的定期存款准备率高于期限长的定期存款准备率。20 世纪 50 年代以后建立存款准备金制度的国家，大多采用单一的存款准备金率，即对所有存款均按同一比例计提准备金。

作为一种货币政策工具，法定存款准备金率有其自身的优缺点。法定存款准备金率的优点在于：①由于银行等存款货币机构都要按中央银行的规定缴纳准备金，所以调整法定存款准备金率对它们的影响是平等的。②法定存款准备金率政策力度大、见效快。由于存款准备金率是通过货币乘数来影响货币供给的，也就是说，法定存款准备金率很小的变动也会引起货币供给量的很大变动。

法定存款准备金率的不足在于：①由于法定存款准备金率的调整力度大、见效快，所以对经济的震动太大，不宜作为中央银行日常调控货币供给的工具。②法定存款准备金率的提高容易引起一些金融机构的流动性不足，从而影响到整个金融体系的稳定。一般情况下，商业银行除了按规定要上缴法定存款准备金外，还经常保留一部分超额准备金。中央银行提高法定存款准备金率时，商业银行的超额准备金就会转化为法定准备金。这时，提高法定存款准备金率的结果就会使超额准备金率低的银行陷入流动性困境，从而迫使中央银行通过公开市场业务等工具向其提供流动性支持。

正是由于法定存款准备金率的这些特点，它才成为中央银行手中掌握的一项强有力的、但是又不经常使用的工具。

（二）再贴现率

调整再贴现率是中央银行掌握的又一种货币政策工具，它是指中央银行通过调整再贴现率，进而调节货币供给量的行为。由于企业可以拿着未到期的商业票据到商业银行那里办理贴现，所以商业银行经常持有大量的商业票据，这样，当商业银行感到资金短缺时，也可以拿着这些票据向中央银行进行再贴现以获取资金。中央银行可以通过调整再贴现率扩大或收缩对商业银行的货币供给。英国于 1833 年在《银行特评法》中确立了再贴现率政策，美国于 1913 年在《联邦储备法》中也把调整再贴现率作为货币政策的工具之一。

再贴现率政策一般包括两方面：一是对再贴现率的调整，即中央银行根据市场资金的供求状况，调低或调高再贴现率，影响商业银行从中央银行的借款成本，进而调节商业银行的资金需求，最终影响货币供给。当经济过热时，中央银行可以提高再贴现率，这就意味着当商业银行向中央银行办理再贴现时，可获得的资金减少，商业银行必然会调高对企业放款的利率，从而引起整个市场利率的上升，利率的上升会使企业的投资需求下降，当社会总需求下降后，意味着经济过热的势头得到了抑制；反之，当经济萧条时，中央银行也可以调低再贴现率，降低商业银行的融资成本，进而刺激社会总需求，达到刺激经济增长的目的。二是规定再贴现申请的资格，即对再贴现的票据种类和申请机构加以区别对待，可以对资金的流向起到引导的作用。比如，当经济过热时，中央银行可以收缩再贴现票据和申请机构的范围，减少基础货币的投放，进而减少货币供给；当经济萧条时，中央银行可以放宽再贴现票据和申请机构的范围，增加基础货币的投放，进而增大货币供给。

再贴现率作为中央银行的一种货币政策工具，有其自身的一些优点，主要体现在：①再贴现率的调整会通过影响商业银行的融资成本，来影响其对中央银行的再贴现贷款需求，从而调节货币供给量，最终达到调节经济的目的。②再贴现率的调整在一定程度上反映了中央银行的政策意向，有一种告示效应。如果再贴现率调高，意味着国家判断经济过热，中央银行将要实行较为紧缩的货币政策，促使人们减少未来对资金的需求，从而达到紧缩货币的目的。反之，调低再贴现率意味着中央银行有扩张货币的意向。③中央银行可以通过再贴现率政策来履行最后贷款人的角色。当商业银行出现流动性不足乃至出现支付危机，中央银行可以通过办理再贴现给商业银行以流动性支持，从而帮助商业银行渡过难关，避免可能因此导致的金融危机。

再贴现率政策的局限性体现在：①再贴现率的调整不能保证中央银行有足够的主动权。也就是说，中央银行可以变动再贴现率，但是商业银行是否愿意到中央银行办理再贴现，贴现多少，这都取决于商业银行。如果当前投资回报率或贷款利率较高，即使中央银行提高了再贴现率，也不能有效抑制商业银行的再贴现需求，也就是说中央银行的政策意图没能实现。②再贴现率的频繁调整会引起市场利率的经常波动，从而打乱经济发展的正常秩序。商业银行主要是根据再贴现率与市场利率之间的利差来做是否借款决策的，中央银行可以使再贴现率高于市场利率，这说明商业银行的借款成本高于其放款收益率，商业银行会减少对中央银行的再贴现贷款需求，从而抑制经济的过热势头；中央银行也可以使再贴现率低于市场利率，从而放松银根，增加货币供给量，达到刺激经济的目的。但是再贴现率的频繁调整常常会导致市场利率的频频波动，从而不利于经济的稳定、健康发展。

（三）公开市场业务

公开市场业务是指中央银行在金融市场上通过买卖有价证券，特别是短期政府债券，来影响基础货币，从而达到调控货币供给量的行为。

中央银行从银行、企业或个人手中购买债券时，可以增加流通中的现金或银行的准备金，从而增加基础货币的投放量。基础货币增加，货币供给量随之增加。反之，中央银行出售债券，会减少流通中的现金或银行的准备金，从而导致基础货币减少，最终导致货币供给量减少。当然，是增加现金，还是增加准备金，还是两者不同比例的增加，这会导致不同的乘数效应，因此对货币供给的影响是不同的。

同前两种货币政策工具相比，公开市场业务有明显的优越性：①正如上面所讲，中央银行可以通过公开市场业务来影响基础货币，从而影响货币供给量。②与调整法定存款准备金率相比，公开市场业务方便、灵活，可以使中央银行能够经常地、连续地调整货币供给，具有较强的伸缩性，而不会像调整法定存款准备金率那样产生剧烈震动，所以说公开市场业务是中央银行进行日常调节的理想工具。③与再贴现政策相比，公开市场业务使中央银行具有较大的主动性，中央银行根据自己的需要进行公开市场业务，不用处于被动地位。

鉴于公开市场业务的灵活性，近几年，我国央行也频频使用公开市场业务干预市场。2016 年，受美联储加息、外汇占款下降等多种因素影响，我国银行体系流动性供求波动有所加大，同时部分市场机构加杠杆、地方政府债集中发行、金融业“营改增”、交易所可转（交）换债券发行冻结资金等也加剧了流动性供求变化的不确定性。结合流动性供求的长期性变化和季节性特点，中国人民银行以7天期逆回购为主搭配其他品种和工具灵活开展操作，同时进一步完善公开市场操作机制，丰富逆回购期限品种，“削峰填谷”熨平内外多种因素对流动性的扰动，推动完善金融业“营改增”相关政策，促进了银行体系流动性基本稳定和货币市场利率总体平稳运行。

2016年8月下旬和9月中旬，综合考虑经济运行、流动性形势以及市场“以短搏长”现象较为普遍等情况，中国人民银行在公开市场操作中先后增加了14天期和28天期逆回购品种，适当延长央行资金投放期限，引导金融机构提高负债稳定性，并通过公开市场业务一级交易商传导优化货币市场交易期限结构，对于防范资产负债期限错配和流动性风险发挥了积极作用。

当然，公开市场业务也存在一定的局限性，体现在：一是公开市场业务的运用需要以发达的金融市场为前提，如果市场不够发达，交易工具少，则很难取得效果；二是公开市场业务的操作较细微，技术性较强，这就使中央银行的告示作用较弱；三是必须有其他的政策工具相配合，公开市场业务才能发挥作用。

二、选择性货币政策工具

法定存款准备金率政策、再贴现率政策和公开市场业务政策都是对货币总量的调节，称为一般性的货币政策工具。然而，这些工具只是对货币量进行控制，不能影响银行体系的资金用途和各种资金的存贷利率，所以中央银行在一般性货币政策工具外，还需有一些其他的、可供选择的货币政策工具。选择性货币政策工具主要有以下几种。

（一）直接信用控制

直接信用控制是指中央银行从质和量两个方面，以行政命令或其他方式对商业银行等金融机构的信用活动进行直接控制。其手段主要有：信用配额、直接干预、利率最高限额和流动性比率等。

信用配额是指中央银行根据金融市场状况及客观经济需要，对商业银行的信用规模加以分配，限制其最高数量。信用配额是一种计划控制手段，在多数发展中国家，由于资金供给的不足，这种方法被广泛采用。

直接干预是指中央银行直接对商业银行等金融机构的信贷业务进行干预，如直接限制银行的放款额度、直接干预银行对活期存款的吸收等。

利率最高限额是指中央银行规定商业银行等金融机构对存款所能支付的最高利率。规定利率最高限额可以防止银行用抬高利率的方法吸收存款和为牟取高利而进行风险投资和放款。

流动性比率是指中央银行对商业银行等金融机构的流动性资产与存款的比例进行限制，从而限制了商业银行信用的扩张。

（二）间接信用控制

间接信用控制是指中央银行通过道义劝告、窗口指导等方法对商业银行进行间接指导。

道义劝告是指中央银行利用其声望和地位，通过对商业银行和其他金融机构的劝告，使其自动采取相应措施来贯彻实施中央银行的政策。道义劝告是一种重要的辅助货币政策，但由于它不具有强制性，因此它不是一种强有力的信用控制措施。实施的效果取决于商业银行等金融机构对中央银行的服从程度。

窗口指导是日本中央银行间接控制信用的一种政策工具。主要内容是中央银行根据产业行情、物价趋势和金融市场动向，规定商业银行每季度贷款的增减额，并要求其执行。如果商业银行不按规定贷款，中央银行就会对其进行经济制裁，即削减向该行的贷款额度。

（三）消费者信用控制

消费者信用控制是指中央银行对不动产以外的各种耐用消费品的销售融资予以控制。如规定首期付款的最低限额、规定消费信贷的最长期限等。在消费信用膨胀时期，消费信用控制常常能起到抑制消费需求和物价上涨的作用。

（四）不动产信用控制

不动产信用控制是指中央银行对商业银行等金融机构在房地产方面的贷款进行限制。如对房地产贷款规定最高限额、贷款的最长期限和首次付现的最低金额等措施。不动产信用控制的目的是抑制房地产投机。

（五）证券市场信用控制

它是指中央银行对有关证券交易的各种贷款进行限制，目的在于抑制证券投机。主要手段是，中央银行对商业银行办理的以证券为担保的贷款，有权随时调整保证金比例。当证券价格上涨时，中央银行可以提高保证金比率；反之，则降低保证金比率。

综上所述，货币政策通过中介目标的操作，可简单图示如下（图 12－3）。

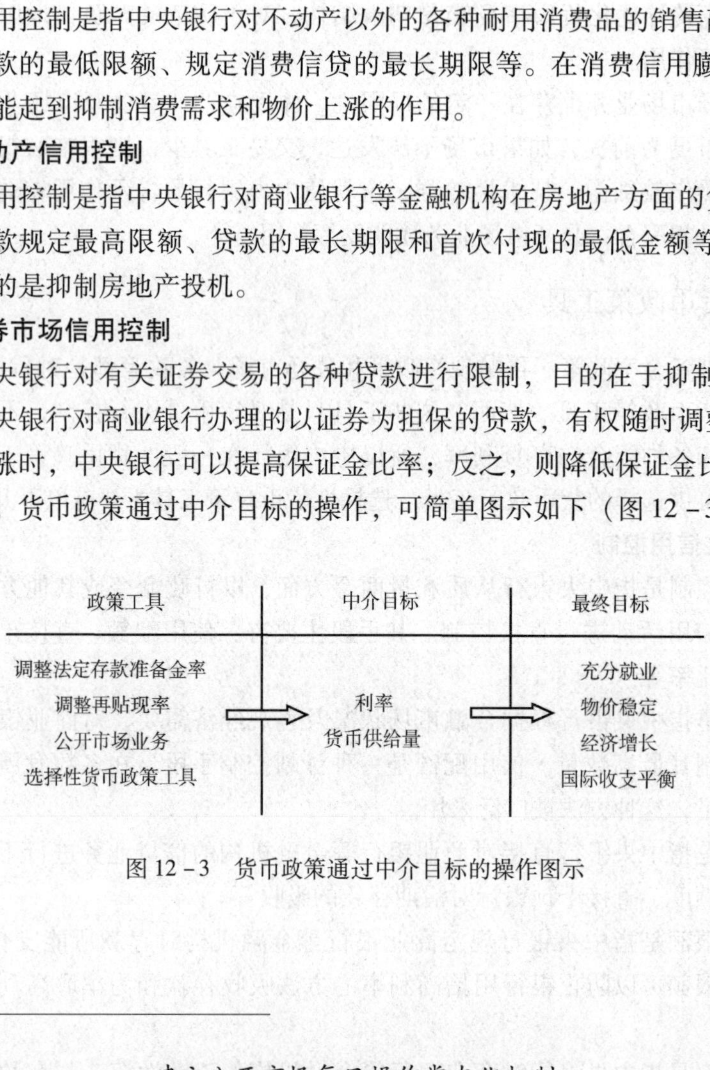

图 12－3　货币政策通过中介目标的操作图示

延伸阅读

建立公开市场每日操作常态化机制

公开市场操作是各国央行实施货币政策日常操作的主要工具，操作频率较高。目前美联储、日本央行等均每日开展公开市场操作；欧央行每周定期开展公开市场主要再融资操作，同时不定期开展微调操作；澳大利亚央行、瑞典央行等则每日多次开展公开市场操作。国际上，货币当局根据形势变化和调控需要对公开市场操作的频率进行适当调整是常见做法。

以往中国人民银行在每周二、四定期开展公开市场操作。在过去较长一段时期里，在外汇大量流入导致流动性总体偏多的情况下，公开市场操作主要是回笼流动性，以保持银行体系流动性松紧适度和货币信贷合理增长。随着国际收支逐步趋于均衡，我国银行体系流动性供求格局从总体偏多向供求大体平衡转变，在某些时段还存在一定的流动性缺口，央行需要适时适度投放流动性，以满足银行体系随着货币信贷扩张自然增长的流动性需求。同时，随着利率市场化改革加快推进和货币政策更加注重价格型调控，需要培育合适的市场基准利率指标，而金融市场的快速发展又使得影响银行体系流动性供求和市场利率变化的因素更加复杂，这些都要求央行进一步提高流动性管理的前瞻性和有效性，连续稳定释放政策信号，合理引导市场预期，以更好地实现货币政策目标。

基于上述考虑，近年来人民银行不断完善公开市场操作机制。2013 年年初，推出了“短期流动性调节工具（SLO）”，主要在公开市场常规操作间歇期若市场出现波动时相机使用，同时抓紧研究提高公开市场操作频率的制度安排。2016 年春节前，受现金大量投放、外汇阶段性流出等因素影响，银行体系流动性供求波动加大，货币市场利率面临一定上行压力，人民银行开始尝试每日开展公开市场操作，及时缓解市场资金供求压力，收到了较好效果。在此基础上，人民银行宣布从 2016 年 2 月 18 日起建立公开市场每日操作常态化机制，根据货币政策调控需要，原则上每个工作日均开展公开市场操作。自每日操作常态化机制建立以来，市场运行更为平稳，货币市场利率的波动性进一步降低，存款类机构隔夜和 7 天期质押式回购加权平均利率波幅下降了 50% 左右。

总的来看，建立公开市场每日操作常态化机制是进一步完善货币政策调控机制的现实选择。一方面，该机制有利于提高央行流动性管理的精细化程度，从制度上保障央行能够及时应对多种因素可能对流动性造成的冲击，保持流动性总量合理充裕，促进货币市场平稳运行；另一方面，该机制也有利于强化央行的利率信号，进一步提高政策传导效率。央行利率信号如“投湖之石”，若湖面震荡，投石激起的涟漪很容易被湮没，传导可能是散乱的；若湖面平静，投石激起的涟漪就会非常清晰，传导效果会更加明显。公开市场每日操作机制的建立在促进银行体系流动性总体平稳的同时，对于培育央行政策利率体系，提高利率市场化背景下货币政策传导的有效性具有积极意义。

（资料来源：中国人民银行）

第三节　货币政策传导机制

货币政策传导机制理论是货币政策理论的核心内容，只有明确了货币政策的传导途径，才能有效地提高货币政策实施的效果和效率。所谓货币政策传导机制，是研究货币政策通过何种途径影响经济的问题。具体是指中央银行确定货币政策后，从选用一定的货币政策工具开始操作，到实现宏观经济最终目标之间，所经过的各种中间环节之间的相互联系及因果关系的总和。

一、西方货币政策传导机制理论

（一）凯恩斯的货币政策传导机制

现代经济学家对货币政策传导机制的研究是从凯恩斯开始的。凯恩斯认为，货币政策主要通过两个途径发挥作用：一是利率与货币之间的关系，即流动性偏好；二是利率与投资之间的关系，即投资利率弹性。凯恩斯认为利率是联系货币领域和实物领域的桥梁，他的货币政策传导机制就是以利率为核心的。

凯恩斯的货币政策传导机制理论的基本思路是：货币供给是中央银行可以调控的外生变量，通过货币供给 M_s 的增减来影响利率 r 的升降，利率的变化则通过资本边际效率对投资 I 产生影响，而投资的变化会进一步对总需求 AD 产生影响，最终导致国民收入 Y 的增加。如下所示：

$$M_s\uparrow \longrightarrow r\downarrow \longrightarrow I\uparrow \longrightarrow AD\uparrow \longrightarrow Y\uparrow$$

在这个传导机制发挥作用的过程中，主要环节是利率，货币供给量的调整首先影响利率的升降，然后才使投资乃至国民收入发生变化。但是，这种变化是随着不同条件而发生变化的。

凯恩斯认为：货币供给的增加既会影响产量从而影响国民收入，也会影响物价。但首先是促进产量的增长，在达到充分就业后，货币供给的增加就会影响到物价。

进一步分析，如果经济还未达到充分就业水平，处于总供给曲线的水平部分，那么当中央银行增加货币供给后，增加的货币供给会使总需求曲线右移，这种移动将提高产出，增加收入，而对价格水平没有什么影响，如图 12－4 所示。

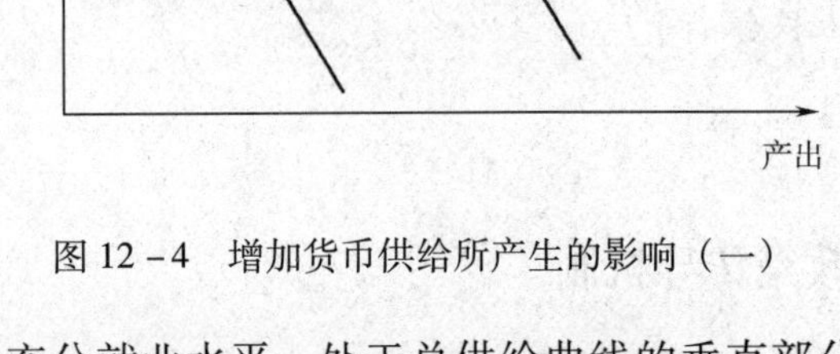

图 12－4　增加货币供给所产生的影响（一）

如果经济已经接近充分就业水平，处于总供给曲线的垂直部分，那么增加货币供给后，增加的货币供给也会使总需求曲线右移，但是这种移动只影响价格水平，而不影响产出，如图 12－5 所示。

凯恩斯认为，上述传导机制有可能因为两个因素而被堵塞：一是流动性陷阱，也叫利率陷阱，是指当利率降到一个非常低的水平时，人们会预期利率将上升，因而会抛出债券而持有货币，此时任何货币量的增加都会被人们所吸收，也就是说那些得到额外货币的人仅仅持有货币，除了这些人的银行存款余额增加以外，经济的其他部分不会发生

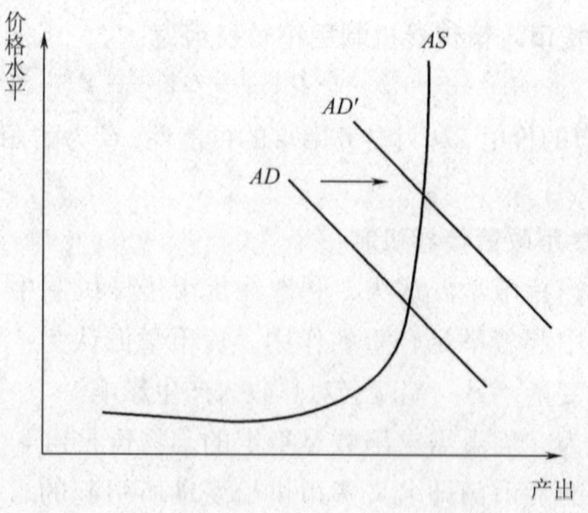

图 12－5 增加货币供给所产生的影响（二）

什么变化。此时货币供给的增加对总需求和物价不会产生任何影响，我们可以认为这时货币政策相对无效。这种情况在经济出现严重衰退时最容易出现。二是投资陷阱，即当投资的利率弹性非常低时，利率的下降就不会对投资产生显著影响，如果利率增加不大，则总需求就不会增加很大，从而使货币政策的传导机制中断。

（二）后凯恩斯学派的货币政策传导机制

后凯恩斯学派的货币政策传导机制理论主要有两个：一是托宾的货币政策传导机制，即 q 理论；二是米什金的货币政策传导机制。

1. 托宾的 q 理论

詹姆斯·托宾（James Tobin）建立了货币政策通过对普通股票价格的影响也能影响投资的 q 理论。按照托宾的定义：

$$q = \frac{\text{企业股票市值}}{\text{企业重置成本}}$$

由此公式可知，当 $q > 1$ 时，表明企业的股票市值大于重置成本，这时如果生产资料价格未上涨，则企业家通过出售股票并在生产要素市场重新购置，相同的企业就会变得有利可图。进一步分析，当货币供给量 M_s 增加时，利率 r 会下降。由于一般情况下股票价格与市场利率成反比关系，所以企业股票价格 Ps 上涨，市值增加，当企业重置成本不变时，q 值上升，上市公司投资增加，从而引起总需求 AD 上升，国民收入 Y 增加。托宾的货币政策传导机制用符号表示为：

$$M_s \uparrow \longrightarrow r \downarrow \longrightarrow Ps \uparrow \longrightarrow q \uparrow \longrightarrow I \uparrow \longrightarrow AD \uparrow \longrightarrow Y \uparrow$$

2. 米什金的货币政策传导机制

米什金（Frederic S. Mishkin）认为，货币供给的增加会导致个人财富增加，但是人们也不一定会增加消费，特别是对耐用消费品的消费。否则的话，当他突然需要现金时，就只能卖掉耐用消费品，而那样做会使他受到很大的损失。相反，如果他持有金融资产（如股票、债券等），由于金融资产流动性强，当他需要现金时，就很容易将它们出售从而得到现金。因此，当货币供给增加，个人财富增加时，人们会首先增加金融资产的持有，以此减少财务困难的可能性。然后才会增加耐用消费品和住房的支出，从而使社会总收入增加。米什金的货币政策传导机制用符号表示为：

$$M_s\uparrow \longrightarrow V\uparrow \longrightarrow D\downarrow \longrightarrow C\uparrow \longrightarrow Y\uparrow$$

式中，V 为金融资产的价值，D 为财务困难的可能性，C 为耐用消费品支出，其他符号含义同前。

（三）货币学派的货币政策传导机制

与凯恩斯学派不同，货币学派认为，利率在货币传导机制中不起重要作用，而货币供给量在整个传导机制中起着举足轻重的作用。货币学派认为：货币政策好像是一个黑箱，一端输入货币供给变量，另一端就会对总收入产生影响。

货币学派研究后认为，货币需求函数是稳定的。物价是由于实际货币需求变动所引起或者是由于现实持有的货币额即名义货币供给变动所引起的。货币供给常常偏离货币需求，因此，物价变动是货币供给变动的结果。

当货币供给量增加时，由于货币需求不会发生变化，因此，实际货币需求量不变。因此，人们所持有的名义货币量较其所希望持有的货币量要多，于是人们会将多余的货币用于购买各种资产，如金融资产股票、债券等，也可购买实物资产如汽车、住房等。这种支出使金融资产或实物资产价格上升，而货币作为被出让的结果，其价格——利率下降，于是刺激投资，增加产量和收入。同时人们支出的增加会导致物价上涨。简言之，货币学派的货币作用机制是：货币供给增加→人们支出增加→收入增加→物价上涨，用符号表示为：

$$M_s\uparrow \longrightarrow E\uparrow \longrightarrow I\uparrow \longrightarrow Y\uparrow \longrightarrow P\uparrow$$

其中 $M_s\rightarrow E$ 是指货币供给量的变化直接影响支出；$E\rightarrow I$ 是指变化了的支出作用于投资的过程。

另外，货币学派还认为，对于短期的经济变动来说，货币数量的变化是决定收入的主要因素。而从长期看，货币供给量的变化只会引起价格水平的变化，不会对实际产量产生影响。

二、影响货币政策传导的其他因素

从不同经济学家的货币政策传导机制理论中可以看出，这些传导机制都有一个共同点，即都是货币政策通过利率起作用的，在这里利率可能是指货币的价格，也可能是指非货币金融资产的价格。这些传导机制的分析思路基本是：货币供给量的变动会对利率或金融资产的价格产生影响；利率或金融资产价格的变化会对企业的投资和消费者的消费支出产生影响；投资和消费发生变化后，总产量和总收入自然会发生变化。可用图表示为：

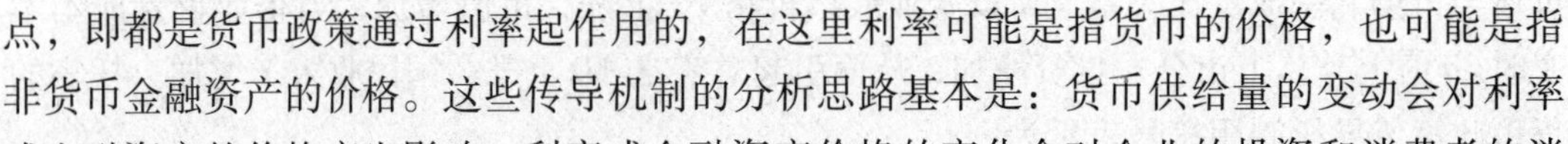

但实际生活中，还存在其他一些因素会对货币政策的传导机制产生影响：

（一）银行信贷的影响

有些学者认为，商业银行在货币政策传导机制中起着十分重要的作用，货币政策主要是通过银行贷款来影响投资的。扩张性的货币政策会使银行可贷资金规模增加，从而刺激企业贷款投资；紧缩性的货币政策会减少银行可贷资金的规模，迫使企业减少投资支出。当然，投资的增减会影响到一国的产量和收入。

（二）汇率的影响

在当今世界经济全球化趋势和各国普遍实行浮动汇率制的前提下，许多国家都通过实施货币政策来影响汇率的变动，从而达到调节本国经济的目的。扩张性的货币政策使利率下降；利率的下降会引起短期资本的外流，从而易导致本币贬值；一般情况下，本币贬值会促进该国的出口、抑制进口；出口的增加、进口的减少会改善一国的国际收支，从而改善一国的经济状况。用符号表示为：

$$M_s\uparrow\longrightarrow r\downarrow\longrightarrow E\downarrow\longrightarrow NX\uparrow\text{、}NI\downarrow\longrightarrow Y\uparrow$$

其中，$r\rightarrow E$（汇率）是利率对汇率的影响，主要体现在一国实行浮动汇率制和取消外汇管制的前提下，资本可以自由地在全球范围内流动，从而一国利率的变化会通过资本的流动对汇率产生影响。$E\rightarrow NX$（净出口）、NI（净进口）是指汇率的变化会引起净出口和净进口的变化，其他符号含义同前。

这个传导机制作用的大小取决于利率变化如何影响汇率，汇率的变化又会在多大程度上影响出口的变化。随着一国对外开放程度的提高，汇率对经济的影响会进一步体现出来。

延伸阅读

欧日等部分央行的负利率政策

长期以来，货币政策在理论上始终受到“零下界”约束。“零下界”是指短期名义利率不能为负，否则资金所有者将会以现金方式持有资金，而不愿将资金借出，从而使得利率政策“失效”。“零下界”的前提假设是资金提供方持有现金的成本为零，但现实中商业银行和非金融企业持有大量现金的成本较大，这就使负利率的实施具备了一定可能。值得说明的是，央行的负利率政策针对的是基础货币，即商业银行在中央银行的存款。此次国际金融危机以来，一些经济体中央银行采取量化宽松政策投放了大量流动性，央行希望通过对商业银行部分流动性实施负利率政策促使商业银行加大对实体经济的信贷投放，并降低商业银行对客户提供信贷等金融产品的利率，最终促进消费和投资。当然也有央行基于汇率的考虑，希望通过负利率抑制资本流入和本币升值。

为了实现通胀目标，2014 年 6 月欧央行将金融机构存款便利利率降至 -0.1%，随后连续数次下调，2016 年 3 月 10 日调至 -0.4%。2016 年 1 月 29 日，日本将金融机构在日本央行的部分超额准备金存款利率降至 -0.1%。为缓解本币对欧元的升值压力，丹麦央行于 2012 年 7 月将央行存款利率降至 -0.2%，瑞士央行也于 2014 年 12 月宣布对商业银行在央行的活期存款实施 -0.25% 的利率。

总的来看，负利率政策在货币和债券市场的传导较为顺畅，但对零售端利率的影响还比较有限。在欧洲，负利率已经从政策利率传导至银行间市场拆借利率，各期限国债收益率均有所下降。目前，大多数欧元区银行已开始对部分机构客户征收负利率，但仍很难对零售客户实施负利率。

负利率给商业银行、保险机构、养老基金等金融机构的盈利能力带来压力。由于很难对零售客户实施负利率，部分商业银行净息差有所下降，零售存款业务比重较大的银行受冲击更大。一些定价能力较强的商业银行选择将负利率成本转嫁至资产业务，对部分个人住房抵押贷款客户征收利息费用，导致实际抵押贷款利率不降反升。对一些就负债承诺了较高收益的保险机构而言，由于长期固定收益证券占其资产比重较大，负利率带来的投资收益率下行对这些机构盈利的影响更大。

负利率对汇率的作用存在不确定性。当利率变动时，资产组合再平衡效应可能引发资本跨境流动的变化，从而导致汇率变动。但由于汇率还受到其他因素影响，从相关货币汇率的实际变动看，存在不确定性。例如，日本 2016 年 1 月意外宣布实施负利率后，日元最初微贬，但随后大幅升值。瑞士央行 2014 年年底实施负利率之后，瑞士法郎作为避险货币仍然受到投资者追捧，直至 2015 年下半年才有所降温。

负利率政策对消费、投资和通胀的提振作用有待观察。负利率对总需求会产生替代效应和财富效应两种相反影响，如果降息的财富效应占据主导，企业和消费者为弥补利息收入降低带来的财富损失，有可能增加储蓄，减少投资和消费。

从实际情况看，部分欧洲国家老年人为获得与降息前相同的储蓄收入，在央行实施负利率政策后反而增加储蓄，减少消费。同时，负利率对提振通胀的效果短期内较为有限，欧元区和日本实施负利率后，通胀水平仍在零附近徘徊，远低于央行 2% 的通胀目标。

随着全球经济金融一体化加深，一个经济体的货币政策也会对其他经济体产生溢出效应，并可能对经济增长和金融稳定形成潜在的负面影响。一是若货币政策过度宽松，有可能降低结构性改革的紧迫性，并对政府财经纪律产生不良影响。二是长期低利率环境可能扭曲资产价格，降低风险溢价，造成风险累积，不利于金融稳定。三是长期负利率环境可能加剧“银行脱媒”，影响金融体系的稳定运行。

（资料来源：中国人民银行）

第四节 货币政策的有效性

一、货币政策有效性的测量

任何一项宏观经济政策都存在一个实施效果问题，货币政策也不例外。衡量货币政策有效性，一是看货币政策发挥效力的时间；二是看货币政策发挥效力的大小。

（一）货币政策发挥效力的时间

研究货币政策发挥效力的时间时，我们经常用到时滞的概念，货币政策时滞是指货币政策从研究、制定到实施后发挥作用的时间过程。货币政策时滞对货币政策有效性的影响极大，绝不能忽视。因为中央银行制定的货币政策要经多长时间才能发挥作用，关系到货币政策本身是否正确、货币政策目标能否实现的问题。

货币政策的时滞由两部分组成：内部时滞和外部时滞。

内部时滞是指中央银行从制定政策到采取行动的这段时间。内部时滞又进一步划分为认识时滞和决策时滞两个阶段：①从经济的变化确实存在对某种政策的需要，到中央银行认识到存在这种需要的时间距离，称为认识时滞；②从中央银行认识到需要改变政策，到提出一种新的政策的这段时间，称为决策时滞。

外部时滞是指中央银行从采取行动到这一政策对经济产生作用的这段时间。外部时滞主要由客观经济条件决定，不论中央银行是调控货币供给量还是利率，它们的变动都不会立即影响到最终目标，这需要时间。比如，随着货币政策的变化，企业要对扩大投资还是缩减投资做出决策，还要制订计划，付出实施，而每个企业实施决策的效果也要一定的时间才能显现出来。货币政策时滞可用图 12 – 6 表示。

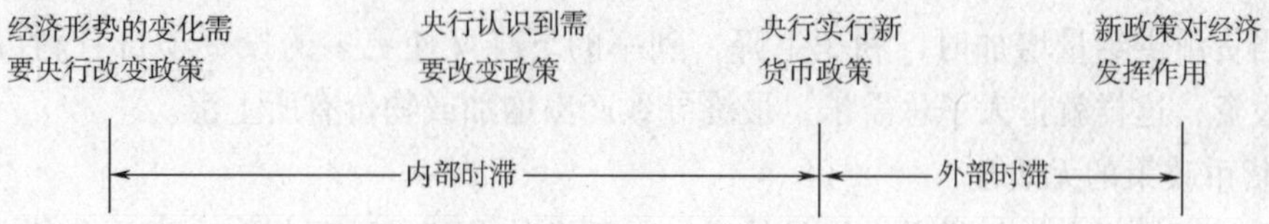

图 12 – 6　货币政策时滞

时滞是影响货币政策有效性的重要因素，也是评价货币政策制定准确与否的一个方面。由图我们可以看出，内部时滞主要由中央银行控制，它主要取决于中央银行的预测能力，如果在经济出现过热或衰退之前，央行已经预测到并采取了相应的政策，那么内部时滞也就不存在了，但是这种情况较少。如果在经济出现过热或衰退之后，央行能尽快认识到并采取相应政策措施，尽量缩短内部时滞的时间，也就不容易了。

与内部时滞相比，外部时滞并非中央银行能直接控制的，它主要取决于一些客观因素，如金融市场的发达程度、人们的预期、企业的反应程度等。

货币政策时滞的存在对货币政策的有效性是一个抵消因素，即时滞出现时，货币政策有效性减弱，时滞越长，有效性越差。如果货币政策的影响要在较长时间内才能显现出来，而在这段时间内，经济形势会发生很多变化，那么就很难证明货币政策的预期目的是否还能实现，也就是说，货币政策的有效性得不到保证。

（二）货币政策发挥效力的大小

衡量货币政策发挥效力的大小，也就是看实施的货币政策所取得的效果与预期要达到的目标之间的差距的大小。一般情况下，实施货币政策会对物价和经济增长两个方面产生影响。比如，实施扩张性的货币政策，通常会促进经济增长，但也常常引起物价上涨。中央银行的目标就是以尽可能低的物价上涨率来获取尽可能高的经济增长，我们就要看该货币政策的实际作用效果与预期目标间差距的大小，当然差距越小越好。

再进一步举例说明，货币政策通常被用于治理通货膨胀。如果一国出现了通货膨胀，中央银行决定实施紧缩性的货币政策，那么这项政策效力的大小可以从以下几个方面考察：①如果紧缩性货币政策的实施抑制了价格水平的上涨或使价格水平得到了回落，同时又没有对经济的增长产生负面影响，我们就可以认为货币政策的实施效果与预期目标之间没有差距，该货币政策的有效性就大。②如果紧缩性的货币政策，在平抑价格上涨的同时也抑制了经济的增长，那么该货币政策效力的大小，就要视价格水平变动与产出变动对比而定：若产出虽有所减少，但减少值不大，而抑制价格上涨的目标基本实现，我们可认为该货币政策效力较大；若产出减少非常明显，我们就认为该货币政策效力较小。③如果紧缩性货币政策的实施没能抑制住价格的上涨，却抑制了经济的上涨，我们就可以说该货币政策无效。

二、货币政策有效性理论

（一）凯恩斯的货币政策有效理论

凯恩斯认为，货币供给是中央银行控制的外生变量，它的变化会影响经济的运行，但是自身却不受经济因素的制约。货币供给量的变动会对利率产生影响从而对经济产生影响，当货币供给量增加时，利率下降，利率的下降又使更多的投资项目有利可图，从而刺激投资，这样就扩大了总需求，最终导致产出增加或物价有所上涨。

1. 货币政策的无效性

货币政策是否有效，货币供给量的增加是否会传导到最后环节取决于几个条件：

（1）货币供给量的增加能否降低利率。在经济严重萧条时期，货币供给与货币需求曲线的交点位于货币需求曲线的水平部分，这时增加货币供给的结果不会使利率发生变动，即发生了凯恩斯所说的流动性陷阱，此时货币政策无效，如图 12－7 所示。

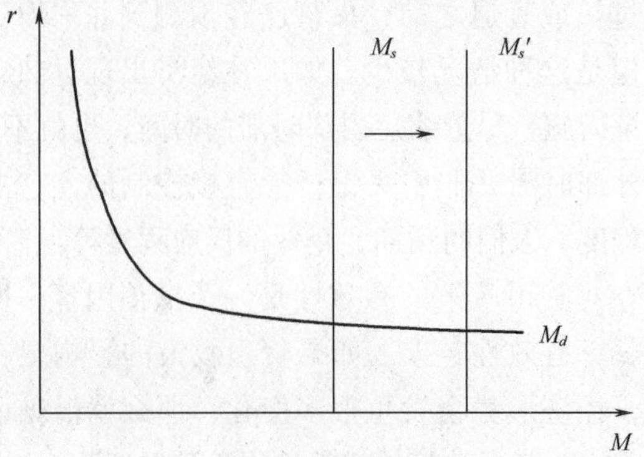

图 12－7　货币政策的无效性（一）

（2）利率的降低能否扩大投资。在经济严重萧条时期，投资曲线缺乏弹性，也就是说，利率降低了，但投资却上升不大，这可能是因为市场不景气，投资收益不好导致投资对利率的变化反应不敏感，即发生了利率陷阱，此时货币政策无效，如图 12－8 所示。

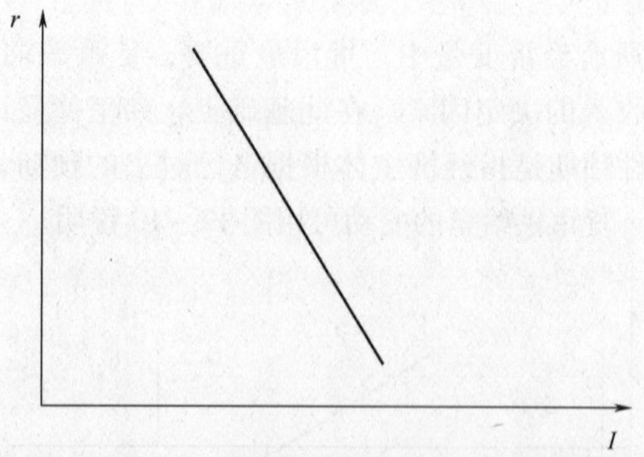

图 12－8　货币政策的无效性（二）

（3）经济是否已达到充分就业。如果经济已达到充分就业，此时货币供给的增加完全转化为了价格的上升，而总产出却变化不大，如图 12－5 所示。

2. 货币政策的有效性

（1）在经济还远离充分就业水平时，增加货币供给才会在价格变化不大的前提下引起总产出的增加，此时货币政策有效，如图 12－4 所示。

（2）在经济过热时期，一国央行可以用紧缩性的货币政策治理通货膨胀，此时减少的货币供给量会使该国在产出变化不大的前提下，导致物价的下降，此时货币政策有效，如图 12－9 所示。

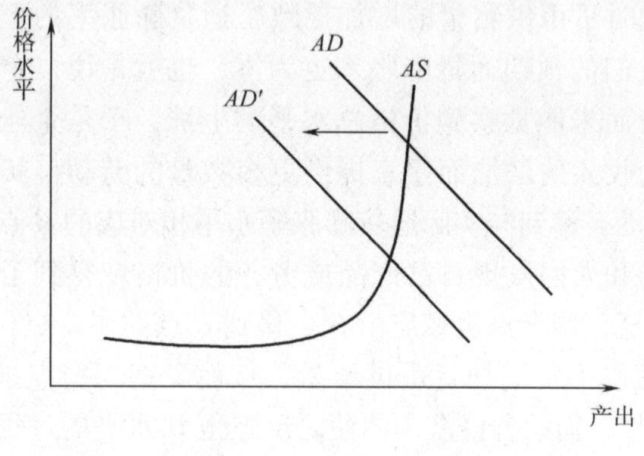

图 12－9　紧缩的货币政策可治理通货膨胀

所以说，凯恩斯认为在经济严重萧条时期，财政政策比货币政策更有效。而对于 20 世纪 30 年代的大萧条的治理也验证了这一点。

（二）货币主义的短期有效理论

20 世纪 70 年代，一些国家的经济出现了“滞胀”的局面，就业已不能用通货膨胀的代价来换取，通货膨胀存在的同时伴随着经济停滞和严重的失业问题。在这种经济背景下，凯恩斯主义开始受到怀疑，货币主义开始受到人们的青睐。货币主义的创始人是 1976 年诺贝尔经济学奖获得者米尔顿·弗里德曼教授。货币主义从 20 世纪 50 年代就开始反对凯恩斯主义，但由于当时凯恩斯主义深入人心，直到滞胀局面出现，货币主义才蓬勃发展起来。

货币主义认为，在所有经济变量中，货币最重要，货币需求函数具有内在稳定性，而且货币供应量是名义收入的决定因素。在此基础上，弗里德曼论述了适应性预期下货币政策的有效性。适应性预期是指经济主体根据自己过去的预期失误来调整其对未来的预期。在适应性预期下，货币供给量的变动可用图 12－10 说明。

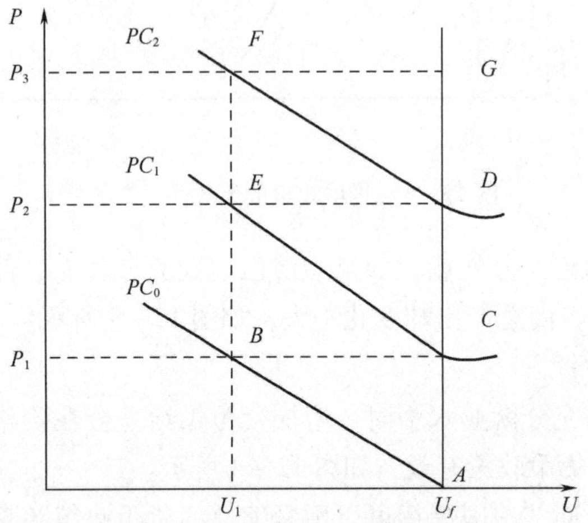

图 12－10　货币主义的货币政策效用

图 12－10 中，初始均衡点为 A 点，此时经济处于充分就业的均衡状态，$U = U_f$，通货膨胀率为零。假定此时货币供给量的增加导致了通货膨胀率的上升，但由于过去的通货膨胀率为零，所以人们的预期通货膨胀率也为零，也就是说，企业和人们只看到自己产品或劳务价格的上升而未能觉察到价格总水平的上涨，于是企业愿意扩大生产、增雇工人，工人也愿意因为收入的增加而愿意提供更多数量的劳动，从而使失业率沿着图中 PC_0 曲线由 A 点向左移动，移到与实际通货膨胀率水平相对应的 B 点，此时 $U_1 < U_f$。

一段时期后，企业和人们发现自己产品或劳务的价格恢复到了原有的水平上，致使均衡点从 PC_0 向 PC_1 跃迁，均衡点也相应由 B 点移到 C 点。在 C 点，中央银行为了刺激经济、降低失业率，必须进一步增加货币供给量，从而又把均衡点推到 D 点。以此类推，当货币调整到 U_1 的水平，而后各经济主体使之反弹至 U_f 水平的过程中，失业率总是处于反复变动的状态，在失业率交替升降的过程中，价格水平 P 在适应性预期的作用下一步步提高。

由此，货币主义认为，货币供给量的增加短期内会增加就业和产出，而长期内只会引起价格总水平的上升。对货币政策而言，要避免因货币供给量的变动引发经济短期波动的可能性，弗里德曼建议，固定一个货币供给增长率，将该比率作为货币政策控制的目标，即实行单一规则。

三、影响货币政策有效性的其他因素

（一）微观主体预期的影响

当中央银行提出一项货币政策后，各种微观经济主体，会立即根据获得的各种信息预测政策实施的结果，从而很快地做出对策。中央银行实施的货币政策面对微观主体广泛采取的对策，货币政策可能趋于无效。比如：中央银行拟采取扩张性的货币政策，人们获得信息后，就会预期社会总需求上升，物价会上涨，这时，工人会要求提高工资，而企业预期工资成本要上升而不愿扩大投资，最终扩张性的货币政策只会导致物价的上涨而没引起产出的增加。

鉴于微观主体的预期，似乎只有在货币政策不被人们所知晓或完全知晓的前提下才能有效，但实际中这是不可能的，中央银行不可能长期不让人们知道他所采取的政策。如果中央银行频频调整货币政策，又会使经济陷入混乱之中。实际情况是，即使人们的预测十分准确，其效应的发挥也会有一个过程，也就是说，货币政策仍会有效，但微观主体的预期会减弱其产生的效果。

（二）货币流通速度的影响

货币流通速度 V，是指在一定时期内，货币在经济中周转的次数。用公式表示为：

$$V=\frac{\mathrm{GDP}}{M}=\frac{PQ}{M}=\frac{Y}{M}$$

其中 GDP 是国内生产总值，M 表示货币供给，P 是商品的加权价格，Q 是商品的数量，Y 代表收入。假设 Y 是每年 50 000 亿元，货币供给是 5 000 亿元，那么货币流通速度是每年 10 次。也就是说如果生产 1 元的产出只需 1 次交易，那么每 1 元货币需要周转 10 次才能创造 50 000 亿元的产出。如果货币供给只有 500 亿元，那么每 1 元需要 1 年周转 100 次才能创造出 50 000 亿元的产出。

对于货币流通速度的变动，中央银行应该能够预料到，否则有可能使货币政策的效果受到影响。比如，中央银行预测明年 GDP 将增长 20%，假设根据以前一些年份的有关数据的实证分析，只要包括货币流通速度在内的其他条件不变时，货币供给等比增加就可满足 GDP 增长的需要。如果货币流通速度加快了 10%，则在其他条件不变时，货币供给只需增加 9.1% 即可。如果中央银行没有预见到货币流通速度的变化，而是按照货币流通速度没发生变化时增加货币供给 20%，那么新增的货币量就会成为价格上涨、经济过热的因素。

（三）其他因素的影响

除了以上因素，货币政策还会受到其他一些因素的影响。比如，政治因素会对货币政策的实施效果产生影响，因为一项新货币政策的实施有可能给不同阶层、集团等的利益带来一定的影响，如果这些部门做出较强烈的反映，就会对货币政策的实施形成一定的压力，当压力足够大时，就会迫使货币政策进行调整。其他一些客观的经济条件也会影响到货币政策实施的有效性，在此不再赘述。

本章小结

1. 货币政策是指中央银行利用某些工具作用于某个经济变量，从而实现既定的宏观经济目标的制度和措施的总和。

2. 货币政策的最终目标是中央银行想要实现的宏观经济目标，主要有：物价稳定、充分就业、经济增长和国际收支平衡。货币政策的中介目标主要有：货币供给量和利率。

3. 中央银行的货币政策工具可分为一般性货币政策工具和选择性货币政策工具两类。一般性货币政策工具包括调整存款准备金率、调整再贴现率和公开市场业务三种。选择性货币政策工具包括直接信用控制、间接信用控制、消费信用控制、不动产信用控制和证券市场信用控制等。

4. 货币政策传导机制理论主要有：凯恩斯的货币政策传导机制、后凯恩斯学派的货币政策传导机制、货币学派的货币政策传导机制。

5. 衡量货币政策的有效性，主要看：货币政策发挥效力的时间和货币政策发挥效力的大小。

重点名词

货币政策　公开市场业务　法定存款准备金率　再贴现率　*q* 理论　货币政策时滞

思考题

1. 菲利普斯曲线描述的是（　）。

A. 利率和货币需求之间的关系　　B. 失业率和物价上涨率之间的关系

C. 失业率和经济增长率之间的关系　　D. 价格水平和产出之间的关系

2. 中央银行要实现“松”的货币政策，可采取的措施有（　）。

A. 提高法定存款准备金率　　B. 降低再贴现率

C. 在公开市场上购买有价证券　　D. 放松对消费信用的控制

3. 当法定存款准备金率由7%提高到7.5%时，（　）。

A. 商业银行的一部分超额准备金转化为法定准备金

B. 商业银行的放款能力降低，货币供给收缩

C. 商业银行的放款能力增强，货币供给扩张

D. 可以在一定程度上抑制经济过热

4. 如果中央银行向公众大量购买政府债券，它的意图是（　）。

A. 增加商业银行存入中央银行的存款

B. 减少商业银行的贷款总额

C. 提高利息率水平

D. 通过增加商业银行贷款扩大货币供给量，以达到降低利率刺激投资的目的

5. 属于选择性货币政策工具的是（　）。

A. 法定存款准备金政策　　B. 再贴现政策

C. 公开市场业务　　D. 证券市场信用控制

6. 以下各项中不是通过直接影响基础货币变动实现调控的货币政策工具是（　）。

A. 法定存款准备金政策　　B. 公开市场业务

C. 再贴现政策　　D. 都不是

7. 提高房地产贷款的首付比率，属于货币政策工具中的（　）。

A. 直接信用控制　　B. 间接信用指导

C. 选择性控制工具　　D. 一般性控制工具

8. 货币政策的最终目标有哪些？其具体内涵是什么？

9. 试比较三种一般性货币政策工具的优缺点。

10. 托宾的 q 理论是什么？它对凯恩斯的货币政策传导机制理论有什么改进？

11. 简述货币政策效果与 *IS*、*LM* 曲线的斜率的关系。

12. 试述什么是货币政策的最终目标与中介目标，货币政策中介目标的标准是什么？并说明中央银行在制定货币政策时，能否同时确定货币供给目标和利率目标。

第十三章 通货膨胀与通货紧缩

学习目标

- 掌握通货膨胀和通货紧缩的含义，掌握通货膨胀的衡量方法。
- 深刻理解通货膨胀的一般理论，熟练掌握通货膨胀的成因和治理。

通货膨胀是一个复杂的社会现象，在现代社会中，通货膨胀成为世界各国经济发展中普遍存在的问题，对通货膨胀的研究也成为各国经济学家面临的一个重要课题。本章分别介绍了通货膨胀的含义、影响、成因及对策。在此基础上，对长期被人们所忽视的通货紧缩问题也进行了简要介绍。最后，对我国近些年的通货膨胀和通货紧缩问题做了介绍，并对其原因进行了分析。

第一节 通货膨胀概述

一、通货膨胀的含义

通货膨胀是一个复杂的社会现象，在现代社会中，人们会经常提到这个词。但究竟什么是通货膨胀，经济学家对此所做的解释也不尽相同。例如，现代货币主义者弗里德曼认为："物价的普遍上涨就叫作通货膨胀。"新自由主义者哈耶克认为：通货膨胀是指货币数量的过度增长，这种增长导致物价上涨。萨缪尔森则认为：通货膨胀是指物品和生产要素的价格普遍上升的时期。

在西方经济学教科书中，通常将通货膨胀定义为：商品和劳务的货币价格总水平持续上涨的现象。本书也采用这一定义。这一定义包含以下三个含义：①强调把商品和劳务的价格作为考察对象，目的在于与金融资产如股票、债券等的价格区分开。②强调总水平，即关注的是一般物价水平的变化情况，而不是某地区或某类商品和劳务的价格变动情况。③强调持续上涨，即通货膨胀并非偶然的价格上升，而是一段时期的持续上升。

二、通货膨胀的类型

按照不同的标准，通货膨胀主要分为以下类型。

（一）按价格上涨的速度分

（1）温和的通货膨胀。指价格按照一定的比率缓慢上升的现象，一般人们把它归为一位数字的通货膨胀率。

（2）奔腾式通货膨胀。价格上升的速度较快，一般人们认为通货膨胀率达到两位数字。此时货币价值损失得快，实际利息率为负，人们避免持有任何多于最低限度的货币，纷纷抢购商品用以保值。

（3）恶性通货膨胀。价格上升的速度超过两位数字。此时会出现严重经济扭曲，甚至经济危机。

需要说明的是，这种划分在不同时期可能出现不同看法。比如，在20世纪60年代，发达国家的人们认为年率6%以上的通货膨胀就难以忍受了，可视为奔腾式通货膨胀；如果年物价上涨率达到两位数，可认为发生了恶性通货膨胀。20世纪70年代由于欧佩克提高石油价格，造成了世界范围的通货膨胀，使人们对恶性通货膨胀的看法有了一定程度的改变。而进入八九十年代，一些国家频频出现三位数以上的通货膨胀。如何确定通货膨胀状态的衡量标准，至今是一个没有解决的问题。

（二）按发生的原因分

（1）需求拉动型通货膨胀。需求拉动型通货膨胀是由于总需求过度增长引起的，是由于过多的货币追逐过少的商品，导致的物价上涨。

（2）成本推动型通货膨胀。成本推动型通货膨胀是由于商品成本上升，导致物价上涨的现象。

（3）供求混合推进型通货膨胀。该理论认为通货膨胀是由需求拉上和成本推进共同起作用而引发的。

（4）结构型通货膨胀。该理论认为，通货膨胀是在总需求和总供给大体处于平衡状态时，由于经济结构方面的因素所引起的物价上涨。

通货膨胀的分类有多种，但西方经济学界对它的研究是从成因上进行分析的，这也是本书在论及通货膨胀时的重点。

三、通货膨胀的衡量

衡量通货膨胀的严重程度是通过通货膨胀率这一指标衡量的。计算公式为：

$$\text{通货膨胀率}=\frac{\text{报告期价格水平}-\text{基期价格水平}}{\text{基期价格水平}}\times 100\%$$

价格水平的高低是通过各种价格指数来衡量的。从世界各国的实际做法看，常用的指数有三种。

（一）消费价格指数（consumer price index）

消费价格指数（CPI）是根据家庭消费的有代表性的商品和劳务的价格变动状况而编制的。其优点在于消费品与公众的日常生活密切相关，它的价格变动能及时反映消费品供给与需求的对比关系，所以用消费价格指数衡量通货膨胀具有其他指标难以比拟的优越性，世界多数国家都是采用它进行通货膨胀衡量的。用消费价格指数衡量通货膨胀，公式可写为：

$$通货膨胀率 = \frac{CPI_1 - CPI_0}{CPI_0} \times 100\%$$

但是，采用消费价格指数也有一定的局限性，局限性在于消费品只是社会最终产品的一部分，从而不能全面反映社会的物价变动情况。

（二）生产者价格指数（producer price index）

生产者价格指数（PPI），又称批发价格指数，是反映一国生产资料和消费资料批发价格变动情况的价格指数。以PPI衡量通货膨胀，其优点是能在最终产品价格变动之前获得原材料及消费品批发的价格变动信号，进而能够判断对最终进入流通领域的商品的零售价格可能带来的影响。

$$通货膨胀率 = \frac{PPI_1 - PPI_0}{PPI_0} \times 100\%$$

但是，该指标的变动规律同消费物价指数的变动规律存在显著区别，在一般情况下，即使存在过度需求，其波动幅度也常常小于商品零售价格的波动幅度。所以，用批发物价指数反映物价上涨情况，可能会出现信号失真现象。

（三）国民生产总值平减指数（GNP deflator）或国内生产总值平减指数（GDP deflator）

该指数是一个能反映综合物价水平变动情况的指标。它是将GNP或GDP的名义值转化为实际值所使用的价格指数。它的优点在于包括范围广，除消费品和劳务外，还包括资本品和进出口商品等，因而能较全面地反映一般物价水平的变动趋势。

$$GDP平减指数 = \frac{现价GDP}{不变价GDP} \times 100 = \frac{名义GDP}{实际GDP} \times 100$$

例如：2016年某国按当年价格计算的GDP为10 000亿美元，按2015年价格计算的GDP为8 000亿美元，则2016年的GDP平减指数为：

$$GDP平减指数 = \frac{10\ 000}{8\ 000} \times 100 = 125$$

利用GDP平减指数计算出的2016年通货膨胀率为：

$$通货膨胀率 = \frac{125 - 100}{100} \times 100\% = 25\%$$

利用GNP平减指数或GDP平减指数计算通货膨胀率的缺点是编制国民生产总值平减指数需要搜集大量资料，一般一年公布一次，因而不能及时反映物价的变动趋势。同时，该指数还易受价格结构因素的影响，例如，消费品价格上涨幅度很大，但其他商品价格上升幅度不大，这时若用该指数衡量物价时就会出现平减指数不高，但公众的日常消费支出大幅度增加的状况。

以上三种物价指数是衡量通货膨胀的主要指标。由于这三种物价指数包括的范围不同，因此，即使在同一国家的同一时期，各种物价指数所反映的通货膨胀程度也是不同的。就各国实践来看，使用最多的是消费价格指数。

延伸阅读

工业生产者出厂价格指数（PPI）及其变化

工业生产者出厂价格指数（producer price index，简称PPI）是反映某个时期内生产领域价格变动情况的重要指标，主要用来衡量工业生产者出厂价格变动趋势和变动幅度，包含了原油、铁矿石、钢铁等生产资料价格和衣着、耐用品、日用品等生活资料价格。近几年PPI走势呈现出由持续下行到快速回升的转折性变化，成为宏观经济领域引人关注的现象。从走势变化看，PPI同比涨幅自2012年3月到2016年8月连续54个月运行在负值区间，尤其是在2014年7月到2015年10月降幅连续扩大。2015年11月以来，同比PPI呈现快速回升态势，并在2016年9月结束了连续54个月的负增长，从最低时的-5.9%回升至2016年12月的5.5%。

在PPI持续下行和在负值区间运行阶段，市场上曾出现关于通缩风险的担忧。不过值得注意的是，较之1997年至2002年期间那一轮较为“典型”的通缩（CPI和PPI走势一致，共向变化，1998年、1999年和2001年CPI和PPI涨幅均为负值，物价水平全面下降），2012年以后的物价变化则呈现出更为复杂的结构性特征：一是PPI长期在负值区间运行，但CPI涨幅一直保持正增长。若再观察房价变化，情况就更复杂分化。二是PPI与CPI之间的缺口明显扩大。1997年至2002年期间，CPI与PPI之差平均为1.5个百分点，但在2012年至2015年10月期间，CPI与PPI之差的均值增大至4.7个百分点。有研究发现，劳动年龄人口增长趋缓后劳动力价格刚性的上升、全球大宗商品价格大幅下行以及国内较为突出的产能过剩矛盾等，可以较好地解释当时PPI长期负增长以及PPI与CPI缺口明显扩大等现象，相比而言这期间需求变化的影响和冲击并不很强。由于造成物价涨幅回落的原因是多方面的，在应对上坚持了区别对待、抓住重点、多措并举、统筹兼顾的原则。对需求面的过快收缩，货币政策给予必要的逆周期调节；对由供给改善、成本下降以及产能过剩导致的物价下行压力，总需求政策则保持一定克制；由于经济下行压力主要来自内生增长动力不足，根本上需要通过推动供给侧结构调整和改革，培育和形成新的内生经济增长动力。

2015年年末，中央经济工作会议提出要在适度扩大总需求的同时，推进供给侧结构性改革，实施好去产能、去库存、去杠杆、降成本、补短板五大任务。在供求的共同作用下，PPI涨幅出现回升。去产能、去库存步伐加快，有助于从供给端解决产能过剩问题，加快结构调整和优化。同时，房地产销售逐步回暖，地方政府债务置换力度加大，M_1增速持续回升，总需求企稳并有所回升，PPI与货物周转量、发电量增速变化等相关性较高，也表明由房地产、基建拉动的重化工业回暖可能是推升PPI回升的重要原因，PPI回升后企业加速补库存又进一步放大了需求。PPI回升一定程度上反映了去产能取得积极进展、经济景气回升，也有助于防止通缩预期，改善企业利润。当然也要看到，PPI回升仍在较大程度上受到房地产、基建和重化工业回升的拉动，企业效益改善尚主要集中在煤炭、钢铁、化工等上中游行业，显示经济的结构性矛盾仍然比较突出。下一阶段，应继续实施稳健中性的货币政策，同时继续加快推进经济结构调整和改革，激发内生增长活力，促进经济更加平衡和可持续增长。

（资料来源：中国人民银行）

第二节 通货膨胀的成因

通货膨胀的成因和机理比较复杂，对此各国经济学家从不同的角度出发做出了各种分析，提出了需求拉动说、成本推动说、供求混合推动说、结构说等不同理论解释，通货膨胀也据此被分为四类，即需求拉上型、成本推动型、供求混合推进型和结构型。

一、需求拉上说

需求拉上说是解释通货膨胀成因的最早期的学说。该学说认为：经济生活中之所以出现通货膨胀，是因为政府采取了扩张性的财政政策和货币政策，刺激了总需求；当商品和劳务的总需求量超过它们的总供给量时，就会牵动物价上涨，导致通货膨胀。由于在实际生活中，总需求表现为购买商品和劳务所支付的货币上，总供给表现为市场提供的商品和劳务，所以需求拉上型的通货膨胀又常常被描述为“过多的货币追逐过少的商品”。

需求拉上说是凯恩斯学派特别是现代凯恩斯主义的一个重要学说。凯恩斯从分析货币量变动影响物价的传导机制出发，认为货币量变动对物价的影响是间接的，影响物价变动的还有其他因素，如投资等。凯恩斯认为，在经济发展的不同时期，货币供给量的增加会产生不同的结果。

在图 13－1 中，横轴代表总产出或国民收入 Y，纵轴代表一般价格水平 P；AD 曲线表示社会总需求曲线，AS 曲线表示社会总供给曲线。在总供给曲线不变的前提下，依社会就业情况，社会总供给曲线可分为三个阶段。

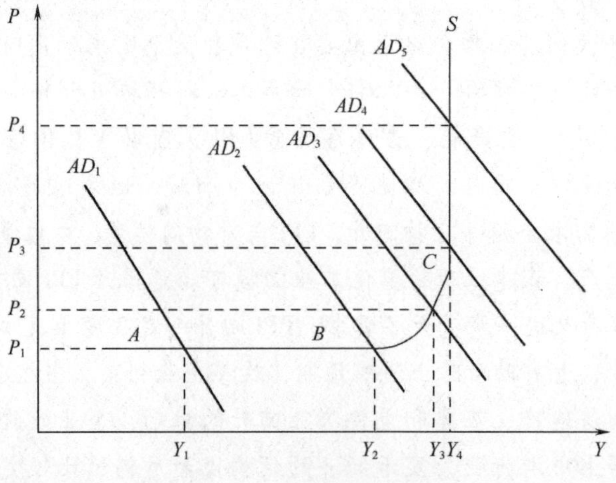

图 13－1 需求拉上型通货膨胀

1. *AB* 阶段

当经济中存在大量失业和闲置资源时，总需求与总供给曲线初始交点位于总供给曲线的水平位置。此时增加货币供给量，导致总需求增加，表现为需求曲线从 AD_1 向右移到 AD_2；产出由 Y_1 增加到 Y_2，而价格基本保持不变。

因此，凯恩斯认为，在经济远离充分就业时期，通过增加货币供给量以增大总需求，总需求的增加不会造成通货膨胀，而只会刺激经济，增加产出，扩大就业。

2. *BC* 阶段

当经济逐渐接近充分就业时，总需求和总供给的交点位于总供给曲线的倾斜部分，这意味着社会闲置资源减少，总供给的增加能力也较小。此时增加货币供给量刺激总需求的结果是，总需求曲线由 AD_2 右移到 AD_3，再由 AD_3 右移到 AD_4；导致产出增加，同时使得物价逐渐上升，进入凯恩斯所说的“半通货膨胀”状态。

这说明，在经济逐渐接近充分就业时，总需求的增加一方面会使产出增加，另一方面又会使物价逐渐上升。

3. *CS* 阶段

当经济达到充分就业后，总需求和总供给的交点位于总供给曲线的垂直部分，这说明社会已经不存在任何闲置资源。此时增加货币供给刺激总需求的结果是，总需求曲线由 AD_4 右移到 AD_5；过度的总需求导致在产出水平不变时，物价水平大幅度上升，产生“真正的通货膨胀”。

在凯恩斯看来，所谓的通货膨胀就是在充分就业的条件下，因货币供给量增加或货币流通速度过快而形成的过度需求拉动一般物价水平上涨的现象。

二、成本推进说

需求拉上说是从需求的角度寻找通货膨胀的成因，而成本推进说是从供给方面寻找通货膨胀的成因。该学说认为：不存在需求拉上的条件下也能产生物价上涨。在总需求不变的前提下，由于生产要素价格上涨，致使产品成本上升，从而会导致物价水平持续上升。成本推进型的通货膨胀可用图 13－2 表示。

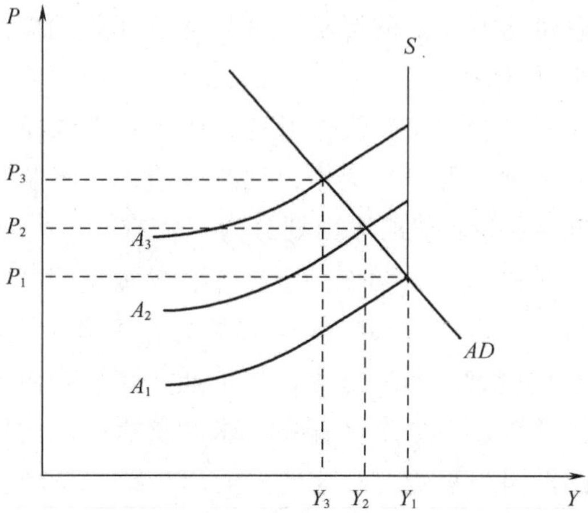

图 13－2　成本推进型通货膨胀

在图中，横轴代表总产出或国民收入 Y，纵轴代表一般价格水平 P；AD 曲线表示社会总需求曲线，AS 曲线表示社会总供给曲线。随着生产要素价格的提高，生产成本也不断上升；当生产成本增加时，企业会在同等产出水平上提高价格，或在同等价格水平上提供较少的产出，因而总供给曲线会向左移动，由 A_1S 上升到 A_2S，再上升到 A_3S；在总需求曲线不变的前提下，物价水平也由 P_1 上升到 P_2，再由 P_2 上升到 P_3，与此同时，产出也由 Y_1 降到 Y_2，再由 Y_2 降到 Y_3。

成本推进说还进一步分析了促使产品成本上升的原因，指出生产成本的上升主要是由于存在强大的、对市场价格具有操纵力量的团体，例如：工会、垄断企业以及像石油输出国组织一样的国际卡特尔。当工会要求企业提高工人工资，迫使工资的增长率超过劳动生产率的增长率时，企业会因人力资本的加大而提高产品价格；在物价上涨后工人又会要求提高工资，这会再次引起物价上涨，形成工资—物价螺旋上升，从而导致了由于工资成本上升引起的通货膨胀。当垄断企业凭借其垄断地位，通过提高价格来增加利润时也会导致物价上涨，这被称为利润推进型通货膨胀。

成本推进说旨在说明，在整个经济还未达到充分就业的情况下物价上涨的原因，该学说认为：正是由于成本的上升推动了物价水平的上升，并导致了产出水平的下降，20 世纪 50 年代以后出现的“滞胀”就是一个例证，但是该理论遭到了货币学派的批评。弗里德曼认为，成本推进说将个别商品的价格同一般物价水平混为一谈，垄断企业或国际卡特尔组织影响的只是各自产品的价格，而不是一般物价水平。只要政府不对价格上涨做出增加货币供给量的反映，则物价上涨只是短期的，持续的、普遍的价格上涨就不会发生。因为，某种商品的价格上涨以后，人们在该商品上的支出就会增加，但在货币收入一定的前提下，在某种商品上的支出增加，必然会使在其他商品上的支出减少。因此，一种商品价格的上升会被其他商品价格的下跌所抵消，一般物价水平不可能上涨。但是，如果政府增加了货币供给量，就会导致持续性的物价上涨。总之，弗里德曼认为，是货币供给量的增加导致了通货膨胀，而不是生产成本，生产成本的上升只不过起了诱导作用，关键要看政府的决策。

三、供求混合推动说

需求拉动说是假定总供给不变的前提下来分析通货膨胀的成因，而成本推进说则以总需求一定为前提条件来解释通货膨胀，二者都具有一定的片面性和局限性。供求混合推动说将供求两方面的因素综合起来，认为通货膨胀是由需求拉上和成本推动共同起作用而引发的。他们认为，在现实经济社会中，很难分清通货膨胀是需求拉上造成的，还是成本推进造成的，单纯将通货膨胀的原因划分为“需求拉上”或“成本推进”都是不准确的。只有在总需求和总供给的共同作用下，才会导致持续性的通货膨胀。例如：过度需求可能会导致通货膨胀，但过度需求所引起的物价上升会促使工会要求提高工资，因而转化为工资成本推进的因素。另一方面，如果通货膨胀是由于成本推进引起的，如迫于工会的压力而提高工资等，但如果不存在需求和货币收入的增加，这种通货膨胀的过程是不可能持续下去的。因为工资上升会使失业增加或产量减少，结果将会使“成本推进”的通货膨胀过程中止。可见，“成本推进”只有加上“需求拉上”才有可能产生一个持续性的通货膨胀。供求混合推进型的通货膨胀可用图 13－3 表示。

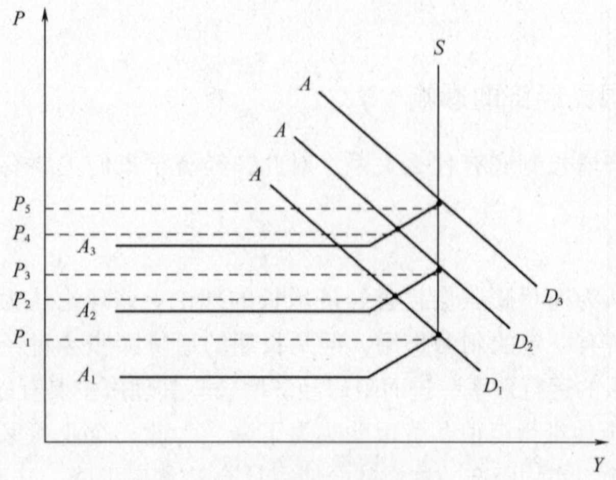

图 13－3　供求混合推动型通货膨胀

该图实际上是将前面所示两图（图 13－1 和图 13－2）综合在一起所得的结果。由于需求拉上（即需求曲线从 AD_1 上升到 AD_2、AD_3）和成本推进（即供给曲线从 A_1S 上升到 A_2S、A_3S）的共同作用，物价螺旋上升（从 P_1 上升到 P_2、P_3、P_4、P_5）。

四、结构说

结构说是从经济部门的结构方面来分析通货膨胀成因的。该理论发现即使整个经济中总供给和总需求处于均衡状态，由于经济部门结构方面的变动因素，也会发生一般物价水平的上涨，即所谓的结构型通货膨胀。结构说的基本观点是，由于不同国家的经济部门结构的某些特点，当一些产业和部门在需求方面或成本方面发生变动时，往往会通过部门之间相互看齐的过程而影响到其他部门，从而导致一般物价水平的上升。

结构说强调的是结构因素在通货膨胀中如何起作用，重点分析的是小国开放经济如何受世界通货膨胀的影响而产生国内的通货膨胀。这里所说的“小国”，不是针对国土和人口而言，而是指该国在世界市场上只是价格的接受者，而不能决定商品的国际价格。假设小国开放经济有两个部门：开放部门和非开放部门。开放部门的产品价格取决于国际市场，它的通货膨胀率取决于世界的通货膨胀率；非开放部门产品价格与国际市场没有直接联系，而是按成本定价。

由于小国在国际市场上是价格接受者，因此，当国际市场上的价格上涨时，开放经济部门的产品价格会随之上涨，结果会使开放经济部门的工资相应上涨。一旦开放经济部门的工资上涨后，非开放经济部门的工资也必然向开放经济部门看齐而提高，结果非开放经济部门的生产成本上升，其产品价格也必然随之提高，这样就导致了小国全面的物价上涨，发生了通货膨胀。

第三节 通货膨胀的影响

一、通货膨胀对国民经济的影响

通货膨胀与经济增长到底有什么关系？对此，经济学家们主要有两种观点：一是促退论；二是促进论。

（一）促退论

促退论是一种认为通货膨胀会损害经济增长的理论。该理论认为，从短期来看，通货膨胀可能会对经济有一定的刺激作用；但是长期的通货膨胀会对经济带来严重的消极影响，降低经济体系的运行效率，进而阻碍经济增长。其理由主要有以下几点：

（1）通货膨胀会使纸币贬值，货币购买力下降。为此，企业和家庭都会增加目前消费，尽力把现金转化为实物资产，这样就会使得社会储蓄率下降，从而使得投资率下降，阻碍经济增长。

（2）通货膨胀会降低借款成本，诱发过度的资金需求，而过度的资金需求会迫使金融机构加强信贷配额管理，从而削弱金融体系的营运效率。

（3）当一国已经发生通货膨胀，导致国内商品价格上涨而本国货币汇率调整没有及时跟上时，本国货币的价值就会被高估，而高估的结果是不利于本国商品的出口，而有利于外国商品的进口，导致出现贸易逆差，影响经济增长。尤其对外依存度较大的国家，它们受通货膨胀的打击更为严重。

（4）如果通货膨胀持续一段时间，企业和家庭就会产生价格继续上涨的预期，造成物价与生产成本螺旋式上升，形成恶性通货膨胀，并有可能导致经济崩溃。

（5）通货膨胀持续一段时间后，在公众舆论的压力下，政府可能采取全面价格管制的方法，从而会削弱经济活力，阻碍经济增长。

（二）促进论

促进论与促退论观点相反，该理论认为，通货膨胀对经济增长具有促进作用。主要理由是：

（1）对于经济长期处于有效需求不足、实际经济增长率低于潜在经济增长率的国家来说，政府可以通过实施通货膨胀政策，如增加赤字预算、扩大投资支出、提高货币供给增长率等刺激有效需求。只要政府能够保证民间投资不会因为政府投资的增加而减少，那么这种通货膨胀性的政策就会增加总投资，从而增加产出，促进经济增长。

（2）一般来说，通货膨胀有利于富裕阶层的收入再分配。因为富裕阶层的边际储蓄倾向较高，因此，通货膨胀会通过提高储蓄率来促进经济增长。

（3）通货膨胀出现后，公众的预期存在着一个时滞过程。在这个过程中，产品价格上涨了，而名义工资还未上涨或上涨速度较慢，此时企业利润增加，而这又会刺激企业投资增加，促进经济增长。

促进论的观点在20世纪60年代比较盛行，但进入70年代以来，随着“滞胀”问题的出现，通货膨胀的危害性日益显现出来，人们已普遍认识到通货膨胀对经济发展是弊多利少。目前大多数经济学家都采取了促退论的观点，将通货膨胀视为阻碍经济增长的重要原因。

二、通货膨胀对收入和财富再分配的影响

在通货膨胀时期，人们的名义货币收入和实际货币收入会存在一些差异。只有剔除物价的影响，才能得知人们的实际收入是增加了还是减少了。在通货膨胀时期，有些人的实际收入与财富会增加，而有些人的实际收入与财富则会减少，这种由于物价上涨造成的收入和财富的再分配，就是通货膨胀的收入和财富的再分配效应。

通货膨胀往往对经济力量强的阶层有利，而对贫困阶层不利。①在通货膨胀过程中最能捞到好处的是利润获得者阶层，因为通货膨胀时期工资的增长常会落后于物价上涨，这是一种较普遍的现象，这样企业的利润就会增加，那些从利润中分得收入的人就会得到好处。②对于占最大比例的工薪阶层而言，工资收入差不多就是他们的全部收入。他们发现在他们工资增加之前物价已经上涨了；当他们的货币工资刚刚增加时，物价又上涨了。他们的货币工资收入的增长总是落后于物价的上涨。对于工薪阶层里的固定收入者而言，境况会更糟，也许通货膨胀已经持续了很长时间，这些固定收入者的收入才增加。货币工资收入的增长相对于物价上涨的滞后时间越长，遭受通货膨胀损失就越大。③在通货膨胀中最大的受害者就是靠养老金生活的退休者和穷人，他们既没有增加收入的希望，又得不到通货膨胀的好处。收入分配的不公，会造成一个社会的不稳定，而稳定的社会秩序是一个国家经济发展的基本前提。

一个家庭的财富由两部分构成：金融资产和实物资产。在通货膨胀时期，面值固定的金融资产，如债券，其价值随物价的上涨而下跌；面值不固定的金融资产，如股票，其价值往往随物价的上涨而增大；实物资产，如房地产，其价值往往随物价的上涨而增大。因此，通货膨胀会使持有不同形式资产的人实际占有社会财富的价值发生不同的变化。

一般来讲，通货膨胀有利于债务人而不利于债权人。人们持有的各种金融资产一般是其他部门的负债，如政府债券是政府的负债，各种存款是金融机构的负债，公司债券是企业的负债等，通货膨胀在减少这些金融资产实际价值的同时也减轻了政府、金融机构和企业的债务负担。同样，企业从银行获得贷款从事经营活动，通货膨胀也会减轻企业的债务负担。

一般来说，最易受到通货膨胀打击的往往是小额存款人和债券持有人。至于大的债权人，他们不仅可以采取各种措施避免通货膨胀带来的损失，而且他们在作为债权人的同时往往是大的债务人，又可享受通货膨胀带来的好处。

三、通货膨胀对资源配置的影响

（1）通货膨胀期间，各种生产要素、商品和劳务的相对价格会发生很大的变化，某些价格上涨过快的商品和劳务领域往往会吸引资金和生产要素的过多投入，导致这类商品的过度供给。如在通货膨胀期间，实物资产如房地产被人们认为是最能保值的，人们会尽量减少持有货币和各种金融资产的比例，购入实物资产，这就造成了实物资产价格上涨较快，从而吸引大量人力、物力和财力的过多投入，结果往往是大量实物资产的闲

置浪费。

（2）通货膨胀期间，人们经常会抢购商品、囤积商品，这给市场造成了供不应求的局面，这种状况会掩盖产业结构存在的问题，使经济结构出现失衡。同时，一些人也会利用囤积商品进行投机获利，导致投机活动大大增加，减少了可用于发展生产和技术创新方面的社会资源。

（3）通货膨胀的存在使得实际利率下降，这会打击公众的储蓄意愿，降低储蓄规模。虽然金融机构往往会提高存贷款利率，但调整速度往往赶不上通货膨胀率，因而会降低金融机构分配社会资金的效率。

以上分析的通货膨胀对经济的影响，都是以其严重程度保持在一定界限内为前提的。如果物价持续上涨超过一定界限时，就有可能形成恶性通货膨胀，引发经济危机。恶性通货膨胀往往会引起突发性的商品抢购和挤兑银行的风潮，它所造成的收入再分配和人们生活水准的急剧下降会导致阶级冲突的加剧，最终的后果往往是政治危机。所以，各国政府总是把控制通货膨胀作为自己的一项最重要的任务。

第四节　通货膨胀的治理

由于通货膨胀对一个国家的经济、政治生活各个方面都产生了严重影响，因此各国政府都将治理通货膨胀作为宏观经济的一项重要目标，并提出了治理通货膨胀的种种对策措施。

一、抑制总需求的政策

无论是哪种原因引起的通货膨胀，都表现为社会总需求超过社会总供给。因此，当经济运行中出现通货膨胀压力时，政府往往采取紧缩的货币政策和财政政策以抑制过热的总需求。

紧缩性的货币政策是指中央银行通过运用货币政策工具，减少流通中的货币量，进而治理通货膨胀的办法。具体的政策工具包括：①通过公开市场业务出售政府债券，回笼货币，相应减少经济体系中的货币量。②提高再贴现率，用以影响商业银行从中央银行的借款成本，进而带动整个市场利率的上扬；在实行利率管制的国家，中央银行也可以直接提高金融机构的存、贷款利率。利率的上扬会抑制人们的消费需求和投资需求，继而达到治理通货膨胀的目的。③提高商业银行的法定存款准备金率，以缩小货币的扩张倍数，减少货币流通量。

紧缩性的财政政策包括削减政府支出和增加税收。政府支出主要包括国家基本建设支出、投资支出、国防支出和社会福利支出等，削减政府支出就是要削减财政赤字，从而减少货币发行量，抑制总需求。财政赤字对通货膨胀的影响是非常明显的，因此，削减财政赤字是取得治理通货膨胀成功的重要措施。但是财政支出的许多项目具有支出刚性，可调节的幅度有限，因此增加税收就成为另一种常用的政策。增加税收可以使得企业和个人的利润和收入减少，从而使其投资和消费支出减少，总需求得到抑制，通货膨胀也就得到了治理。

紧缩性的货币政策和财政政策都是从需求方面入手，通过控制社会的货币流通量和总需求，实现抑制通货膨胀的目的。这项政策在20世纪60年代前得到了广泛应用，它的优点在于很容易奏效，但缺点是容易造成经济的衰退和失业率的上升。进入60年代中期以后，一些国家经济中出现了“滞胀”现象，紧缩性的货币财政政策不再奏效，于是一些国家又将紧缩性的收入政策作为治理通货膨胀的重要手段。

二、紧缩性的收入政策

紧缩性的收入政策主要是根据成本推进型的通货膨胀制定的。因为上述所说的紧缩性的财政货币政策虽然能够抑制通货膨胀，但是往往带来经济的严重衰退和失业的增加。而当成本推进型的通货膨胀即“滞胀”出现时，传统的货币财政政策就会对此无能为力，此时必须采取强制性的紧缩的收入政策。紧缩性的收入政策主要是政府通过一些措施，限制工资的提高和垄断利润的获得，从而抑制成本的进一步上升，达到控制通货膨胀的目的。紧缩性的收入政策一般包括以下几个方面：

（1）管制或冻结工资。即由政府通过法令或政策的形式，强行对工资、物价的上涨幅度采取强制性的限制措施。当通货膨胀严重时政府还可以冻结工资和物价。这种严厉的管制措施一般在战争时期较为常见。

（2）确定工资、物价指导线。即政府根据对经济增长率的估计，估算出工资和物价的最大上涨幅度，并要求各经济单位将工资和物价控制在该幅度内。

（3）税收政策。政府以税收作为奖励和惩罚的手段来限制工资、物价的上涨。如果工资和企业产品的价格增长幅度没有超过政府规定的界限，政府就会以降低个人所得税和企业所得税作为奖励；如果超过政府规定的界限，政府就会以增加税收作为惩罚。

对于成本推进型的通货膨胀，利用紧缩性的收入政策来治理，既能抑制物价上涨又不至于引起失业增加。在历史上，西方发达国家都实施过紧缩性的收入政策，如20世纪60年代和70年代初期，西欧和日本就实施过该项政策，美国也曾实施过管制和冻结工资的收入政策。

三、增加供给

这种方法是凯恩斯学派针对20世纪70年代发生在资本主义国家的“滞胀”提出的。凯恩斯学派认为，总供给减少是导致经济发生滞胀的原因，而总供给减少的主要原因是原材料的短缺，因此，治理经济滞胀必须从增加供给入手。要增加供给，政府首先必须减税，以提高人们储蓄与投资的积极性。除了为增加供给提供良好的环境和必要条件外，政府不应对经济过多干预，而应由市场机制对经济自发调节，只有这样，才能充分发挥减税对供给的刺激作用。随着商品和劳务供给的增加，物价上涨自然会得到抑制。

四、单一规则

单一规则是货币主义学派提出的一项政策。货币主义认为，政府不断采取扩张性的货币财政政策是导致发生通货膨胀的直接原因，因此，对付通货膨胀的根本措施是：政府首先停止实施扩张性的经济政策，并按一个固定的比率来保持货币供给的增长，即所谓的单一规则。采取单一规则，可以避免货币供给的波动对经济的干扰，不因其他方面的压力而增加货币供给，这样就会降低公众的预期通货膨胀率，从而降低成本推动的可能性，有助于防止通货膨胀和失业的增加。

20 世纪 80 年代以来，美国和其他一些发达国家的实践证明，单一规则对付通货膨胀确实有十分明显的作用。但是，对于一些经济处于严重萧条时期、失业率居高不下的国家来说，单一规则具有较大的局限性。

五、收入指数化政策

收入指数化是按照物价变动情况自动调整收入的一种分配方案，具体来说，就是将各种收入如工资、利息、证券收益等与物价指数相联系，并根据物价指数对各种收入进行调整，物价指数上涨，各种收入也随之上涨，以此避免或减少通货膨胀所带来的损失。采取收入指数化政策主要有几点好处：一是可以缓解通货膨胀对个人收入水平的影响，缓解通货膨胀带来的分配不均问题。二是稳定在通货膨胀环境下的微观主体的消费行为，避免出现抢购商品、囤积商品等加剧通货膨胀的行为。三是借此剥夺政府从通货膨胀中所获得的收益，杜绝其制造通货膨胀的动机。

收入指数化政策对一些开放经济的小国尤其有益。因为在开放经济条件下，小国很难阻止世界性通货膨胀的输入，常常导致结构性通货膨胀。对它们来说，主要的问题就是如何抵御外来通货膨胀的侵袭。在世界性通货膨胀没有得到抑制之前，主要的办法就是寻求与通货膨胀适应或共处的手段，收入指数化就是最佳选择。比利时、芬兰、巴西等国都曾多次应用过这项政策。

收入指数化的局限性在于，全面实施指数化政策存在较大的技术上的困难，因此任何政府都难以实施包罗万象的指数化政策；指数化政策有可能造成工资、物价的螺旋上升，加剧成本推进型的通货膨胀。所以，该政策只能被作为一种适应性的反通货膨胀措施，而不能从根本上对通货膨胀起到抑制作用。

总之，通货膨胀是一个十分复杂的问题，只有在准确分析通货膨胀形成原因的基础上，才能找到治理的最佳方法。造成通货膨胀的原因往往是多方面的，所以对它的治理也常常是多种措施的综合运用。

第五节 通货紧缩

一、通货紧缩的含义

与通货膨胀相对应，经济中也存在着通货紧缩的现象。关于通货紧缩的含义，与通货膨胀的含义一样，学术界也没有统一的定义。通常意义上，通货紧缩是指商品和劳务的货币价格总水平持续下跌的过程。

与通货膨胀类似，通货紧缩所反映的物价下跌，必须是普遍的、持续的。由于某些商品和劳务成本降低、技术进步或供大于求等因素导致价格下降，这不是通货紧缩；由于消费者心理变化、季节性等因素导致商品和劳务的价格暂时下跌，与货币流通和实质经济没有必然联系，也不是通货紧缩。在经济实践中，判断某个时期是否发生通货紧缩，主要看两个方面：一是物价总水平是否下降即通货膨胀率是否为负；二是看物价总水平的持续下降要超过一定的时限。目前各国对物价水平下降超过多长时间算通货紧缩尚未达成一致意见，有的国家以一年为准，有的国家以半年为准。巴塞尔国际清算银行提出的标准是：一国的价格总水平连续两年下降即为通货紧缩。

至于通货紧缩的衡量，与通货膨胀一样，目前各国主要采用三个指数：消费价格指数、批发价格指数和国民生产总值平减指数。

二、通货紧缩的分类

1. 依据程度不同，通货紧缩可分为轻度通货紧缩、中度通货紧缩和严重通货紧缩

若通货膨胀率持续下降，并由正值变为负值，且通货紧缩期限不超过一年即出现转机，此时可称为轻度通货紧缩。若通货膨胀率负增长超过一年仍未出现转机，此时可视为中度通货膨胀。若通货紧缩持续两年以上或物价降幅达到两位数字，可视为发生了严重通货紧缩。例如，从 1998 年到 2000 年，我国商品和劳务的价格总水平持续下降，零售物价指数变动为：1998 年是 -2.6%，1999 年是 -2.9%，2000 年是 -1.5%。我们就可以认为，我国在这三年出现了较为严重的通货紧缩。

2. 依据持续时间的长短，通货紧缩可分为短期性通货紧缩和长期性通货紧缩

一般将持续期限在 5 年以上的称为长期性通货紧缩，5 年以下的称为短期性通货紧缩。如美国 1866 年至 1896 年长达 30 年的通货紧缩、英国 1873 年至 1896 年长达 23 年的通货紧缩等，都属于长期性通货紧缩。

3. 依据通货紧缩与经济增长的关系可分为增长性通货紧缩与衰退性通货紧缩

例如，美国 1814—1849 年、1866—1896 年的两次长期通货紧缩均伴随着经济增长率的上升，而 1920—1933 年间的通货紧缩是伴随着经济负增长的；英国 1814—1849 年的通货紧缩伴随着经济增长率的上升，而 1873—1896 年的通货紧缩是伴随着经济增长率减缓的；中国 1998 年始的通货紧缩是伴随着经济高速增长的。

三、通货紧缩的影响

许多人都曾经历过通货膨胀，也深受物价上涨之苦，对其是深恶痛绝。而对通货紧缩即物价的持续下跌，则认为危害性不大。当然，仅就个人消费而言，物价下跌可以减少支出，从某种程度上可能是好事；但就通货紧缩对整个经济的影响来说却是破坏力极大的，它会影响到人们的就业和收入，从而影响到生活水平。通货紧缩的影响主要体现在以下几个方面。

1. 通货紧缩对经济的影响

通货紧缩常常会加速经济的衰退。由于通货紧缩会增强货币的购买力，而且对价格

进一步下跌的预期使得人们会推迟消费，增加储蓄。由于对经济前景的悲观预期，使得企业也不敢投资或想投资而找不到可投资的项目。于是，有钱不花，也不敢借钱花，从而造成有效需求不足，使经济无法摆脱负增长的困境。1929—1933 年的世界性经济危机及其随后的长期萧条就是一个典型的例证。当然，通货紧缩也不是必然会导致经济衰退，正如前面所说，也有伴随经济增长率提高的通货紧缩。

2. 通货紧缩对债权人、债务人的影响

通货紧缩即物价的持续下跌会提高实际利率水平，加重债务人负担，即使名义利率下降，资金成本一般也比较高，致使企业不敢贷款投资。通货紧缩加重了债务人的负担，使得他们还款能力减弱，同时使得作为债权人的银行面临的风险加大，经营效益下滑；而银行经营环境的恶化会使人们对银行产生一种不信任感，为了保护自己的资金安全，他们会去银行提取现金，“挤兑”现象的出现会迫使一些银行破产，严重了还可能会导致金融危机。

3. 易导致世界性的通货紧缩

一国国内的通货紧缩还有可能输出到国外，引起世界性的通货紧缩。一国国内发生通货紧缩时，会因需求的持续下降导致进口持续下降，从而引起其他国家产品价格的下跌，继而引发世界性的通货紧缩。

可见，通货紧缩与通货膨胀一样对经济的危害性极大。要保证经济的健康运行，不仅要抑制通货膨胀，也要治理通货紧缩。

四、通货紧缩的原因

1. 紧缩性的货币财政政策

在治理通货膨胀时，经常用到紧缩的货币财政政策，比如减少货币供给、压缩财政支出等措施。但是，紧缩性的货币财政政策在治理通货膨胀的同时，也会带来一些问题，问题之一是会压缩投资支出，并且通过乘数抑制总需求，进而降低产量和价格。那么，政府在控制通货膨胀时采用了紧缩性的政策，当物价控制在一定幅度范围后，此时应及时调整政策方向避免发生通货紧缩，为什么还要继续用紧缩性政策呢？原因在于时滞效应。由于时滞的原因，紧缩性的政策在实行一段时间后，效果才会显现出来，即通货膨胀率才会得到抑制。所以，当物价仍在上涨时，决策者就应转变政策方向了，但由于时滞的存在，决策者很难发现，于是继续使用紧缩的货币财政政策，当物价出现下降趋势时，立即执行扩张性的货币财政政策已经来不及了，于是就产生了通货紧缩。

2. 有效需求不足

当人们预期经济形势不佳，实际利率会降低时，消费和投资就会出现有效需求不足，导致物价持续下跌，形成需求拉下型的通货紧缩。例如，美国经济学家保罗·克鲁德曼就将近年来世界性通货紧缩的原因归为社会总需求不足。

3. 供给过剩

科技进步与创新提高了生产力水平，放松管制使生产成本下降，这些都造成了生产能力过剩，产品价格下跌。如果供给大于需求的状况不能得到及时调整而继续存在下去，就会出现通货紧缩。

4. 汇率制度

实行联系或固定汇率制的国家在货币汇率发生高估时，易受到其他出口国家货币突然贬值的冲击，而导致国内商品价格突然下降。正如克鲁德曼指出的，当一个国家“希望”自己的货币贬值，但由于联系或固定汇率制的约束不能贬值时，常会发生通货紧缩。

以上所分析的通货紧缩的原因只是就其一般性而言，具体到一个国家时还应结合该国的具体情况进行具体分析。

五、通货紧缩的治理

在治理通货紧缩的措施上，各国经济学家有着不同的见解，但是总的来看，主要有以下两种政策。

1. 积极的财政政策

实行积极的财政政策，就是要扩大财政支出，降低税收。扩大财政支出，就是要发挥财政支出在社会总支出的作用，弥补个人消费需求和企业投资需求的不足，从而达到刺激投资、扩大就业和增加供给的目的。

2. 积极的货币政策

实行积极的货币政策，就是要求中央银行运用货币政策工具，适时增加货币供给量，降低实际利率，通过积极的货币政策促使金融机构增加贷款投放量，以增加货币供给。

货币政策的主要变量是利率，在利率弹性较强的前提下，货币政策的实施效果才能显现出来。当一国经济处于严重衰退时期，利率较低、投资萎缩、有效需求不足时，货币政策难以奏效。所以，在通货紧缩时期，货币政策和财政政策经常一起运用。

延伸阅读

关于实际利率和债务问题的讨论

2014 年下半年以来，我国物价运行呈现出较为明显的差异化和结构化特征。市场上对消费者价格指数（CPI）与工业生产者出厂价格指数（PPI）缺口扩大、PPI 持续 40 多个月为负、通过 PPI 平减的实际利率较高等问题关注较多。有观点认为，从生产价格指数来评估，通缩压力较大，实际利率也比较高。考虑到债务水平较高，还有可能会产生“债务—通缩”的交互作用，步入“PPI 收缩—实际利率上升—负债加剧—经济进一步收缩”的循环。对这些重要的理论和现实问题，需要客观、全面观察和把握，合理加以应对。

实际利率是经物价平减后的利率水平。在计算实际利率时，需要采用适合的物价指数。用 PPI 进行平减，计算出的实际利率水平会比较高。实际上在开放经济条件下，影响一国价格变化的因素较多，既包括供给、需求、货币等内部变量，也包括国际大宗商品价格变化等输入性变量。PPI 中包含诸多基础性产品，比如石油、天然气、铁矿石、铜、铝、锌等，当国际大宗商品价格大幅下跌时，PPI 下行压力也会比较大，但这与国内经济状况和货币政策关系不大。实际上这也是一些小型经济体宏观政策主要观察剔除能源价格影响之后的核心CPI的重要原因。

还有舆论认为大宗商品价格下跌与中国需求变化有关。从2015年以来的情况看，中国GDP增长总体较为平稳，对铁矿石、铝、铜、原油等大宗商品的进口量继续增长，但国际大宗商品价格降幅明显，外部输入性因素对PPI的影响要更大一些。实际上，这一轮原油等价格下跌已持续较长一段时间，美国页岩气革命等供给端因素对其产生了重要影响。有研究表明，近年来大宗商品的金融化属性更为明显，流动性和投机性因素的影响较以往增强，这也容易导致价格波幅加大。

此外还应看到，国内部分领域的产能过剩也是导致PPI负增长的原因之一。采用PPI测算实际利率并由此评估政策松紧实际上隐含着一个假定，就是现有的经济结构和产业布局是合理的，主要问题是短期的有效需求不足而非产能过剩和结构性矛盾。考虑到这些因素，货币政策应参考哪个指标来看通胀和把握实际利率水平，还值得深入研究。比较而言，用CPI或GDP平减指数来测算实际利率水平可能要更合适一些。

实际利率与债务之间的交互影响源于欧文·费雪（Irving Fisher）提出的“债务-通缩（Debt-Deflation）”理论。这一理论认为，价格水平下降是形成循环的核心，而债务负担会放大通缩带来的影响，使得经济系统更为脆弱从而增大引发恶性循环的可能。鉴于此，该理论认为阻止和预防危机的最直接手段是让价格恢复正常水平，即通过刺激政策实现“再通胀”（reflation）。债务-通缩理论从新的视角对历史上一些重大的经济金融危机进行了解释，具有重要的参考价值。

（资料来源：中国人民银行）

本章小结

1. 通货膨胀是一个复杂的、各个国家经常面对的一个社会问题，它是指商品和劳务的货币价格总水平持续上涨的现象。通货膨胀可以通过消费价格指数、批发价格指数、国民生产总值平减指数等多种价格指数来衡量。

2. 通货膨胀的成因比较复杂，各国经济学家从不同的角度提出了需求拉上说、成本推动说、供求混合推动说和结构说等不同的理论解释。

3. 通货膨胀的影响主要有：对国民经济的影响、对收入和财富再分配的影响、对资源配置的影响。这些影响都是以通货膨胀的严重程度保持在一定界限内为前提的，如果物价持续上涨超过一定界限，就有可能形成恶性通货膨胀，引发经济危机。

4. 治理通货膨胀的政策主要有：抑制总需求的政策、紧缩性的收入政策、增加供给、单一规则和收入指数化政策。

5. 通货紧缩是指商品和劳务的货币价格总水平持续下跌的过程。与通货膨胀一样，通货紧缩对经济也会产生不良影响；通货紧缩形成的原因与紧缩性的货币财政政策、有效需求不足、供给过剩和汇率制度等因素有关；对它的治理措施主要有：积极的财政政策和货币政策。

重点名词

通货膨胀　单一规则　通货紧缩

思考题

1. 成本推动型通货膨胀又可分为（　）。

A. 工资推动　　B. 预期推动　　C. 价格推动　　D. 利润推动

2. 以下关于通货膨胀的影响中，说法正确的是（　）。

A. 通货膨胀对固定收入者有利，对利润获得者不利

B. 通货膨胀对债务人有利，对债权人不利

C. 通货膨胀会降低金融机构分配社会资金的效率

D. 通货膨胀使得实际利率下降，从而降低了储蓄率

3. 当经济运行中出现通货膨胀压力时，一国政府可以采取的措施是（　）。

A. 提高法定存款准备金率　　B. 出售债券，回笼货币

C. 提高利率　　D. 降低税率

4. 提出通过固定货币供给增长率来实现货币稳定的是（　）。

A. 马克思货币学说　　B. 单一规则货币政策主张

C. 收入指数化政策　　D. 凯恩斯学派

5. 简述通货膨胀产生的原因及其表现。

6. 通货膨胀对经济有何影响？如何治理通货膨胀？

7. 需求拉上型的通货膨胀是如何产生的？如何去治理？

8. 什么是通货紧缩？形成通货紧缩的原因是什么？

9. 结合我国实际，试述如何治理通货紧缩。

10. 假设某个国家只生产食品和服装，该国在 2016 年和 2017 年生产服装和食品的数量及价格如下表所示。

	2016 年		2017 年	
	数量	价格/美元	数量	价格/美元
服装	8000	4	10000	3
食品	6000	8	5000	14

（1）请以 2016 年为基年计算 2016 年到 2017 年的实际 GDP 增长率；

（2）请以 GDP 平减指数为基础计算 2016 年到 2017 年的通货膨胀率。

参考文献

[1]郑道平,龙玮娟.货币银行学原理:第4版[M].北京:中国金融出版社,2002.

[2]周建松.货币金融学基础[M].北京:高等教育出版社,2007.

[3]蒋先玲.货币金融学[M].北京:机械工业出版社,2015.

[4]黄达.货币金融学[M].北京:中国人民大学出版社,2003.

[5]易纲,海闻.货币银行学[M].上海:上海人民出版社,1999.

[6]夏德仁,李念斋.货币银行学:第2版[M].北京:中国金融出版社,2005.

[7]胡庆康.货币银行学教程:第3版[M].上海:复旦大学出版社,2008.

[8]戴国强.货币金融学:第3版[M].上海:上海财经大学出版社,2012.

[9]刘宇飞.货币银行学[M].北京:中国发展出版社,2008.

[10]庄毓敏.商业银行经营与管理:第4版[M].北京:中国人民大学出版社,2014.

[11]赫伯特·B.梅奥(Herbert B. Mayo).金融学基础——金融机构、投资和管理导论[M].李铁峰,钱炜青译.北京:清华大学出版社,2013.

[12]孙祁祥.保险学[M].北京:北京大学出版社,2017.

[13]国务院学位委员会办公室.同等学力人员申请硕士学位:经济学学科综合水平全国统一考试大纲及指南[M].北京:高等教育出版社,2011.

[14]朱新蓉.货币金融学:第四版[M].北京:中国金融出版社,2015.

[15]钱晔.货币银行学[M].大连:东北财经大学出版社,2003.

[16]王克华.货币银行学[M].武汉:武汉大学出版社,2001.

[17]周战地,许树信.金融学教程[M].北京:中国金融出版社,2001.

[18]房燕.金融学概论[M].北京:机械工业出版社,2004.

[19][美]弗雷德里克·S.米什金.货币金融学:第11版[M].北京:中国人民大学出版社,2016.

[20]马克思.资本论[M].北京:人民出版社,2004.

[21]刘玉平.金融学[M].上海:复旦大学出版社,2009.

[22]黄达.金融学:第三版[M].北京:中国人民大学出版社,2012.

[23]姚长辉,吕随启.货币银行学:第四版[M].北京:北京大学出版社,2011.

[24]夏丹阳.货币银行学:第2版[M].北京:经济管理出版社,2013.

[25]曹龙骐.金融学[M].北京:高等教育出版社,2006.

[26]蒋先玲.货币金融学[M].北京:机械工业出版社,2017.

[27]张强,等.金融学[M].北京:高等教育出版社,2007.

[28]刘园.金融市场学[M].北京:对外经济贸易大学出版社,2002.

[29]中国人民银行网站 http://www.pbc.gov.cn/

[30]新华网 http://www.xinhuanet.com/